Gerechtigkeit in der Schule

Claudia Dalbert (Hrsg.)

Gerechtigkeit in der Schule

 Springer VS

Herausgeberin
Prof. Dr. Claudia Dalbert
Martin-Luther-Universität Halle/Wittenberg
Halle, Deutschland

ISBN 978-3-531-16891-3   ISBN 978-3-531-93128-9 (eBook)
DOI 10.1007/978-3-531-93128-9

Die Deutsche Nationalbibliothek verzeichnet diese Publikation in der Deutschen Nationalbibliografie;
detaillierte bibliografische Daten sind im Internet über http://dnb.d-nb.de abrufbar.

Springer VS
© Springer Fachmedien Wiesbaden 2013

Springer VS ist eine Marke von Springer DE. Springer DE ist Teil der Fachverlagsgruppe Springer
Science+Business Media.
www.springer-vs.de

Inhalt

Vorwort 9
Claudia Dalbert

Einführung in die Gerechtigkeitspsychologie ..... *Silja* 11
Felix Peter / Matthias Donat / Sören Umlauft / Claudia Dalbert

1.   Gerechtigkeitspsychologie aus der inhaltlichen Perspektive 12
     1.1   Gerechtigkeitdimensionen 12
     1.2   Deskriptive Ergebnisse zur Gerechtigkeit in der Schule 15
     1.3   Notengerechtigkeit 18
     1.4   Zusammenfassung 21

2.   Gerechtigkeitspsychologie aus der motivationalen Perspektive 22
     2.1   Gerechtigkeitsmotivtheorie 22
     2.2   Gerechte-Welt-Glaube 24
     2.3   Zusammenfassung 27

3.   Schlussfolgerung und Ausblick 28

**Die Bedeutung der LehrerInnengerechtigkeit: Klimaerleben
oder persönliches Erleben?** 33
Felix Peter / Claudia Dalbert

1.   Schulische Umwelt und LehrerInnengerechtigkeit 33
     1.1   LehrerInnengerechtigkeit als Merkmal der schulischen Umwelt 35
     1.2   Klimaerleben in Schulklassen 36
     1.3   Gerechtigkeitserleben in Schulklassen 37
     1.4   Fazit 40

2.   LehrerInnengerechtigkeit: Klimaelement oder individuelles Erleben? 40
     2.1   Gerechtigkeitsforschung zum Klimaansatz 41
     2.2   Gerechtigkeitsforschung zum persönlichen Erlebensansatz 42
     2.3   LehrerInnengerechtigkeit und Klassenklima 43
     2.4   Fazit 45

3.   Implikationen für LehrerInnen 47

Gerechte-Welt-Glaube, Gerechtigkeitserleben und Schulerfolg _Ich_ 55
Reem Kahileh / Felix Peter / Claudia Dalbert

1. Schulleistungen 55

    1.1 Diagnostik von Schulleistungen 55

    1.2 Gerechtigkeit von Schulnoten 57

    1.3 Erklärung von Schulleistungen 58

2. Gerechtigkeitspsychologische Erklärung von Schulleistungen 58

    2.1 Der Gerechte-Welt-Glaube 59

    2.2 Gerechte-Welt-Glaube und Schulleistungen 60

3. GWG und Schulerfolg – eine Studie 62

    3.1 Selbstkonzept 62

    3.2 Zielorientierungen 63

    3.3 Untersuchungsziel 64

    3.4 Stichprobe und Instrumente 65

    3.5 Ergebnisse und Diskussion 66

4. Schlussfolgerungen 67

Gerechtigkeitserleben und Sozialverhalten von SchülerInnen 73
Matthias Donat / Mario Herrmann / Sören Umlauft

1. Bullying als besondere Form antisozialen Verhaltens von SchülerInnen 73

2. Schulisches Gerechtigkeitserleben 81

3. Der Gerechte-Welt-Glaube, schulisches Gerechtigkeitserleben und Bullying 83

4. Schlussfolgerungen und Diskussion 85

    4.1 Wie kann Bullying begegnet werden? 87

    4.2 Ausblick 89

Gerechte-Welt-Glaube und Antisemitismus –
Welche Anforderungen ergeben sich aus der Gerechtigkeitsforschung
für den Umgang mit dem Holocaust in der Schule 93
Florian Schäfer / Claudia Dalbert

1. Zur Phänomenologie des Antisemitismus 93

    1.1 Antisemitismus als historisches Phänomen 94

    1.2 Antisemitismus als gesellschaftliches Phänomen 94

    1.3 Antisemitismus als gerechtigkeitspsychologisches Phänomen 97

2. Eine Untersuchung zu Antisemitismus und Gerechte-Welt-Glaube bei SchülerInnen 99

3. Konsequenzen der Antisemitismusforschung für den Umgang mit dem Holocaust in der Schule 102

Die Bedeutung des Gerechtigkeitserlebens für das Exklusionsempfinden 109
Sören Umlauft / Claudia Dalbert / Stefan Schröpper

1. Exklusionsempfinden bei SchülerInnen 110

2. (Un-)Gerechtigkeitserleben und Exklusionsempfinden 112

3. Allgemeines und schulisches Exklusionsempfinden Jugendlicher 114
    3.1 Stichprobe 114
    3.2 Fragebogen und Instrumente 115
    3.3 Auswertung und Ergebnisse 118

4. Diskussion 120

5. Ausblick 123

Die Bedeutung schulischen Gerechtigkeitserlebens für das subjektive Wohlbefinden in der Schule 127
Claudia Dalbert

1. Subjektives Wohlbefinden 127

2. Gerechte-Welt-Glaube und subjektives Wohlbefinden 128
    2.1 Subjektives Wohlbefinden bei unbelasteten Personen 129
    2.2 Subjektives Wohlbefinden bei belasteten Personen 130
    2.3 Gerechte-Welt-Glaube: Ressource oder Puffer? 132

3. Gerechte-Welt-Glaube und die subjektiv erlebte LehrerInnengerechtigkeit 133

4. Die Bedeutung der subjektiv erlebten LehrerInnengerechtigkeit 134

5. Subjektiv erlebte LehrerInnengerechtigkeit und subjektives Wohlbefinden 135

6. Schlussfolgerungen 138

Anhang 142

Schlussfolgerungen für das Handeln von LehrerInnen 145
Claudia Dalbert

1. Die psychologische Bedeutung gerechten LehrerInnenhandelns 145

2. Charakteristika gerechten LehrerInnenhandelns 149

3. Ausblick 151

Vorwort

Claudia Dalbert

Fragen Sie einmal Kinder, die gerade aus der Schule gekommen sind, wie ihr Tag in der Schule war, was sie dort erlebt haben. Sie werden ganz schnell beim Thema Gerechtigkeit landen. Die Auseinandersetzung mit dem schulischen Erleben erfolgt sehr häufig entlang des subjektiven Gerechtigkeitserlebens: Der Lehrer nimmt Peter immer wieder dran, obwohl der doch weiß, dass Peter das nicht kann. Die Lehrerin hat Julia bestraft, obwohl doch eigentlich Jenny den Unterricht gestört hat. Wieso habe ich nur eine Zwei, wenn Marion eine Eins hat? Was geht das den Lehrer an, ob ich meine Haare lila färbe oder nicht?

Das vorliegende Buch geht auf empirische Spurensuche nach der Bedeutung des schulischen Gerechtigkeitserlebens für den Schulerfolg und die soziale Entwicklung der SchülerInnen. Im ersten Kapitel werden zunächst die theoretischen gerechtigkeitspsychologischen Grundlagen vorgestellt, auf denen die nachfolgenden Kapitel aufbauen. Hier geht es um die Frage, was als gerecht erlebt wird, und um die Frage, warum Menschen Gerechtigkeit so wichtig ist. Wer sich zum ersten Mal mit Gerechtigkeitspsychologie beschäftigt, dem sei als erste Lektüre dieses Kapitel empfohlen. Im Zentrum dieses Buch steht die durch die SchülerInnen individuell und subjektiv erlebte LehrerInnengerechtigkeit ihnen persönlich gegenüber, das heißt, als wie gerecht sich SchülerInnen persönlich von ihren Lehrkräften behandelt fühlen. Ein genauer einordnender Blick auf dieses Konstrukt wird im zweiten Kapitel geworfen und damit eine Systematik der bisherigen Forschung zur LehrerInnengerechtigkeit entwickelt. In den darauf folgenden fünf Kapiteln werden einzelne Ergebnisse der schulischen Entwicklung und des schulischen Verhaltens betrachtet. Hierzu gehören der Schulerfolg in Form von Schulnoten und Leistungsmotivation ebenso wie das Sozialverhalten, hier insbesondere das Bullying, sowie das emotionale Erleben in Form des sich Ausgeschlossen Fühlens oder allgemeiner betrachtet als subjektives Wohlbefinden inklusive des schulischen Belastungserlebens. Für die Jugendentwicklung bedeutsam ist darüber hinaus auch die Frage der Entwicklung und Prävention von Antisemitismus. Auch hierzu kann die Gerechtigkeitspsychologie einen Beitrag leisten, dem ein eigenes Kapitel gewidmet ist. Das Buch schließt ab mit einer Zusammenfassung der vorgestellten Befunde und Überlegungen, was dies im Einzelnen für das Verhalten von LehrerInnen bedeuten könnte. Jedes Kapitel ist so geschrieben, dass es für sich alleine stehen kann und auch ohne Kenntnis der anderen Kapitel verständlich ist. Sie sind als LeserIn also herzlich dazu eingeladen, sich einzelne Kapitel als Lesestoff auszuwählen.

Das Buch befindet sich an der Schnittstelle zwischen Sozialpsychologie und Pädagogischer Psychologie. Es ist ein Buch mit einem starken empirischen Bezug, ohne allzu sehr in die empirischen Details zu gehen, die in der Regel an anderen Stellen dargestellt sind. Es war uns ein wichtiges Anliegen, alle Kapitel so zu schreiben, dass sie für alle interessierten LeserInnen– FachkollegInnen aus anderen psychologischen Disziplinen sowie aus anderen Wissenschaftsbereichen wie etwa der Erziehungswissenschaft oder der Soziologe ebenso wie LehrerInnen – verständlich sind, was bei empirischen Originalpublikationen außerhalb des engeren FachexpertInnenkreises häufig nicht der Fall ist. Wir hoffen, dass uns dies gut gelungen ist.

Das Buch ist ein Ergebnis der Zusammenarbeit der Arbeitsgruppe an meinem Lehrstuhl für Pädagogische Psychologie an der Martin-Luther-Universität. Dies war eine über Jahre gehende enge, konstruktive Kooperation, die zu zahlreichen Innovationen und Verbesserungen in der schulischen Gerechtigkeitsforschung geführt hat. Uns hat es Freude gemacht, die Arbeiten für dieses Buch zusammenzustellen und aufzuarbeiten sowie den Ort zu haben, Anwendungsimplikationen stärker auszuleuchten. Wir würden uns freuen, wenn nun unsere LeserInnen Freude und Erkenntnisgewinn mit unserem Buch verbinden würden. Ganz besonders würden wir uns freuen, wenn LehrerInnen und angehende LehrerInnen durch unser Buch inspiriert würden, sich um die Gerechtigkeit ihres eigenen Handelns Gedanken zu machen, um so zum Schulerfolg und der sozio-emotionalen Entwicklung ihrer SchülerInnen beizutragen.

Auch freuen wir uns über Anregungen und kritische Kommentare unserer LeserInnen. Sie finden uns im Internet.

Einführung in die Gerechtigkeitspsychologie

Felix Peter / Matthias Donat / Sören Umlauft / Claudia Dalbert

Im vorliegenden Kapitel stellen wir die beiden wesentlichen Grundlagen dieses Buches vor, den inhaltsorientieren Ansatz der Gerechtigkeitspsychologie, der nach dem ‚Was' der Gerechtigkeit fragt, sowie den motivationalen Ansatz, der das menschliche Streben nach Gerechtigkeit in den Mittelpunkt stellt.

Gerechtigkeit ist ein Begriff, der wie kein zweiter zur Charakterisierung von Interaktionsprozessen und Ergebnissen zwischenmenschlicher Interaktionen verwendet wird. Sie gilt als leitendes Prinzip menschlichen Zusammenlebens (Schwan, 2008) und kann als eine Art Bindemittel verstanden werden, das maßgeblich zur Funktionsfähigkeit von Organisationen beiträgt (Jacobs & Dalbert, 2008).

Eine der wichtigsten Organisationen bzw. Institutionen, die den Lebenslauf der meisten Menschen entscheidend mitbestimmt, ist die Schule. Deren besondere Aufgabe ist es, Heranwachsende in bestehende Gemeinschaften zu integrieren (Susteck, 1996), „das Kind an die Gesellschaft zu binden" (Durkheim, 1984, S. 128). Deshalb sollte Gerechtigkeit eine ihrer Haupteigenschaften sein; SchülerInnen, LehrerInnen und Eltern sollten einen unveräußerlichen Anspruch auf sie haben (Flitner, 1987), was aber auch die Verpflichtung einschließt, selber zur Gerechtigkeit beizutragen. Aus der Perspektive der Pädagogik gehört es dabei zu den wichtigsten Aufgaben von Lehrkräften, „den Leitsätzen der Gerechtigkeit und Chancengleichheit Geltung zu verschaffen" (Susteck, 1996, S. 422). Dies ist eine große und mitnichten unproblematische Herausforderung. So sind Hellekamps und Musolff (1999) denn auch der Ansicht, dass Gerechtigkeitsprobleme in der Schule niemals gänzlich zu vermeiden sind, schon allein weil es verschiedene Prinzipien der Gerechtigkeit gegeneinander abzuwägen gelte.

In der Psychologie wird Gerechtigkeit als soziales Konstrukt aufgefasst (Maier, Streicher, Jonas & Woschée, 2007), das heißt, Gerechtigkeit ist keine objektiv messbare Eigenschaft eines physikalischen Gegenstandes, sondern eine nicht-materielle latente Größe, die jeglichem zwischenmenschlichen Austausch innewohnt und damit ohne zwischenmenschlichen Bezug quasi nicht vorhanden ist. Deshalb ist es nur folgerichtig, Gerechtigkeit in der Psychologie allein aus der subjektiven Perspektive zu betrachten (Mikula, 2002, 2005). Während „Philosophie, Theologie, Rechtswissenschaft und politische Institutionen […] bestrebt [sind], für die Lösung gerechtigkeitsbezogener Probleme allgemeingültige Maßstäbe zu entwickeln, ethisch zu begründen, in Konzepte von Gesellschaft zu transformieren und in formellen Regelwerken festzuschreiben", interessiert sich Psychologie „primär für das ‚naive'

Rechts- und Gerechtigkeitsempfinden der betroffenen Menschen" (Schmitt, 1993, S. 1). Es geht also um die individuelle Bevorzugung unterschiedlicher Gerechtigkeitsvorstellungen (Dalbert, 1996), um subjektives Erleben von Gerechtigkeit und daraus folgende Urteile und Bewertungen. Ein Ereignis wird nur dann als gerecht bezeichnet, wenn es subjektiv so von einer Person erlebt wird (Cropanzano & Greenberg, 1997).

Grundanliegen dieses Buches ist es, die Bedeutung schulischer Gerechtigkeitserfahrungen darzustellen. Dafür wird auf gerechtigkeitspsychologische Forschungsansätze zurückgegriffen, wobei in der psychologischen Gerechtigkeitsforschung grundsätzlich zwei Stränge zu unterscheiden sind (Umlauft & Dalbert, 2010): Der *inhaltsorientierte Ansatz* beschäftigt sich mit der Frage danach, *was* als gerecht bzw. ungerecht angesehen wird. Dabei werden Prinzipien, Regeln oder Kriterien verschiedener Dimensionen der Gerechtigkeit definiert und situationale Bedingungen bzw. personale Charakteristika untersucht, die die Anwendung dieser Regeln und Kriterien erklären können. Die Folgen des Gerechtigkeitserlebens stehen hier in der Regel weniger im Fokus. Der zweite Ansatz wird als *motivational* bezeichnet, weil er insbesondere untersucht, *ob* und *wie* stark sich Menschen überhaupt um Gerechtigkeit bemühen, wie stark der Wunsch nach Gerechtigkeit ist und wie dieses Motiv, sowohl aktiv als auch kognitiv nach Gerechtigkeit zu streben, das Verhalten, Erleben und Befinden beeinflusst. Der erste Teil dieses Kapitels wird sich mit dem inhaltsorientierten Ansatz beschäftigen und dabei insbesondere auf Gerechtigkeitsdimensionen und deskriptive Befunde aus der Schulforschung eingehen. Der zweite Teil ist dem motivationalen Ansatz gewidmet und wird dabei insbesondere die Theorie des Gerechtigkeitsmotivs und des Gerechte-Welt-Glaubens vorstellen.

1. Gerechtigkeitspsychologie aus der inhaltlichen Perspektive

Die Frage danach, was eigentlich gerecht bzw. ungerecht ist, kann aus psychologischer Sicht ganz grundsätzlich so beantwortet werden, dass es sich dabei immer um eine subjektive Informationsaufnahme, -verarbeitung und -interpretation im sozialen Kontext handelt (z. B. Mikula, 2001). Damit ist allerdings nicht gemeint, dass (Un-)Gerechtigkeit gänzlich beliebig, also gewissermaßen Geschmackssache sei. Im Gegenteil: Die Gerechtigkeitspsychologie räumt damit lediglich ein, dass Gerechtigkeitskognitionen und Gerechtigkeitsurteile, also der Prozess und die Ergebnisse von gerechtigkeitsbezogener Informationsverarbeitung, komplex sind und von vielen interindividuell unterschiedlich ausgeprägten Faktoren abhängen (z. B. Persönlichkeit, Erfahrungen). Dieselbe Situation oder dasselbe Ereignis kann daher von zwei Menschen jeweils als ganz unterschiedlich gerecht erlebt werden. Trotzdem ist es möglich, Erfahrungen von Ungerechtigkeit systematisch zu beschreiben und Regeln bzw. Kriterien zu definieren, die (Un-)Gerechtigkeitskognitionen wahrscheinlicher machen.

1.1 Gerechtigkeitdimensionen

Solche Regeln und Kriterien wurden insbesondere bezüglich drei zentraler Dimensionen, nämlich der distributiven Gerechtigkeit, der prozeduralen Gerechtigkeit und der interaktionalen Gerechtigkeit, beschrieben und untersucht. Bei *distributiver Gerechtigkeit* (auch Verteilungsgerechtigkeit) stehen für das soziale Miteinander der Menschen vor allem Austauschprozesse im Vordergrund, wobei Gerechtigkeit als Problem der gerechten Verteilung von Ressourcen zwischen mindestens zwei Parteien (z. B. in der Schule eine Lehrerin und eine Schülerin) aufgefasst werden kann. Hierfür wurden verschiedene Prinzipien vorgeschlagen. Das Billigkeitsprinzip (Beitrags- oder Leistungsprinzip; „jedem das Seine" bzw. „jedem nach seinem Beitrag") besagt in seiner einfachsten Form, dass eine Verteilung dann gerecht ist, wenn für alle Parteien das Verhältnis aus Beiträgen und Erträgen gleich ist (z. B. Adams, 1965). Das Prinzip lässt sich nicht nur dort anwenden, wo Austauschprozesse offensichtlich im Vordergrund stehen, wie in der Wirtschaft oder im Arbeitsleben, sondern auch im alltäglichen Miteinander. Beispielsweise könnte ein Kind es ungerecht finden, keine besondere Anerkennung und Aufmerksamkeit durch seine Lehrkraft zu bekommen, obwohl es in einem Projekt subjektiv mehr geleistet und beigetragen hat als alle anderen. Damit wird aber auch schon das Problem der Anwendung dieses Prinzips deutlich, nämlich dass nicht notwendigerweise Klarheit und Einigkeit darüber besteht, was genau als Beitrag aufgefasst wird bzw. wie unterschiedliche Beiträge zu gewichten sind. Das gleiche Problem besteht auch bezüglich der Erträge, denn diese können ganz unterschiedliche Formen annehmen (materiell, finanziell, symbolisch, ideell, psychisch) und in ihrer subjektiven Bedeutung (Relevanz) und in ihrem subjektiven Wert (Valenz) enorm variieren.

Grundsätzliche Kritik am Billigkeitsprinzip von Deutsch (z. B. 1975) gab zudem zu bedenken, dass in sozialen Gruppen unterschiedliche Gerechtigkeits- bzw. Verteilungsprinzipien gelten können und zwar je nach den gegebenen vorrangigen gemeinschaftlichen Zielstellungen. Unter der Zielstellung der *Maximierung von Produktivität* wird wahrscheinlich das Billigkeitsprinzip als angemessen empfunden. Soziale Gruppen können aber auch andere Zielstellungen verfolgen, wie beispielsweise *harmonische Beziehungen* zwischen allen Menschen oder das *Wohlergehen aller* BürgerInnen, einschließlich älterer, kranker, behinderter oder schwacher Personen. Nach Deutschs Auffassung gedeihen harmonische Beziehungen unter egalitären Bedingungen, das heißt, wenn Personen unabhängig von ihren Fähigkeiten, Leistungen und Beiträgen als gleichwertig angesehen werden. Für Gruppen, in denen harmonische Beziehungen im Vordergrund stehen, sollte deshalb das Gleichheitsprinzip („allen das Gleiche") gelten, welches Gleichheit und Gleichbehandlung aller fordert und im Hinblick auf Güter- und Ressourcenverteilung eine Gleichverteilung vorgibt. Besteht das Hauptziel dagegen im Wohlergehen aller, dann sind die unterschiedlichen Bedürfnisse sowie die Notwendigkeit sozialer Fürsorge für hilfsbedürftige Menschen zu berücksichtigen. In diesem Fall sollte das Bedürfnisprinzip („jedem nach seinen Bedürfnissen" bzw. „jedem nach seinen Voraussetzungen") bevorzugt werden, das heißt, Güter und Ressourcen sollten durchaus ungleich, aber eben im Hinblick auf unterschiedliche Bedürftigkeiten verteilt werden. Nach Deutsch (1975) sind in modernen Gesellschaften alle drei Zielstellungen relevant, sodass die

Geltung der Prinzipien je nach Lebensbereich und sozialem Kontext variieren sollte. Diese Hypothese konnte tatsächlich empirisch bestätigt werden (Schmitt & Montada, 1982). Distributive Gerechtigkeit wird somit am besten durch alle drei Prinzipien repräsentiert.

Die drei bislang beschriebenen Prinzipien beziehen sich immer auf das Resultat eines Austauschprozesses. Theorien *prozeduraler Gerechtigkeit* (Verfahrensgerechtigkeit) setzen mit ihrer Kritik genau an diesem Punkt an und postulieren, dass sich Gerechtigkeitskognitionen auch auf den Prozess selbst bzw. die formalen Regeln, nach denen Gesellschaften funktionieren, beziehen können. Frühe Arbeiten beschäftigten sich vor allem mit dem Aspekt der Kontrolle, wobei Kontrolle über das Verfahren und Kontrolle über die Ergebnisse unterschieden wurden (Thibaut & Walker, 1975). Aus dieser Sicht sind Verfahren in dem Maße ungerecht, in welchem sie Menschen von den dort ablaufenden Prozessen ausschließen und eine Einflussnahme auf Entscheidungen verhindern. Doch Verfahrenskontrolle stellt bei weitem nicht das einzige Kriterium dar. So beschreibt Leventhal (1980) gerechte Verfahren anhand von sechs Kriterien. Das *Consistency*-Kriterium besagt, dass Verfahren über verschiedene Zeitpunkte und Personen hinweg konsistent durchgeführt werden sollten. Das Kriterium *Bias Suppression* fordert eine möglichst vorurteilsfreie und unparteiliche Gestaltung von Verfahren. Übliche Urteilsfehler sollten also so weit wie möglich unterdrückt werden, was bei gerechten Verfahren eine gewisse Neutralität sowie Unparteilichkeit sicherstellen soll. Das *Accuracy*-Kriterium fordert zudem Genauigkeit und Qualität von Entscheidungen bzw. Prozessen, auf denen Entscheidungen beruhen. Verfahren, die wichtige Informationen systematisch ausblenden oder unangemessene und ungenaue Methoden verwenden, kommen in diesem Zusammenhang häufig zu falschen oder ungenauen und somit ungerechten Ergebnissen. Das Kriterium *Correctability* verlangt, dass Verfahren grundsätzlich die Möglichkeit zur nachträglichen Korrektur beinhalten sollten, denn auch nach bestem Wissen und Gewissen getroffene Entscheidungen können sich später als falsch herausstellen. Das *Representativeness*-Kriterium ist vergleichbar mit der oben genannten Verfahrens- und Entscheidungskontrolle, denn es bezieht sich auf die angemessene Repräsentation aller betroffenen Parteien im Verfahren und bei der Entscheidungsfindung. Schließlich fordert noch das Kriterium *Ethicality*, dass das Verhalten im Verfahren den allgemeinen ethischen Standards und Normen genügen sollte.

Alle diese Kriterien haben gemeinsam, dass ihre Verletzung Ungerechtigkeitskognitionen hervorrufen kann, selbst wenn das Ergebnis des Verfahrens als angemessen und gerecht erlebt wird. Die Bedeutung der Anwendung dieser Kriterien ist aber unseres Wissens bisher in der Schule nicht erforscht. Sind beispielsweise für die Herstellung einer aus SchülerInnensicht gerechten Notenvergabe alle sechs Kriterien gleichermaßen wichtig? Variiert ihre Bedeutung in Abhängigkeit vom Entscheidungsgegenstand, der Schulform oder von SchülerInnenmerkmalen? Derartige Bedeutungsunterschiede sind nicht auszuschließen, wofür es auch Hinweise aus der bisherigen Forschung gibt. Weitere Forschungsergebnisse könnten LehrerInnen wichtige Handlungshinweise an die Hand geben, damit ihr Verhalten von den SchülerInnen häufiger und in stärkerem Ausmaß als gerecht erlebt wird.

Die dritte Dimension der Gerechtigkeit, die *interaktionale Gerechtigkeit*, rückte erst in jüngerer Zeit in den Fokus der Forschung. So kristallisierte sich zunehmend heraus, dass die Art und Weise, wie Menschen miteinander umgehen, interagieren und kommunizieren, unabhängig von Austauschprozessen und Entscheidungsverfahren, Gegenstand von Gerechtigkeitskognitionen ist (Bies & Moag, 1986; Mikula, Petri & Tanzer, 1990). Beispielsweise wurde festgestellt, dass Menschen ein Verfahren dann als gerechter erleben, wenn sie die Möglichkeit bekommen, sich im Verfahren zu äußern, also ihre eigene Sicht, Meinung oder Erfahrung darzustellen. Interessanterweise gilt dies auch, wenn klar ist, dass die eigenen Äußerungen keinen Einfluss auf die Entscheidung haben oder die Entscheidung sogar schon getroffen wurde (Lind, Kanfer & Early, 1990; Tyler, Rasinski & Spodick, 1985). Offenbar ist somit für Gerechtigkeitskognitionen nicht ausschließlich relevant, ob ein Verfahren formalen Kriterien genügt, die eine gerechte Entscheidung ermöglichen, sondern auch, inwiefern man sich respektiert und ernstgenommen fühlt. Diese Deutung entspricht der Idee *interpersonaler Gerechtigkeit*, wonach Menschen mit Würde, Respekt und Höflichkeit behandelt werden wollen und Verletzungen dieses Anspruches als ungerecht empfinden. Ein weiterer Aspekt interaktionaler Gerechtigkeit ist die *informationale Gerechtigkeit*, deren zentrale Kriterien Transparenz und Offenheit sind. Im Mittelpunkt steht hierbei vor allem eine faire Kommunikation, bei der sachlich relevante Informationen (z. B. Entscheidungskriterien, Fakten) oder auch persönliche Informationen (z. B. Befindlichkeiten, Meinungen), soweit diese im gegebenen Zusammenhang von Bedeutung sein könnten, nicht verschwiegen, sondern im Idealfall freiwillig gegeben werden. Insgesamt ist eine Abgrenzung der interaktionalen von der prozeduralen Gerechtigkeit allerdings eher schwierig, da die interaktionale Dimension mit ihren beiden Aspekten selbst prozedurale Teilaspekte anspricht.

1.2   Deskriptive Ergebnisse zur Gerechtigkeit in der Schule

Gerechtigkeit ist in der Schule ein Thema, dessen Bedeutung sowohl SchülerInnen als auch LehrerInnen bewusst ist. SchülerInnen wollen gerecht behandelt werden und sehen in Gerechtigkeit eines der wichtigsten Merkmale einer guten Lehrkraft (Taylor, 1962). Darüber hinaus beschreiben sich LehrerInnen selbst als gerechtigkeitsorientiert und geben an, sich bei wichtigen Entscheidungen wie Benotung, Maßregelung oder der Vergabe von Privilegien sehr um Gerechtigkeit zu bemühen (Kanders, 2000). Trotzdem ist zu vermuten, dass Ungerechtigkeiten vorkommen und insbesondere SchülerInnen Ungerechtigkeiten seitens ihrer LehrerInnen beklagen. Wollen Lehrkräfte gerecht handeln, so müssen sie wissen, welches Handeln ihre SchülerInnen als gerecht erleben. Diese Frage ist nicht einfach zu beantworten, da das Gerechtigkeitserleben subjektiv ist. Dabei haben nicht nur die SchülerInnen einen subjektiven Blick auf das Unterrichtsgeschehen, sondern auch die LehrerInnen selbst, da ihre Erfahrungen und Bewertungen ebenso subjektiven Verzerrungen unterliegen (z. B. Petillon, 1982; Rosenthal, 2002).

   In einer Studie zur Häufigkeit (un)gerechter Ereignisse in der Schule interviewten Fan und Chan (1999) SchülerInnen in Hong Kong und fragten nach jeweils einer gerechten und ungerechten Erfahrung. Dabei berichteten über 96 Prozent der SchülerInnen ein ungerechtes und über 66 Prozent ein gerechtes Ereignis. Diese Ereignisbeschreibungen wurden einer Inhaltsanalyse unterzogen und den fünf häufigsten Inhaltskategorien zugeordnet: Für ungerechte Ereignisse waren dies Bestrafung (24.4%), zwischenmenschlicher Umgang (19.0%), ungerechtfertigte Vorwürfe (13.6%), ungerechte Leistungsbewertung (9.6%) und ungerechte Verteilung von Verantwortung (4.7%); für gerechte Ereignisse waren dies Bestrafung (19.1%), Leistungsbewertung (15.3%), zwischenmenschlicher Umgang (14.4%), Belohnung (12.6%) und das Eintreten für Gerechtigkeit (9.5%). Insgesamt zeigen die Befunde, dass die Inhalte von (Un-)Gerechtigkeitserfahrungen in der Schule für viele SchülerInnen ähnlich sind und sich auf wenige Aspekte konzentrieren. Bei den ungerechten Ereignissen konnte zudem ein Geschlechtseffekt nachgewiesen werden, denn Jungen berichteten vergleichsweise häufiger von ungerechter Bestrafung und ungerechtfertigten Vorwürfen, während Mädchen häufiger ungerechte zwischenmenschliche Behandlung angaben.

In einer ähnlichen Studie interviewte Israelashvili (1997) israelische SchülerInnen der 1., 7. und 9. Klassenstufe, wobei nach Ungerechtigkeitserfahrungen im Zusammenhang mit der Schule gefragt wurde. Etwa 56 Prozent aller SchülerInnen berichteten Ungerechtigkeitserfahrungen, in den beiden höheren Klassenstufen häufiger als in der 1. Klasse. Inhaltsanalysen nach dem Klassifikationssystem von Mikula, Petri und Tanzer (1990) ergaben, dass ungerechte Ereignisse häufig im Zusammenhang mit Verteilung von Gütern (19.2%), Willkür offizieller Personen (19.1%), Bestrafung (14.9%) sowie unfreundlichem oder aggressivem Verhalten (14.9%) standen. Jungen berichteten wieder häufiger von ungerechter Bestrafung oder Benotung, während Mädchen vor allem fehlende Anerkennung berichteten.

Auf Basis beider Untersuchungen lässt sich festhalten, dass gerechtigkeitsrelevante Ereignisse keineswegs eine Ausnahme in der Schule darstellen und insbesondere ungerechte Ereignisse von einem nicht zu vernachlässigenden Anteil der SchülerInnen aller Klassenstufen erlebt werden. Am häufigsten stehen solche Ereignisse mit Maßregelung (Bestrafung, Belohnung, Vorwürfe), zwischenmenschlichem Umgang und Bewertung von Leistungen im Zusammenhang. Fan und Chan (1999) geben zu bedenken, dass die häufige Nennung auf die tatsächliche Häufigkeit dieser Aspekte hinweisen könnte, aber auch auf deren besondere Bedeutung für die SchülerInnen. Insgesamt reflektieren sie aber wohl die Tatsache, dass Verhaltensmaßregelung, zwischenmenschliche Interaktion und Leistungsbewertung den Schulalltag prägen. Die gefundenen Geschlechtsunterschiede zeigten dabei, dass Mädchen häufiger Ungerechtigkeit im Zusammenhang mit zwischenmenschlicher Interaktion berichteten, während Jungen häufiger Ungerechtigkeiten bei Maßregelung empfanden. Fan und Chan (1999) bringen dies mit tatsächlichen Unterschieden im LehrerInnenverhalten gegenüber Mädchen und Jungen in Verbindung. So könnten beispielsweise eine erhöhte Reaktionsbereitschaft seitens der Lehrkräfte auf Aggressivität sowie häufigere verbale Verhaltensmaßregelungen gegenüber Jungen bestehen.

Mit nur wenigen Ausnahmen lassen sich die berichteten Ereignisse mithilfe der in der Gerechtigkeitspsychologie diskutierten Gerechtigkeitsdimensionen sowie den zugehörigen Prinzipien bzw. Kriterien klassifizieren. Dabei fällt vor allem auf, dass die in der Forschung lange Zeit dominante distributive Gerechtigkeit zwar keine geringe, aber keineswegs eine herausragende Rolle in der Schule zu haben scheint. Dagegen bestätigten sich Befunde von Mikula und KollegInnen (1990) zur Häufigkeit von Ungerechtigkeitserfahrungen im zwischenmenschlichen Umgang bei Erwachsenen auch für den schulischen Kontext, der ja von der asymmetrischen Beziehung zwischen LehrerInnen und SchülerInnen geprägt wird. Dabei wurden überwiegend Verletzungen von Kriterien der interaktionalen oder der prozeduralen Gerechtigkeit festgestellt.

Zum zwischenmenschlichen Umgang im schulischen Kontext gehört insbesondere die Behandlung der SchülerInnen durch ihre LehrerInnen. Ichilov und Harel (1987) befragten dazu SchülerInnen der 7. und 8. Klassenstufe verschiedener Schulen, insbesondere zur erlebten Gerechtigkeit von Sanktionierungsmaßnahmen. Der Großteil (rund 61-72%) der SchülerInnen sprach sich für eine Gleichbehandlung aller SchülerInnen durch die LehrerInnen aus. Es zeigte sich zudem, dass sich Mädchen signifikant häufiger durch ihre LehrerInnen gerecht behandelt fühlten als Jungen. Im Hinblick auf die erlebte Gerechtigkeit schulischer Sanktionierungsmaßnahmen beurteilten etwa drei Viertel der SchülerInnen diese im Allgemeinen als gerecht; hingegen bewertete nur ca. die Hälfte der SchülerInnen Sanktionierungsmaßnahmen, die sie persönlich erlebt hatten, als gerecht. Im deutschsprachigen Raum konnten zudem Eder, Felhofer und Muhr-Arnold (1994) zeigen, dass rund 60 Prozent der von ihnen befragten GrundschülerInnen diverse Strafanlässe im Kontext Schule gerecht und ebenso viele die Art der Bestrafung angemessen fanden. In einer Untersuchung von Freitag (1998) gaben rund zehn Prozent der befragten SchülerInnen der Klassenstufen 6 bis 10 an Gymnasien, Gesamt-, Real- und Hauptschulen an, dass die Lehrkräfte der Schule ungerecht seien. Andererseits konnten insgesamt rund 70 Prozent der SchülerInnen Erfahrungen mit ungerechten, herabsetzenden oder bevorzugenden Lehrstilen weitgehend ausschließen.

Einen interessanten Ansatz, die durch die SchülerInnen subjektiv erlebte Gerechtigkeit des LehrerInnenhandelns zu untersuchen, wählten Thorkildsen, Nolen und Fournier (1994). Sie interviewten 93 Schulkinder im Alter von sieben bis zwölf Jahren zur eingeschätzten Effektivität und Gerechtigkeit von vier unterschiedlichen Motivierungsstrategien ihrer LehrerInnen. Dies waren (1) individuelle aufgabenspezifische Rückmeldungen und Lernhinweise (Ermutigung eines Aufgabenfokus), (2) Lob für exzellente Leistung, (3) extrinsische Belohnung für exzellente Leistung (Gutscheine) sowie (4) extrinsische Belohnung für große Anstrengung (Gutscheine). Sowohl die Ermutigung eines Aufgabenfokus als auch die extrinsische Belohnung für große Anstrengung wurden von den Kindern als effektiv und gerecht eingeschätzt. Hingegen wurden Lob für exzellente Leistung sowie extrinsische Belohnung für exzellente Leistung als mehr oder weniger effektiv, aber als wenig gerecht eingeschätzt. Zusätzlich identifizierten die Autorinnen mit Hilfe von Interviews Gruppen von SchülerInnen mit unterschiedlichen Lernzielorientierungen und konnten zeigen, dass die eingeschätzte Effektivität und Gerechtigkeit von Motivierungsstrategien in Abhängigkeit von den Lernzielorientierungen unterschiedlich bewertet wurden. Gerade dieser letzte Befund zeigt auf, dass Kinder mit vergleichbarem Bildungshintergrund ganz unterschiedliche Vorstellungen über gerechtes LehrerInnenhandeln haben können.

Die wenige bisherige Forschung zu den Aspekten des LehrerInnenhandelns, die von SchülerInnen subjektiv als mehr oder weniger gerecht erlebt werden, macht deutlich, dass (a) es große individuelle Unterschiede im Erleben von Gerechtigkeit des LehrerInnenhandelns gibt und dass (b) eine systematische Übertragung der psychologischen Forschung zu den kardinalen Gerechtigkeitsdimensionen wie zum Beispiel zur distributiven oder zur prozeduralen Gerechtigkeit auf den Schulkontext bislang fehlt. Insgesamt gibt es bisher nur sehr wenige Untersuchungen, die danach fragen, welche Aspekte des LehrerInnenhandelns von den SchülerInnen als mehr oder weniger gerecht angesehen werden. Menschen wollen mit Würde, Respekt und Höflichkeit behandelt werden und empfinden diesbezügliche Verletzungen als ungerecht. Hier wäre es zum Beispiel hilfreich zu verstehen, mit welchen Verhaltensweisen genau LehrerInnen den Eindruck mangelnden Respekts bei ihren SchülerInnen erwecken. Liegt es an der Wortwahl der LehrerInnen den SchülerInnen gegenüber? Oder liegt es an den Themen, zu denen sich die LehrerInnen äußern. Dürfen Haarfarbe, Kleidung oder Piercings Gegenstand von LehrerInnenkommentaren sein oder verletzt dies die Würde der SchülerInnen? Die Antworten auf diese und vergleichbare Fragen zur distributiven und prozeduralen Gerechtigkeit mögen mit dem Alter oder der Schulform oder anderen Kontextmerkmalen variieren. Hier wäre systematische gerechtigkeitspsychologische Forschung hilfreich, um LehrerInnen konkrete Anhaltspunkte mit auf den Weg zu geben.

1.3 Notengerechtigkeit

Noten werden oft als wichtigstes Resultat schulischen Lernens aufgefasst, weil sie ein zentrales Kriterium früher Selektionsentscheidungen darstellen und später Zugang zu den berufsvorbereitenden Bildungswegen ermöglichen. Weiterhin spielen sie eine hervorstechende Rolle bei der Entwicklung des Fähigkeitsselbstkonzepts, insbesondere fachspezifischer Fähigkeitsselbstkonzepte (z. B. Helmke, 1998; Möller & Köller, 2004), und damit bei der Entwicklung der Vorstellung der SchülerInnen über sich selbst sowie über ihre Fähigkeiten (Dalbert & Radant, 2008). Da Leistungsbewertung und Notenvergabe zudem regulärer und regelmäßiger Bestandteil des Schulalltags sind, sollten sie Gerechtigkeitskognitionen hervorrufen, wie dies die entsprechenden Nennungen im Zusammenhang mit ungerechten Ereignissen ja auch illustrieren. Befragt nach Ungerechtigkeitserfahrungen benennen SchülerInnen häufig die Notengebung. Beispielsweise bewerteten in einer Untersuchung von Resh und Dalbert (2007) etwa 50 Prozent der SchülerInnen einer israelischen und rund ein Drittel der SchülerInnen einer deutschen Stichprobe ihre Noten in Kernfächern als ungerecht.

Was aber kann als ungerecht bei der Notengebung angesehen werden? Die Noten selbst scheinen es nicht zu sein: So konnten in einer Längsschnittuntersuchung von Dalbert und Stoeber (2006) die Noten in den Kernfächern nicht die Veränderung der subjektiv erlebten LehrerInnengerechtigkeit erklären. In der Regel kann auch die subjektiv erlebte Notengerechtigkeit nicht mehr als zehn Prozent der Varianz in der durch die SchülerInnen subjektiv erlebten Gerechtigkeit des LehrerInnenhandelns erklären (Correia & Dalbert, 2007; Dalbert & Stoeber, 2005). In mehreren Studien wurde daher der Frage nachgegangen, ob andere Merkmale der Notengebung identifiziert werden können, die einen systematischen Beitrag zur Aufklärung des subjektiven Gerechtigkeitserlebens im Zusammenhang mit dem LehrerInnenhandeln leisten können. Zunächst kann angenommen werden, dass Noten vor allem als Ergebnis gerecht oder ungerecht sind, also im Hinblick auf Prinzipien der Verteilungsgerechtigkeit bewertet werden. Die Anwendung der drei wichtigsten Prinzipien Gleichheit, Billigkeit und Bedürfnis muss allerdings vor dem Hintergrund der Tatsache geschehen, dass Noten der Leistungsbewertung dienen. Dem Gleichheitsprinzip wäre demnach entsprochen, wenn gleiche Noten für tatsächlich gleiche Leistungen (Punktzahlen) vergeben werden. Nach dem Billigkeitsprinzip müssten hingegen individuelle Beiträge der einzelnen SchülerInnen berücksichtigt werden, was durch Benotung unter Berücksichtigung der geleisteten Anstrengung geschehen kann. Das Bedürfnisprinzip würde eine Benotung unter Berücksichtigung individueller Bedürfnisse, zum Beispiel im Hinblick auf eine Versetzungsgefährdung, bedeuten.

Dalbert (2004) berichtet eine Studie, in der SchülerInnen die Gerechtigkeit einer Benotung anhand dieser drei Prinzipien beurteilen sollten. Dabei wurden SchülerInnen der Klassenstufen 7 bis 9 an Hauptschulen, Realschulen und Gymnasien befragt. Die Befragung erfolgte anhand einer Vignette, welche zwei SchülerInnen mit gleicher Punktzahl in einem Deutschdiktat beschreibt und die Aufforderung enthält, drei Bewertungsoptionen hinsichtlich ihrer Gerechtigkeit zu beurteilen. Die Gleichheitsoption lautete: „Beide sollten die gleiche Note erhalten"; die Billigkeitsoption lautete: „Die SchülerIn, die sich mehr angestrengt hat, sollte die bessere Note bekommen"; die Bedürfnisoption lautete: „Die SchülerIn, die eine bessere Note für ihre Versetzung braucht, sollte eine bessere Note bekommen". Ganz klar zeigte sich, dass die drei Verteilungsprinzipien als unterschiedlich gerecht angesehen wurden, wobei nur das Gleichheitsprinzip deutlich über dem Skalenmittel lag, also als gerecht beurteilt wurde, während das Billigkeitsprinzip und das Bedürfnisprinzip deutlich unter dem Skalenmittel lagen und somit als eher ungerecht beurteilt wurden. Zudem beurteilten HauptschülerInnen das Gleichheitsprinzip als weniger gerecht als RealschülerInnen und GymnasialschülerInnen, dafür aber das Bedürfnisprinzip als weniger ungerecht. Jungen und Mädchen unterschieden sich nur bezüglich des Bedürfnisprinzips signifikant, wobei Mädchen dieses Prinzip ungerechter fanden als Jungen. Weiterhin ergab sich ein interessantes Zusammenhangsmuster zwischen den Urteilen zu den drei Prinzipien. Bedürfnis- und Billigkeitsprinzip korrelierten untereinander substantiell positiv, aber mit dem Gleichheitsprinzip jeweils negativ. Dies deutet darauf hin, dass es einen grundlegenden Unterschied zwischen der Präferenz für ausschließlich leistungsbezogene gleichbehandelnde Bewertung einerseits und der Präferenz für Leistungsbewertung unter Berücksichtigung spezifischer Gründe zur Rechtfertigung von Abweichungen von der Gleichbehandlung andererseits (z. B. Bedürftigkeit, Anstrengung) gibt.

Ein weiteres pädagogisch-psychologisch zentrales Thema der Leistungsbewertung ist die Frage nach der bei der Notengebung angewandten Bezugsnorm und hier ihrer Gerechtigkeit. Im Wesentlichen werden dabei drei Bezugsnormen diskutiert, nämlich die kriteriale (oder sachliche), die soziale und die individuelle. Eine *kriteriale Bezugsnorm* liegt bei der Leistungsbewertung anhand objektiver Standards vor, also im Wesentlichen die Erzielung des richtigen oder altersangemessenen Ergebnisses. Die Anwendung einer *sozialen Bezugsnorm* meint den Vergleich individueller Leistungen mit Leistungen der sozialen Vergleichsgruppe – in der Schule oft mit dem Klassendurchschnitt. Bei der Leistungsbewertung anhand der *individuellen Bezugsnorm* steht die individuelle Leistungsentwicklung im Vordergrund, denn eine aktuelle Leistung wird im Vergleich zu Vorleistungen der SchülerInnen beurteilt. Aus motivationaler Sicht ist vor allem die individuelle Bezugsnorm günstig, weil dabei der Zusammenhang zwischen eigenen Lernbemühungen bzw. -strategien und dem Lernerfolg

deutlich wird, was langfristig die Entwicklung einer erfolgszuversichtlichen Herangehensweise an Leistungsaufgaben begünstigt und Misserfolgsängstlichkeit sowie Prüfungsangst
reduziert (Rheinberg & Krug, 2005).

Die Bewertungsrichtlinien der Länder sehen für die Leistungsbewertung im Prinzip
eine *kriteriale Bezugsnorm* vor, denn es soll der Leistungsstand im Bezug auf die Zielkompetenzen der Rahmenrichtlinien beurteilt und rückgemeldet werden. Ein einfaches Beispiel
hierfür ist ein Mathematiktest, bei dem es klare Kriterien dafür gibt, was als richtig oder
falsch bewertet werden muss. Außerdem wird die Berücksichtigung des individuellen Lern-
standes und Lernfortschritts – also der individuellen Bezugsnorm – gefordert, sodass LehrerInnen insgesamt verschiedene Bewertungsformen nutzen müssen, um beidem gerecht zu
werden. Die Anwendung der sozialen Bezugsnorm ist in jedem Fall unzulässig. Allerdings
zeigt sich in der Praxis, dass die Benotung oft auf einer Mischung aus allen drei Bezugsnormen basiert (Ingenkamp, 1975) und PädagogInnen die kriteriale und die soziale Bezugsnorm manchmal nicht unterscheiden können (z. B. Flitner, 1985). Gerade bei Leistungstests,
in denen es weniger klare Kriterien zur Bewertung gibt, zum Beispiel in einem Deutschauf-
satz, mag der Vergleich zwischen den SchülerInnen die Bewertung subjektiv erleichtern.
Zudem haben LehrerInnen teilweise ausgeprägte Präferenzen für eine der Bezugsnormen,
beispielsweise für die soziale Bezugsnorm, was vermutlich mit dem Glauben an die Selekti-
onsfunktion von Schulnoten zusammenhängt (Barnes, 1997). Je nach dem, welche Bezugsnorm SchülerInnen am gerechtesten finden, könnte in dieser Praxis eine Quelle anhaltender
Ungerechtigkeitserfahrungen liegen.

Dalbert, Schneidewind und Saalbach (2007) untersuchten deshalb die Gerechtigkeitsurteile von SchülerInnen bezüglich der Notenvergabe nach den drei Bezugsnormen. Befragt
wurden GymnasiastInnen der Klassenstufen 9 bis 12. Dabei wurden vier Vignetten vorgegeben, die jeweils eine Bewertungssituation beschrieben. Pro Vignette waren drei Items, die
jeweils für die Benotung anhand einer der Bezugsnormen standen, im Hinblick auf ihre Gerechtigkeit zu beurteilen. Ein erstes Ergebnis war, dass die Bewertungen über die Vignetten
hinweg von den Bezugsnormen und nicht von anderen Charakteristika der jeweiligen Situationen erklärt wurden. Da in den Vignetten verschiedene Bewertungssituationen (z. B. münd-
licher Test, Bewertung eines Essays) in verschiedenen Schulfächern (Deutsch, Fremdsprache, Mathematik) beschrieben waren, deutet dies darauf hin, dass die Gerechtigkeitsurteile
hauptsächlich auf den Bezugsnormen basieren und Schulfächer oder Bewertungsgegenstand
zu vernachlässigen sind. Darüber hinaus zeigte sich, dass die Bezugsnormen hinsichtlich
ihrer Gerechtigkeit unterschiedlich beurteilt wurden, wobei die kriteriale Bezugsnorm eindeutig als gerecht angesehen wurde, die individuelle Bezugsnorm indifferent bewertet wurde und die soziale Bezugsnorm als eher ungerecht beurteilt wurde. In einer nachfolgenden
Studie mit SchülerInnen der Klassenstufen 7, 9 und 12 an Sekundarschulen und Gymnasi-
en konnten die wesentlichen Schlussfolgerungen erhärtet werden: Die Gerechtigkeitsurteile beziehen sich vor allem auf die Bezugsnormen und hängen nicht von den Fächern (hier
Kernfächer vs. Nebenfächer wie Sport) ab, und die Bezugsnormen werden als unterschiedlich gerecht beurteilt. Außerdem fanden sich Hinweise darauf, dass auch die Schulform eine
Rolle spielt. SekundarschülerInnen differenzierten in ihren Gerechtigkeitsurteilen weniger

stark zwischen den drei Bezugsnormen und bewerteten auch die individuelle Bezugsnorm
sowie die soziale Bezugsnorm noch als eher gerecht.

Zusammengefasst bedeuten die Befunde zur gerechten Benotung, dass SchülerInnen vor
allem Gleichbehandlung gerecht finden, wobei sie im Hinblick auf die dazu nötige Bezugsnorm den Vergleichsstandard bevorzugen, der sich an objektiven Leistungskriterien orien-
tiert. Denkbar wäre, dass dabei der implizierte Sinn der Bewertung anhand einer Bezugsnorm eine Rolle spielt. Die Anwendung der sozialen Bezugsnorm macht vor allem deutlich,
dass sich Leistungen aufgrund relativ stabiler Bedingungen – zum Beispiel Begabung – unterscheiden können. Die Anwendung der individuellen Bezugsnorm folgt dagegen offensichtlich pädagogischen Ambitionen, denn sie verdeutlicht den Zusammenhang zwischen individuellen Lernbemühungen und Lernfortschritten. Die Anwendung der kriterialen Bezugsnorm
ermöglicht es SchülerInnen, ihrem Bedürfnis nach Selbstbewertung der eigenen Leistung zu
genügen, und unterstreicht die Bedeutung des zu Lernenden, weil sich Erfolg offensichtlich
an der Bewältigung des Stoffes bzw. dem Erwerb von Zielkompetenzen festmacht.

1.4 Zusammenfassung

Der inhaltliche Ansatz der Gerechtigkeitspsychologie widmet sich der Frage, was von Menschen als gerecht oder ungerecht angesehen wird. Im Vordergrund steht dabei, dass Gerechtigkeit immer der subjektiven Wahrnehmung und Interpretation im sozialen Kontext unterliegt.
In der Gerechtigkeitspsychologie werden mehrere Arten von Gerechtigkeit unterschieden.
Die distributive Gerechtigkeit spielt vor allem bei sozialen Austauschprozessen eine bedeutende Rolle und kann sich am Beitrags-, Gleichheits- oder Bedürfnisprinzip orientieren. Bei
der prozeduralen Gerechtigkeit ist weniger das Resultat eines solchen Austauschprozesses
sondern vielmehr das Verfahren oder der Prozess, auf dessen Grundlage das Resultat erzielt
wurde, von Bedeutung. Für diese sind sechs Kriterien formuliert worden, deren Verletzung
Ungerechtigkeitskognitionen hervorrufen kann: Consistency, Bias Suppression, Accuracy,
Correctability, Representativeness und Ethicality. Die interaktionale Gerechtigkeit, welche
erst in jüngerer Zeit in den Fokus der Forschung rückte, bezieht sich auf die Art und Weise,
in der Menschen miteinander umgehen, was unabhängig von Austauschprozessen und Entscheidungsverfahren Gerechtigkeitskognitionen hervorrufen kann.

In der schulischen Gerechtigkeitsforschung besteht ein starkes Interesse zu untersuchen,
welches Handeln von LehrerInnen von SchülerInnen subjektiv als gerecht bzw. ungerecht erlebt wird. Dabei zeigte sich in einer Reihe internationaler Studien, dass in der Schule häufig
gerechtigkeitsrelevante Situationen auftreten und eine Vielzahl der Schüler besonders bei
Maßregelungen ihrer LehrerInnen und eine Vielzahl der Schülerinnen im zwischenmenschlichen Umgang von Gerechtigkeitsproblemen berichten. Von dem (un-)gerechten LehrerInnenhandeln ist zudem die Notengerechtigkeit abzugrenzen, bei der nicht nur Prinzipien der
distributiven Gerechtigkeit eine Rolle spielen – aus SchülerInnensicht speziell das Gleichheitsprinzip –, sondern auch welche Bezugsnorm LehrerInnen bei der Leistungsbewertung heran-
ziehen. Hier ist es vor allem die kriteriale Bezugsnorm, welche von SchülerInnen als gerecht
erlebt wird. Bei den vorhandenen empirischen Ergebnissen handelt es sich aber oftmals noch

um Einzelbeispiele. Replikationen und eine generelle Ausweitung der Forschung wären hier in Anbetracht der Bedeutung des Themas für den schulischen Alltag sehr wünschenswert.

2. Gerechtigkeitspsychologie aus der motivationalen Perspektive

Mit dem inhaltlichen Forschungsansatz zur Gerechtigkeitspsychologie lässt sich hauptsächlich zeigen, *was* Menschen als gerecht bzw. ungerecht erleben; der motivationale Ansatz erklärt hingegen, *warum* sich Personen überhaupt mit Gerechtigkeit befassen und *wie* dieses Gerechtigkeitsmotiv ihre Handlungen leitet (Dalbert, 2005).

2.1 Gerechtigkeitsmotivtheorie

Lerner (1975, 1977), der die Theorie zum Gerechtigkeitsmotiv begründet hat, beantwortet die Frage nach dem *Warum* damit, dass die Beschäftigung mit Gerechtigkeit funktional für das eigene Leben, aber auch für das soziale System ist. Seine Theorie geht davon aus, dass Menschen an Gerechtigkeit glauben wollen und dass dieses Motiv sich in verschiedenen Reaktionen niederschlägt. Die Basis der Theorie ist die Gerechte-Welt-Hypothese, die besagt, dass die Art und Weise, wie Menschen auf das eigene Schicksal und das anderer reagieren, davon abhängt, ob das eigene Schicksal bzw. das Schicksal der anderen Personen als gerecht erlebt wird oder nicht.

Wie SchülerInnen in der Schule miteinander umgehen, wie sie aufeinander und ihre Lehrkräfte reagieren und wie Lehrkräfte auf ihre SchülerInnen reagieren, lässt sich also darauf zurück führen, dass sie daran glauben, in einer Welt zu leben, in der jeder früher oder später das bekommt, was ihm gerechterweise zusteht (Lerner & Goldberg, 1999) – dies schließt Erträge, gerechte Behandlung und Interaktionen und damit alle drei Dimensionen der Gerechtigkeit ausdrücklich ein. Erhalten SchülerInnen nun nicht, was sie eigentlich als gerechtfertigt erachten, oder beobachten sie dies bei anderen – dass dies in der Schule in einem ausgeprägten Maß der Fall ist, hat der inhaltsorientierte Forschungsansatz gezeigt –, entstehen Stress und negative Emotionen wie Ärger (Lerner, 1977). Dies lässt sich durch die Diskrepanz zwischen dem, was tatsächlich passiert ist, und dem, was eigentlich in der Vorstellung der SchülerInnen hätte passieren sollen, erklären (Folger, 1986). Der Glaube der SchülerInnen daran, dass die Welt gerecht ist, passt dann nicht mehr mit der Welt zusammen, wie sie die SchülerInnen erleben. Dies führt zu kognitiver Dissonanz (vgl. Festinger, 1954), die es aufzulösen gilt. Dazu sind verschiedene adaptive Reaktionen denkbar. So kann das Streben nach Gerechtigkeit dazu anregen, dass Gerechtigkeit aktiv wiederhergestellt wird (Handlungsmotiv), oder – wenn dies nicht im Rahmen der eigenen Möglichkeiten erscheint – es zur kognitiven Umdeutung des Erlebten (Assimilation) kommt. Damit befähigt das Gerechtigkeitsmotiv dazu, die eigene physische und soziale Umwelt als stabil und geordnet zu erleben (Lerner & Miller, 1978), und bereitet so die Grundlage dafür, dass SchülerInnen in mittel- und langfristige Aktivitäten Anstrengung, Zeit etc. investieren (Lerner, 1965; Lerner & Miller, 1978; Lerner & Simmons, 1966). Dies würden sie nicht tun, wenn sie davon ausgehen müssten, dass es beispielsweise nur eine zufällige Verbindung zwischen ihren Lernanstrengungen und den dafür erhaltenen Noten gibt – dass sie demnach nicht auf Gerechtigkeit vertrauen können. Aber um keine Missverständnisse aufkommen zu lassen: Der hier beschriebene Prozess erfolgt intuitiv und implizit.

Menschen können nämlich an eine „gerechte Welt" glauben, obwohl diese offensichtlich häufig nicht gerecht zu sein scheint, weil sie Informationen über wichtige gerechtigkeitsbezogene Ereignisse in ihrem Leben auf zwei Bewusstseinsebenen zu verarbeiten scheinen (Dalbert, 2001; Lerner, 1998; Lerner & Goldberg, 1999). Auf der *explizit-rationalen Ebene* stehen bewusste Gedanken über gerechtigkeitsbezogene Ereignisse im Mittelpunkt, während auf der *implizit-intuitiven Ebene* gerechtigkeitsbezogene Informationen vor- bzw. unbewusst verarbeitet werden (Lerner & Goldberg, 1999). Beobachtet eine Schülerin beispielsweise, dass ein anderer Schüler durch einen Lehrer mit einem Klassenbucheintrag wegen eines Fehlverhaltens bestraft wird, das eigentlich ein anderer Schüler begangen hat, so kann sie laut diesem Zwei-Ebenen-Modell auf zweierlei Art reagieren. Zum einen könnte sie sich bewusst Gedanken über den beobachteten Vorgang machen. Dabei kann sie auf bestehende gesellschaftliche Regeln und Normen zurückgreifen und könnte schließlich zu dem reflektierten Urteil gelangen, dass der Lehrer dem Schüler Unrecht getan hat, da er den falschen bestraft. Zum anderen wäre es aber auch möglich, dass die Schülerin das Ereignis unbewusst verarbeitet, das heißt, es findet ein Verarbeitungsprozess statt, zu dem die Schülerin keinen introspektiven Zugang hat. Die gerechtigkeitsbezogenen Informationen werden wahrgenommen und intuitiv unter Beteiligung kognitiver Schemata verarbeitet. Ein solches Schema könnte der Glaube daran sein, dass die Welt im Großen und Ganzen gerecht ist. Hat sich dieser stabilisiert, so ist der Mensch bestrebt, ihn aufrecht zu erhalten (Lerner, 1998); das heißt, es werden Informationen intuitiv gesucht, herausgefiltert, priorisiert oder angepasst, sodass sie ihn bestätigen anstatt ihn zu verwerfen. Dadurch könnte die Schülerin letztlich zu der Einschätzung kommen, der Vorgang sei gerecht.

Durch die verschiedenen Möglichkeiten, mit denen Menschen ihren Glauben an eine gerechte Welt schützen, wird eine wichtige soziale Dynamik erzeugt: Sie stellen Gerechtigkeit aktiv (gerechtigkeitsmotiviertes Verhalten) oder, wenn das physisch nicht möglich erscheint, psychisch wieder her (Assimilation) – egal ob es um sie selbst oder um andere Menschen geht. Dabei kann es vorkommen, dass sie zum Schutz des eigenen Glaubens an eine gerechte Welt auch ein Opfer intuitiv abwerten oder beschuldigen, statt ausschließlich den Verursacher – kognitiv oder real – zur Rechenschaft zu ziehen (Lerner & Goldberg, 1999). Zur kognitiven Aufrechterhaltung von Gerechtigkeit würde somit derart gehandelt werden, dass es zur Aufrechterhaltung der dem Opfer widerfahrenen Ungerechtigkeit kommt, was als Gerechtigkeitsparadoxon bezeichnet wird (Maes & Kals, 2001). Die beschriebenen Prozesse greifen vor allem dann, wenn es um den persönlichen Nahbereich – die eigene Welt – geht; Ungerechtigkeiten gegenüber Personen, die sich entweder von einem selbst deutlich unterscheiden oder mit denen man kein gemeinsames Schicksal teilt – die in diesem Sinne einer anderen Welt angehören –, sind hingegen weniger bedrohlich für den Glauben an eine gerechte Welt (Lerner & Goldberg, 1999). Ausgehend von ihrem Gerechtigkeitsmotiv generieren Menschen also ein gerechtigkeitsbezogenes kognitives Schema, eine Art „Filter", der vorbewusst Bedrohungen neutralisiert, die mit erlebter Ungerechtigkeit assoziiert werden (Lerner, 1998), und dieses greift vor allem dann, wenn Menschen sich nicht in der Lage sehen, die Ungerechtigkeit real zu beseitigen (Lerner & Simmons, 1966).

2.2 Gerechte-Welt-Glaube

Die Erkenntnis, dass sich dieser Gerechte-Welt-Glaube (GWG) als Manifestation des Gerechtigkeitsmotivs bei Menschen unterschiedlich entwickeln kann und demzufolge auch unterschiedlich ausgeprägt ist (z. B. Lerner & Miller, 1978), hat dazu geführt, dass er als Persönlichkeitskonstrukt aufgefasst wird. Er indiziert die Stärke des Gerechtigkeitsmotivs: Je ausgeprägter der GWG ist, desto stärker leiden Menschen unter der Konfrontation mit Ungerechtigkeit und desto energischer bemühen sie sich darum, Gerechtigkeit wiederherzustellen (Dalbert, 1996).

Entwicklung des Gerechte-Welt-Glaubens

Der GWG entwickelt sich in der Kindheit, wenn das Kind ungefähr im siebenten Lebensjahr durch kognitive Entwicklungsprozesse Zufälligkeit zu erkennen lernt. Nun wird nicht mehr davon ausgegangen, dass sämtliche Vorschriften, Belohnungen und Bestrafungen, ja das gesamte Verhalten der unmittelbaren Bezugspersonen gerecht sind, sondern – zum Beispiel rein zufällig auftretende – Ereignisse durchaus auch ungerecht sein können; der Glaube daran, dass die Welt im Großen und Ganzen gerecht ist, ersetzt dabei den Glauben an immanente, allen Prozessen und Ergebnissen innewohnende Gerechtigkeit (Aebli, 1990; Dalbert & Radant, 2008; Piaget, 1932; Rubin & Peplau, 1975).

Im frühen Jugendalter wird das Mikrosystem Familie, das mit einer hohen Wahrscheinlichkeit zumindest im subjektiven Erleben ein gerechtes Umfeld darstellt, immer öfter verlassen. In der allgemeinen Welt jenseits des persönlichen Nahbereichs werden mehr und mehr Erfahrungen gesammelt, die unter anderem in Bezug auf Gerechtigkeit nicht immer mit den Erfahrungen aus dem familiären Kontext übereinstimmen. Zur eigenen Welt tritt die Welt der anderen hinzu (Lerner, 1977). Es erfolgt eine Differenzierung in einen Glauben an eine für einen persönlich gerechte Welt, in der einem selbst im Allgemeinen Gerechtigkeit widerfährt, versus einen Glauben an eine im Allgemeinen gerechte Welt, in der insgesamt im Großen und Ganzen Gerechtigkeit vorherrscht (Dalbert, 1999; Lipkus, Dalbert & Siegler, 1996). Dabei nimmt die Stärke beider Dimensionen im Jugendalter insgesamt eher ab; je stärker allerdings der Rückgang des allgemeinen GWG ausfällt, desto weniger büßt der persönliche GWG an Stärke ein, was sich damit begründen lässt, dass die allgemeine Dimension durch die persönliche Dimension kompensiert (Dalbert, 2001, 2005), der allgemeine GWG zugunsten der stärkeren Aufrechterhaltung des persönlichen quasi abgespalten wird (Dalbert & Radant, 2004). Im jungen Erwachsenenalter geht der GWG insgesamt weiter leicht zurück, steigt aber im späten Erwachsenenalter wieder leicht an. Während ein starker GWG älteren Menschen erlaubt, ihr Leben positiver zu betrachten und Bedeutung in ihrem Lebenslauf zu finden, besteht seine Hauptfunktion im Jugend- und jungen Erwachsenenalter eher in der Bereitstellung von Vertrauen auf Gerechtigkeit, was die Verfolgung von Lebenszielen begünstigt (Dalbert, 2001, 2005).

Für eine positive Entwicklung des GWG werden neben kognitiven Entwicklungsprozessen vor allem Erfahrungen im Umgang mit Gerechtigkeit verantwortlich gemacht. Im Detail zeigen Studien, dass eine Familie mit einem harmonischen Familienklima sowie wenig Konflikten und elterlicher Manipulation die Entwicklung des persönlichen GWG zu begünstigen scheint, Erziehung demnach ein entscheidender Faktor für die Entwicklung des GWG sein sollte (Dalbert & Radant, 2004). In einer Längsschnittuntersuchung von Kahileh und Dalbert (2009) konnten die Befunde von Dalbert und Radant (2004) repliziert werden: Der persönliche GWG von Kindern entwickelt sich anscheinend aus der emotionalen Zuwendung der Eltern – in diesem Fall der Mutter – heraus, während sich der allgemeine GWG auf eine Regelorientierung in der Familie zurückführen lässt. Darüber hinaus fanden Schönpflug und Bilz (2004) Hinweise darauf, dass der allgemeine GWG von Generation zu Generation vermittelt wird.

Zusätzlich zu diesen Mechanismen familiärer Sozialisation übernehmen im Verlauf der Entwicklung Gerechtigkeitserfahrungen in unterschiedlichen Lebenskontexten eine modifizierende Funktion. So tragen im Jugendalter neben Gerechtigkeitserfahrungen in der Familie auch solche in der Schule zu einer Bekräftigung des persönlichen GWG bei, wie Dalbert und Stoeber (2006) im Längsschnitt zeigen konnten. Langanhaltende oder wiederholte Ungerechtigkeitserfahrungen können umgekehrt den persönlichen GWG gefährden (vgl. Dzuka & Dalbert, 2002), während der allgemeine GWG durch persönliche Erlebnisse vermutlich weitgehend unberührt bleibt (Adoric & Kvartuc, 2007). Und auch der Umgang mit Medien, die mittlerweile neben Schule, Familie und Peergroup eine bedeutende Sozialisationsinstanz darstellen, kann die Entwicklung des GWG beeinflussen: Medien lassen oftmals Protagonisten auftreten, mit denen man sich leicht identifizieren kann, die somit als Modelle für sozial-kognitives Lernen (vgl. Bandura, 1976) fungieren können, und für ihr Handeln in der Regel am Ende belohnt werden, was den GWG stabilisieren und validieren sollte (Schmitt & Maes, 2006).

Funktionen des Gerechte-Welt-Glaubens in der Schule

Die Schule ist ein Ort, an dem auf engem Raum Menschen täglich über einen großen Teil des Tages miteinander interagieren (müssen). Diese Interaktionen sind unter anderem den ungeschriebenen Gesetzen der Moral und Gerechtigkeit unterworfen und werden unter solchen Gesichtspunkten bewertet. Die Betrachtung von Gerechtigkeit, insbesondere die der Lehrkräfte, ist hier demnach von besonderer Bedeutung – nicht zuletzt auch, weil die Schule als Mikrogesellschaft die SchülerInnen auf die ‚große‘ Gesellschaft vorbereiten soll. Für die Bewältigung des Schulalltags spielt der GWG deshalb eine wichtige Rolle: Er liefert beispielsweise Erklärungen dafür, warum SchülerInnen einander nicht schikanieren, warum sie auf eine gerechte Behandlung vertrauen und warum sie die schulische Umwelt als relativ geordnet und gerecht erleben, obwohl diese nachweislich zahlreiche Möglichkeiten ungerechter Erlebnisse bietet. Schließlich formt er die Bewertungen von Lehrkräften und MitschülerIn-

nen sowie der eigenen Person und stellt eine Voraussetzung zur Investition in Lernbemühungen dar (Maes & Kals, 2001).

Ausgehend von der Gerechtigkeitsmotivtheorie konnten drei wichtige Funktionen des
GWG identifiziert werden (Dalbert, 2001, 2005). So sollte das Streben nach Gerechtigkeit
zu gerechtem sowie gerechtigkeitswiederherstellendem Verhalten führen. Diese *Motivfunktion* liegt darin begründet, dass in einer gerechten Lebenswelt eine positive und gerechte Zukunft kein wohltätiges Geschenk des Schicksals sondern eine Folge eigenen Verhaltens und
Charakters darstellt (Dalbert, 2005). Dies kann zu konkreten Hilfeleistungen in Situationen
führen, in denen Menschen Hilfe brauchen (Bierhoff, Klein, & Kramp, 1991; Zuckerman,
1975). Außerdem wurden negative Zusammenhänge zwischen dem persönlichen GWG und
deviantem Verhalten gefunden (Otto & Dalbert, 2005; Sutton & Winnard, 2007).

Im schulischen Kontext liegen zur Motivfunktion des GWG bislang nur wenige Befunde
vor. So konnten Braband und Lerner (1974) sowie Long und Lerner (1974) experimentell zeigen, dass Kinder mit einer stark ausgeprägten Fähigkeit, die Befriedigung aktueller Bedürfnisse aufzuschieben, unter anonymen Bedingungen anderen Kindern mehr Hilfe anboten als
Kinder mit einer schwach ausgeprägten Fähigkeit zum Belohnungsaufschub. Sie waren außerdem eher geneigt, einen Teil einer erhaltenen Belohnung an andere abzutreten. Die Fähigkeit zum Belohnungsaufschub führten die AutorInnen wiederum auf ein stark ausgeprägtes
Gerechtigkeitsmotiv zurück. In einer querschnittlichen Schulstudie untersuchten Correia und
Dalbert (2008) den Zusammenhang zwischen dem persönlichen GWG und Bullying-Verhalten – physisches wie psychisches Schikanieren von MitschülerInnen. Erwartungsgemäß gaben in ihrer Studie mit portugiesischen SchülerInnen der siebenten bis achten Klassenstufe
SchülerInnen umso weniger Bullying-Verhalten an, je stärker sie an eine für sie persönlich
gerechte Welt glaubten. Hingegen zeigte sich kein Zusammenhang zwischen dem GWG und
der Unterstützung von Bullying-Opfern. Zu ähnlichen Ergebnisse kamen auch Donat, Umlauft, Dalbert und Kamble (2012) in einer Studie mit deutschen und indischen SchülerInnen.

Die sicherlich am besten untersuchte Funktion des GWG ist die *Assimilationsfunktion*,
nach welcher der GWG den Menschen einen konzeptuellen Rahmen zur Verfügung stellt,
der ihnen dabei hilft, Ereignissen in ihrem Leben Sinn und Bedeutung zuzuschreiben (Dalbert, 2005). Dies wird relevant, wenn der GWG durch das Erleben ungerechter Ereignisse
bedroht wird. Dann sind Menschen mit einem starken GWG bestrebt, diesen zu verteidigen
und demzufolge Gerechtigkeit wiederherzustellen. Wenn das in der Realität beispielsweise
auf Grund physischer Grenzen nicht möglich erscheint, versuchen Menschen intuitiv, das Erlebnis an ihren GWG anzupassen: Sie schreiben sich unter anderem die Schuld an erfahrener
Ungerechtigkeit selbst zu (z. B. Bulman & Wortman, 1977), spielen Ungerechtigkeit herun-
ter bzw. leugnen sie (Lipkus & Siegler, 1993), werten unschuldige Opfer ab (z. B. Lerner &
Simmons, 1966; Callan, Powell, & Ellard, 2007) oder vermeiden selbstbezogenes Grübeln
über das ungerechte Ereignis (Dalbert, 1997).

Der GWG begünstigt somit über Assimilationsprozesse, die zur kognitiven Reduzie-
rung von Ungerechtigkeit beitragen, subjektive Gerechtigkeitserfahrungen (Umlauft & Dalbert, 2010). So erleben SchülerInnen mit einem starken GWG im Vergleich zu anderen SchülerInnen beispielsweise ihre LehrerInnen als gerechter (Correia & Dalbert, 2007; Dalbert &

Maes, 2002; Dalbert & Stoeber, 2005). Diese querschnittlichen Befunde konnten Dalbert und Stoeber (2006) auch im Längsschnitt bestätigen. Peter und Dalbert (2010) lieferten darüber hinaus einen Beleg dafür, dass der GWG nicht nur konkret gerechtigkeitsbezogenes Erleben positiv färbt, sondern auch klimatisches und nicht direkt auf Gerechtigkeit bezogenes Umwelterleben: Die Bewertung der LehrerInnengerechtigkeit sowie des Klassenklimas fiel in ihrer Studie umso positiver aus, je stärker der GWG der SchülerInnen ausgeprägt war. Erklären lässt sich dies damit, dass Gerechtigkeit ein bedeutsamer Aspekt der schulischen Umwelt ist und somit signifikant zu einem generelleren Umwelteindruck beiträgt.

Da die schulische Umwelt viele Gelegenheiten für gerechtigkeitsrelevante Erfahrungen bietet, sollten assimilative Prozesse für SchülerInnen wichtige adaptive Konsequenzen mit sich bringen. So konnten Umlauft, Schröpper und Dalbert (2008) zeigen, dass ein starker persönlicher GWG von SchülerInnen mit einem geringen schulspezifischen Exklusionsempfinden, dem Gefühl von der schulischen Gemeinschaft ausgeschlossen zu sein, einherging. Besonders gut ist die Bedeutung des GWG für das schulische Wohlbefinden untersucht. Einen ersten korrelativen Befund konnten Dalbert und Maes (2002) in ihrer Schulstudie erbringen: Der schulspezifische GWG und Leistungsdruck, Prüfungsängstlichkeit, Schulangst, vegetative Störungen wie Bauchschmerzen und depressive Stimmung – alles Indikatoren für ein geringes Wohlbefinden – sowie der persönliche GWG und Schulunlust standen in signifikant negativer Beziehung zueinander. Letzterer Befund konnte in verschiedenen weiteren querschnittlichen Schulstudien belegt werden (Correia & Dalbert, 2007; Dalbert & Stoeber, 2005; Peter, Dalbert, Kloeckner & Radant, 2012).

Sind Menschen davon überzeugt, dass sie in einer gerechten Welt leben, dann können sie darauf vertrauen, nicht Opfer unvorhersehbarer Ereignisse zu werden (Dalbert, 2005). Der GWG hat deshalb auch eine *Vertrauensfunktion*. Diese erlaubt es Menschen mit einem starken GWG, auf Gerechtigkeit zu vertrauen. So sind Personen mit einem starken GWG weniger misstrauisch (Zuckerman & Gerbasi, 1977) und vertrauen eher darauf, von anderen gerecht behandelt zu werden. So erwarten sie zum Beispiel in Leistungssituationen, mit gerechten Aufgaben und Anforderungen konfrontiert zu werden, sodass sie weniger belastet an Leistungssituationen herangehen und diese in der Folge auch besser meistern können als Personen mit einem schwach ausgeprägten GWG. Demnach sollten SchülerInnen mit einem starken GWG auch darauf vertrauen, im Augenblick sowie in Zukunft gerecht behandelt zu werden. Infolgedessen sollte es ihnen besser möglich sein, langfristige Investitionen für ihren Schulerfolg zu tätigen, als SchülerInnen mit einem schwächeren GWG. Sowohl in einer Laborstudie (Tomaka & Blascovich, 1994) als auch in Schulstudien konnte diese Annahme untermauert werden. So wurde querschnittlich mithilfe von Fragebogenuntersuchungen im schulischen Kontext gezeigt, dass ein starker persönlicher GWG mit guten Schulnoten einherging (Dalbert & Stoeber, 2005; Peter, Kloeckner, Dalbert & Radant, 2012).

2.3 Zusammenfassung

Menschen möchten glauben, dass sie in einer gerechten Welt leben. Dieser Glaube ist für den persönlichen Nahbereich stärker ausgeprägt als für den Blick auf die Welt außerhalb des engen sozialen Umfelds. Er ist intuitiv, das heißt, die Menschen sind sich ihres GWG in der Regel nicht bewusst. Dennoch leitet dieses interindividuell variierende Persönlichkeitskonstrukt unser Handeln und unsere Kognitionen. So streben Menschen danach, Gerechtigkeit in der Realität aufrecht zu erhalten, oder, sofern ihnen dies nicht möglich erscheint, kognitiv wiederherzustellen: Sie verhalten sich eher gerecht, helfen anderen Menschen, denen Ungerechtigkeit widerfährt, oder interpretieren ungerechte Erlebnisse derart, dass sie ihren GWG nicht mehr bedrohen. Ungerechtigkeit wird somit durch Verhalten oder kognitive Anpassung (Assimilation) reduziert. Darüber hinaus ermöglicht der GWG Menschen, auf Gerechtigkeit auch in der Zukunft zu vertrauen und somit mittel- und langfristige Investitionen in ihrem Leben einzugehen.

Der GWG entsteht im Laufe der Kindheit durch kognitive Entwicklungsprozesse und Erfahrungen mit (Un-)Gerechtigkeit. Neben der Familie stellt dabei die Schule eine wichtige Sozialisationsinstanz dar. Erfahrungen mit Ungerechtigkeit in der Familie und in der Schule, mit Lehrkräften und Gleichaltrigen, können die Entwicklung des GWG, der gerade im schulischen Kontext wichtige adaptive Funktionen erfüllt, beeinträchtigen. So stellt er eine personale Ressource für SchülerInnen dar, die ihnen Vertrauen auf gerechte Behandlung und eine positive (gerechtigkeitsbezogene) Sicht auf ihre schulische Umwelt ermöglicht. Zudem führt er dazu, dass sich SchülerInnen in ihrem Verhalten selbst an den Regeln der Gerechtigkeit orientieren.

3. Schlussfolgerung und Ausblick

Gerechtigkeit durchdringt den schulischen Alltag von SchülerInnen und Lehrkräften. Sie kann als eine der bedeutendsten Bewertungsgrundlagen für alle Ereignisse in diesem Mikrokosmos, in dem so viele verschiedene Menschen überwiegend unfreiwillig zusammenkommen, angesehen werden. Dabei kann Gerechtigkeit diverse Formen annehmen; die unterschiedlichen individuellen Voraussetzungen schaffen so viele verschiedene Perspektiven wie es Schulmitglieder gibt. Dies macht den Umgang mit (Un-)Gerechtigkeit in der Schule, bei dem die Lehrkräfte eine besondere Verantwortung haben, nicht einfach. Kenntnisse über die grundlegenden psychologischen Prozesse und die Ergebnisse vorhandener pädagogisch-psychologischer Studien zum Thema Gerechtigkeit können hierbei aber eine wichtige Hilfe sein.

Das vorliegende Buch gibt einen fundierten und differenzierten Einblick in die bisher vorliegende Forschung zur Bedeutung schulischer Gerechtigkeitserfahrungen, auch wenn diese noch viele Lücken aufweist und in erster Linie die motivationale Perspektive aufgreift. Das Buch kann den in den Schulen handelnden Akteuren wie Lehrkräften und pädagogischen Mitarbeitenden als Kompendium für die Praxis dienen und den Bildungsforschenden als Grundlage für die weiterführende gerechtigkeitspsychologische Schulforschung.

Literatur

Adams, J.S. (1965). Inequity in social exchange. *Advances in Experimental Social Psychology, 2*, 267-299.

Adoric, V.C., & Kvartuc, T. (2007). Effects of mobbing on justice beliefs and adjustment. *European Psychologist, 12*, 261-271.

Aebli, H. (1990). Zur Einführung. In J. Piaget (Hrsg.), *Das moralische Urteil beim Kinde* (S. 13-22). München: Deutscher Taschenbuch Verlag.

Bandura, A. (1976). *Lernen am Modell: Ansätze einer sozial-kognitiven Lerntheorie.* Stuttgart: Klett.

Barnes, L.L.B. (1997). Development of the faculty beliefs about grades inventory. *Educational and Psychological Measurement, 57*, 459-468.

Bierhoff, H.W., Klein, R., & Kramp, P. (1991). Evidence for the altruistic personality from data on accident research. *Journal of Personality, 59*, 263-280.

Bies, R., & Moag, J.S. (1986). Interactional justice: Communications criteria of fairness. In R. Lewitzki, M. Bazerman, & B. Sheppard (Hrsg.), *Research on Negotiation in Organizations* (Bd. 1, S. 43-55). Greenwich, CT: Jai Press.

Braband, J., & Lerner, M.J. (1974). "A little time and effort"...Who deserves what from whom? *Personality and Social Psychology Bulletin, 1*, 177-179.

Bulman, R.J., & Wortman, C. B. (1977). Attributions of blame and coping in the "real world": Severe accident victims react to their lot. *Journal of Personality and Social Psychology, 35*, 351-363.

Callan, M., Powell, N., & Ellard, J. (2007). The Consequences of victim physical attractiveness on reactions to injustice: The role of observers' belief in a just world. *Social Justice Research, 20*, 433-456.

Correia, I., & Dalbert, C. (2007). Belief in a just world, justice concerns, and well-being at Portuguese schools. *European Journal of Psychology of Education, 22*, 421-437.

Correia, I., & Dalbert, C. (2008). School bullying: Belief in a personal just world of bullies, victims, and defenders. *European Psychologist, 13*, 248-254.

Cropanzano, R., & Greenberg, J. (1997). Progress in organizational justice: Tunneling through the maze. In C. L. Cooper & I. T. Robertson (Hrsg.), *International review of industrial and organizational psychology* (Bd. 12, S. 317-372). New York: John Wiley & Sons.

Dalbert, C. (1996). *Über den Umgang mit Ungerechtigkeit* (1. Aufl.). Bern: Huber.

Dalbert, C. (1997). Der Glaube an eine gerechte Welt – Heilsame Überzeugung oder illusionäre Belastung? In H. Mandl (Hrsg.), *Bericht über den 40. Kongreß der Deutschen Gesellschaft für Psychologie in München 1996* (S. 567-572). Göttingen: Hogrefe.

Dalbert, C. (1999). The world is more just for me than generally: About the Personal Belief in a Just World Scale's validity. *Social Justice Research, 12*, 79-98.

Dalbert, C. (2001). *The justice motive as a personal resource.* New York: Kluwer Academic/Plenum Publ.

Dalbert, C. (2004). The implications and functions of just and unjust experiences in school. In C. Dalbert & H. Sallay (Hrsg.), *The justice motive in adolescence and young adulthood: Origins and consequences* (S. 117-134). London: Routledge.

Dalbert, C. (2005). Just world beliefs, development of. In C. B. Fisher & R. M. Lerner (Hrsg.), *Encyclopedia of applied developmental science* (S. 617-620). Thousand Oaks, Calif.: Sage Publications.

Dalbert, C., & Maes, J. (2002). Belief in a just world as a personal resource in school. In M. Ross & D. T. Miller (Hrsg.), *The justice motive in everyday life* (S. 365-381). Cambridge: University Press.

Dalbert, C., & Radant, M. (2004). Parenting and young adolescents' belief in a just world. In C. Dalbert & H. Sallay (Hrsg.), *The justice motive in adolescence and young adulthood: Origins and consequences* (S. 11-25). London: Routledge.

Dalbert, C., & Radant, M. (2008). Psychologie der Schülerpersönlichkeit. In M. K. W. Schweer (Hrsg.), *Lehrer-Schüler-Interaktion* (S. 127-154). Wiesbaden: Verlag für Sozialwissenschaften.

Dalbert, C., & Stoeber, J. (2005). The belief in a just world and distress at school. *Social Psychology of Education, 8*, 123-135.

Dalbert, C., & Stoeber, J. (2006). The personal belief in a just world and domain-specific beliefs about justice at school and in the family: A longitudinal study with adolescents. *International Journal of Behavioral Development, 30*, 200-207.

Dalbert, C., Schneidewind, U., & Saalbach, A. (2007). Justice judgments concerning grading in school. *Contemporary Educational Psychology, 32*, 420-433.

Deutsch, M. (1975). Equity, equality, and need: What determines which value will be used as the basis of distributive justice. *Journal of Social Issues, 31*, 137-150.

Donat, M., Umlauft, S., Dalbert, C., & Kamble, S. V. (2012). Belief in a just world, teacher justice, and bullying behavior. *Aggressive Behavior, 38*, 185-193.

Durkheim, E. (1984). *Erziehung, Moral und Gesellschaft: Vorlesung an der Sorbonne 1902/1903.* Frankfurt/Main: Suhrkamp.

Dzuka, J., & Dalbert, C. (2002). Mental health and personality of Slovak unemployed adolescents: *The impact of belief in a just world. Journal of Applied Social Psychology, 32*, 732-757.

Eder, F., Felhofer, G., & Muhr-Arnold, S. (1994). Schule als Lebenswelt. In L. Wilk & J. Bacher (Hrsg.), *Kindliche Lebenswelten* (S. 197-251). Opladen: Leske + Budrich.

Fan, R. M., & Chan, S. C. N. (1999). Students' perceptions of just and unjust experiences in school. *Educational and Child Psychology, 16*, 32-50.

Festinger, L. (1954). A theory of social comparison processes. *Human Relations, 7*, 117-140.

Flitner, A. (1985). Gerechtigkeit als Problem der Schule und als Thema der Bildungsreform. *Zeitschrift für Pädagogik, 31*, 1-26.

Flitner, A. (1987). Gerechtigkeit als Problem der Schule. In A. Flitner (Hrsg.), *Für das Leben – Oder für die Schule? Pädagogische und politische Essays* (S. 15-44). Weinheim: Beltz.

Folger, R. (1986). Rethinking equity theory: A referent cognitions model. In H. W. Bierhoff, R. L. Cohen, & J. Greenberg (Hrsg.), *Justice in social relations* (S. 145-162). New York: Plenum.

Freitag, M. (1998). *Was ist eine gesunde Schule?* Weinheim: Juventa.

Hellekamps, S. & Musolff, H.-U. (1999). *Die gerechte Schule.* Köln: Böhlau.

Helmke, A. (1998). Vom Optimisten zum Realisten? Zur Entwicklung des Fähigkeitsselbstkonzeptes vom Kindergarten bis zur 6. Klassenstufe. In F. E. Weinert (Hrsg.), *Entwicklung im Kindesalter* (S. 115-132). Weinheim: PVU.

Ichilov, O., & Harel, O. (1987). Patterns of discipline enforcement and the perception of justice in two educational frameworks in Israel. *Adolescence, 22*, 97-114.

Ingenkamp, K. (1975). *Pädagogische Diagnostik.* Weinheim: Beltz.

Israelashvili, M. (1997). *Situational determinants of school student's feeling of injustice. Elementary School Guidance and Counseling, 31*, 283-292.

Jacobs, G., & Dalbert, C. (2008). Gerechtigkeit in Organisationen. *Zeitschrift für Wirtschaftspsychologie, 10*, 3-13.

Kahileh, R., & Dalbert, C. (2009, September). *Gerechte-Welt-Glaube und familiale Sozialisation.* Poster zur 12. Fachtagung Pädagogische Psychologie der Deutschen Gesellschaft für Psychologie, Saarbrücken.

Kanders, M. (2000). *Das Bild der Schule aus der Sicht der Schüler und Lehrer II.* Dortmund: IFS-Verlag.

Lerner, M. J. (1965). Evaluation of performance as a function of performer's reward and attractiveness. *Journal of Personality and Social Psychology, 1*, 355-360.

Lerner, M. J. (1975). The Justice Motive in Social Behavior: Introduction. *Journal of Social Issues, 31*, 1-19.

Lerner, M. J. (1977). The justice motive: Some hypotheses as to its origins and forms. *Journal of Personality, 45*, 1-52.

Lerner, M. J. (1998). The two forms of belief in a just world: Some thoughts on why and how people care about justice. In L. Montada & M. J. Lerner (Hrsg.), *Responses to victimizations and belief in a just world* (S. 247-269). New York: Plenum Press.

Lerner, M. J., & Goldberg, J. H. (1999). When do decent people blame victims? The differing effects of the explicit/rational and implicit/experiential cognitive systems. In S. Chaiken & Y. Trope (Hrsg.), *Dual-process theories in social psychology* (S. 627-640). New York: Guilford Press.

Lerner, M. J., & Miller, D. T. (1978). Just world research and the attribution process: Looking back and ahead. *Psychological Bulletin, 85*, 1030-1051.

Lerner, M. J., & Simmons, C. H. (1966). Observer's reaction to the "innocent victim": Compassion or rejection? *Journal of Personality and Social Psychology, 4*, 203-210.

Leventhal, G. S. (1980). What should be done with equity theory? In K. J. Gergen, M. S. Greenberg, & R. H. Willis (Hrsg.), *Social exchange: Advances in theory and research* (S. 27-55). New York: Plenum Press.

Lind, E., Kanfer, R., & Early, P. (1990). Voice, control and procedural justice: Instrumental and non-instrumental concerns in fairness judgments. *Journal of Personality and Social Psychology, 59*, 952-959.

Lipkus, I. M. & Siegler, I. C. (1993). The belief in a just world and perceptions of discrimination. *Journal of Psychology, 127*, 465-474.

Lipkus, I. M., Dalbert, C. & Siegler, I. C. (1996). The importance of distinguishing the belief in a just world for self versus for others: Implications for psychological well-being. *Personality and Social Psychology Bulletin, 22*, 666-677.

Long, G. T., & Lerner, M. J. (1974). Deserving, the "personal contract", and altruistic behavior by children. *Journal of Personality and Social Psychology, 29*, 551-556.

Maes, J. & Kals, E. (2001). *Funktion und Bedeutung des Gerechte-Welt-Glaubens in der Schule* (Berichte aus der Arbeitsgruppe „Verantwortung, Gerechtigkeit, Moral", Nr. 143). Trier: Universität Trier, Fachbereich I – Psychologie.

Maier, G. W., Streicher, B., Jonas, E., & Woschée, R. (2007). Gerechtigkeitseinschätzungen in Organisationen. Die Validität einer deutschsprachigen Fassung des Fragebogens von Colquitt (2001). *Diagnostica, 53*, 97-108.

Mikula, G. (2001). Justice: Social psychological perspectives. In N. J. Smelser & P. B. Baltes (Hrsg.), *International Encyclopedia of the Social and Behavioral Sciences* (S. 8063-8067). Oxford: Elsevier.

Mikula, G. (2002). Gerecht und ungerecht: Eine Skizze der sozialpsychologischen Gerechtigkeitsforschung. In M. Held, G. Kubon-Gilke, & R. Sturn (Hrsg.), *Normative und institutionelle Grundfragen der Ökonomik. Jahrbuch 1: Gerechtigkeit als Voraussetzung für effizientes Wirtschaften* (S. 263-283). Marburg: Metropolis.

Mikula, G. (2005). Some observations and critical thoughts about the present state of justice theory and research. In S. Gilliland, D. Steiner, D. Skarlicki, & K. van den Bos (Hrsg.), *What motivates fairness in organizations* (S. 197-209). Greenwich, CT: Information Age.

Mikula, G., Petri, B., & Tanzer, N. (1990). What people regard as unjust: Types and structures of everyday experiences of injustice. *European Journal of Social Psychology, 20*, 133-149.

Möller, J., & Köller, O. (2004). Die Genese akademischer Selbstkonzepte. Effekte dimensionaler und sozialer Vergleiche. *Psychologische Rundschau, 55*, 19-27.

Otto, K., & Dalbert, C. (2005). Belief in a just world and its functions for young prisoners. *Journal of Research in Personality, 39*, 559-573.

Peter, F. & Dalbert, C. (2010). Do my teachers treat me justly? Implications of students' justice experience for class climate experience. *Contemporary Educational Psychology, 35*, 297-305.

Peter, F., Dalbert, C., Kloeckner, N., & Radant, M. (2012). Personal belief in a just world, experience of teacher justice, and school distress in different class contexts. European Journal of Psychology of Education. DOI 10.1007/s10212-012-0163-0

Peter, F., Kloeckner, N., Dalbert, C. & Radant, M. (2012). Belief in a just world, teacher justice, and student achievement: A multilevel study. *Learning and Individual Differences, 22*, 55-63.

Petillon, H. (1982). *Soziale Beziehungen zwischen Lehrern, Schülern und Schülergruppen. Theorie und Praxis der Schulpsychologie*. Weinheim [u. a.]: Beltz.

Piaget, J. (1932). Das moralische Urteil beim Kinde. München: Klett-Cotta.

Resh, N., & Dalbert, C. (2007). Gender Differences in sense of justice about grades: A comparative study of high school students in Israel and Germany. *Teachers College Record, 109*, 322-342.

Rheinberg, F., & Krug, S. (2005). *Motivationsförderung im Schulalltag*. Göttingen: Hogrefe.

Rosenthal, R. (2002). Covert communication in classrooms, clinics, courtrooms, and cubicles. *American Psychologist, 57*, 839-849.

Rubin, Z., & Peplau, L. A. (1975). Who believes in a just world? *Journal of Social Issues, 31*, 65-89.

Schmitt, M. J. (1993). *Abriß der Gerechtigkeitspsychologie* (Berichte der Arbeitsgruppe „Verantwortung, Gerechtigkeit, Moral", Nr. 70). Trier: Universität Trier, Fachbereich I – Psychologie.

Schmitt, M., & Maes, J. (2006). Equity and justice. In J. Bryant & P. Vorderer (Hrsg.), *Psychology of entertainment* (S. 273-289). Mahwah, NJ: Erlbaum.

Schmitt, M., & Montada, L. (1982). Determinanten erlebter Ungerechtigkeit. *Zeitschrift für Sozialpsychologie, 13*, 32-44.

Schönpflug, U., & Bilz, L. (2004). Transmission of the belief in a just world in the family. In C. Dalbert & H. Sallay (Hrsg.), *The justice motive in adolescence and young adulthood: Origins and consequences* (S. 43-63). London: Routledge.

Schwan, G. (2008, Dezember). *Gerechtigkeit und Bildung – für eine Politik der Chancen*. Vortrag auf einer Veranstaltung der Friedrich Ebert Stiftung in den Franckeschen Stiftungen zu Halle (Saale).

Susteck, H. (1996). Die Gerechtigkeit des Lehrers. *Pädagogische Welt, 50*, 420-424.

Sutton, R. M., & Winnard, E. J. (2007). Looking ahead through lenses of justice: The relevance of just-world beliefs to intentions and confidence in the future. *British Journal of Social Psychology, 46*, 649-666.

Taylor, P. (1962). Children's evaluations of the characteristics of a good teacher. *British Journal of Educational Psychology, 32*, 258-266.

Thibaut, J. W., & Walker, L. (1975). *Procedural justice. A psychological analysis*. Erlbaum: Hillsdale.

Thorkildsen, T. A., Nolen, S. B., & Fournier, J. (1994). What is fair? Children's critiques of practices that influence motivation. *Journal of Educational Psychology, 86*, 475-486.

Tomaka, J., & Blascovich, J. (1994). Effects of justice beliefs on cognitive appraisal of and subjective, physiological, and behavioral responses to potential stress. *Journal of Personality and Social Psychology, 67*, 732-740.

Tyler, T. R., Rasinski, K. A., & Spodick, N. (1985). The influence of perceived injustice on the endorsement of political leaders. *Journal of Personality and Social Psychology, 48*, 72-81.

Umlauft, S., & Dalbert, C. (2010). Emotionale Perspektiven: Die Bedeutung schulischer Gerechtigkeitserfahrungen. In G. L. Huber (Hrsg.), *Enzyklopädie Erziehungswissenschaften Online, Fachgebiet: Pädagogische Psychologie, Bedingungen pädagogischer Einflussnahme*. Weinheim: Juventa.

Umlauft, S., Schroepper, S., & Dalbert, C. (2008, August). *Justice and the feelings of social exclusion in adolescence*. Paper presented at the 12th Biennial Conference of the International Society of Justice Research, Adelaide, Australia.

Zuckerman, M. (1975). Belief in a just world and altruistic behavior. *Journal of Personality and Social Psychology, 31*, 972-976.

Zuckerman, M., & Gerbasi, K. C. (1977). Belief in a just world and trust. *Journal of Research in Personality, 11*, 306-317.

Die Bedeutung der LehrerInnengerechtigkeit: Klimaerleben oder persönliches Erleben?

Felix Peter / Claudia Dalbert

Die Gerechtigkeit von Lehrkräften ist ein zentrales Merkmal der schulischen Umwelt und steht im Mittelpunkt dieses Buches. Die subjektiv erlebte Gerechtigkeit des Handelns von LehrerInnen und ihre Bedeutung werden in diesem Kapitel unter zwei Perspektiven betrachtet: der Perspektive des kollektiven (gruppenbezogenen) Klimaerlebens und der Perspektive des persönlichen (selbst-bezogenen) Erlebens.

1. Schulische Umwelt und LehrerInnengerechtigkeit

Die Schule ist eine der einflussreichsten Sozialisationsinstanzen in der Entwicklung (Dalbert & Stoeber, 2004). Fasst man die schulische Umwelt als Gesamtheit aller Merkmale dieser Institution auf, so erhält man eine sehr komplexe und sich ständig verändernde Reizkonstellation (Dreesmann, 1982), die vor allem durch ein vielschichtiges Miteinander unterschiedlicher Gruppen geprägt ist (Steins, 2005). Zentrale Merkmalsbereiche sind (1) der Kontext der Schule mit distalen Aspekten wie Kultur oder Schulsystem und proximalen Aspekten wie soziales oder regionales Umfeld, (2) physikalische Merkmale der Schule wie die architektonische Gestaltung eines Schulgebäudes, (3) organisatorische Faktoren wie Schul- und Klassengröße, (4) Merkmale und Verhalten der LehrerInnen sowie (5) Merkmale und Verhalten der SchülerInnen (Arbinger & Saldern, 1984). Darüber hinaus gibt es (6) Merkmale, die aus den Interaktionen zwischen den TeilnehmerInnen der schulischen Umwelt entstehen, insbesondere zwischen den SchülerInnen untereinander sowie zwischen den SchülerInnen und ihren Lehrkräften. Solche Merkmale sind zum Beispiel die Gerechtigkeit des LehrerInnenhandelns im Erleben der SchülerInnen (kurz: LehrerInnengerechtigkeit) sowie das Klimaerleben der SchülerInnen. Das Feld der sozialpsychologischen schulischen Klimaforschung befasst sich mit der subjektiv erlebten Konfiguration bedeutender schulischer Umweltmerkmale (Eder, 2001) – zu diesen Klimaelementen gehört auch Gerechtigkeit. Demgegenüber beschäftigt sich das Feld der psychologischen Gerechtigkeitsforschung deskriptiv und nicht normativ-präskriptiv mit dem subjektiven Erleben von Gerechtigkeit und dessen Funktion für menschliches Handeln und Erleben (Mikula, 2002).

Lassen sich die ersten drei der genannten Merkmalsbereiche schulischer Umwelt relativ objektiv beschreiben, da es für sie unverkennbare Kriterien gibt (z. B. Gliederung des Schulsystems, sozioökonomischer Status der Bevölkerung, Höhe der Decke im Klassenraum, Anzahl der SchülerInnen pro Klasse), so ist der Zugang zu den auf Verhalten und Merkmale von

Personen sowie auf deren Interaktionen bezogenen Aspekten (z. B. LehrerInnengerechtigkeit, Klassenklima) relativ subjektiv. Damit sind zwei Hauptperspektiven benannt, aus denen sich schulische Umwelt betrachten lässt (Dreesmann, 1982; Lange, Kuffner, & Schwarzer, 1983): die Perspektive objektiver Sachverhalte und beobachtbarer Ereignisse und die Perspektive des subjektiven Erlebens.

SchülerInnen erleben ihre Umwelt unterschiedlich. Dabei ist das subjektive Erleben mindestens genauso wichtig wie die objektiven Eigenschaften dieser Umwelt (Ames, 1992; Arbinger & Saldern, 1984; Bronfenbrenner, 1977), denn eine objektive Eigenschaft erhält erst durch die Person, die sie individuell erlebt, (subjektive) Bedeutung. James (1982) ist gar der Ansicht, dass es per Definition immer um subjektives Erleben geht, wenn Menschen in einen Messprozess einbezogen werden. Ein Beispiel soll dies verdeutlichen: Die (physikalische) Höhe zwischen Fußboden und Decke eines Raumes kann relativ genau und objektiv durch ein Maßband erfasst werden und alle Menschen, die mit diesem Maßband die Raumhöhe bestimmen, werden sich einig über die Höhe sein und auch darüber, wie diese Höhe definiert ist – die kürzeste Strecke zwischen Fußboden und Decke. Weniger eindeutig werden die Urteile hingegen übereinstimmen, wenn dann angegeben werden soll, ob die Höhe auch als angenehm empfunden wird. Hier spielt die subjektive Komponente im Urteil der Menschen eine bestimmende Rolle.

Schulische Umweltmerkmale wie Gerechtigkeit oder Klima sind ungemein schwieriger zu messen. Dabei ist es ebenso schwierig auf Grund fehlender objektiver Messungen zu einem übereinstimmenden Messergebnis zu kommen, wie es schwierig ist Einigkeit darüber zu erzielen, was Gerechtigkeit und Klima eigentlich sind. Die Höhe ist eine physikalische Eigenschaft eines geometrischen Raumes, während Gerechtigkeit und Klima psychologische Eigenschaften sind, die erst aus der Anwesenheit einer Gruppe von Menschen, einem „sozialen Raum", entstehen können. Zur Schwierigkeit der Erfassung schulischer Umwelt trägt darüber hinaus deren (Zer-)Gliederung bei. Vor allem SchülerInnen aber auch LehrerInnen sind in verschiedenen Gruppierungen geschachtelt (SchülerInnen z. B. in Klassen und Klassenstufen; Lehrkräfte z. B. in Fachgruppen). Diese wiederum sind auf verschiedenen hierarchisch angeordneten Ebenen zu betrachten: die SchülerInnen auf der Individualebene, die Klasse sowie die dazugehörigen Lehrkräfte auf der Klassenebene und die Schule auf der Schulebene – dieses Beispiel ließe sich beliebig erweitern. Diese Tatsache, dass es sich bei Gerechtigkeit und Klima in der Schule um auf verschiedenen Ebenen der schulischen Umwelt zu betrachtende psychologische Eigenschaften handelt, bedarf besonderer Beachtung.

Nun hat das Erleben von Gerechtigkeit und Klima einen bedeutenden Anteil am gesamten schulischen Umwelterleben von SchülerInnen, doch was ist unter dem Begriff „Erleben" (für einen Überblick siehe Abbildung 1) zu verstehen? Beim schulischen Erleben muss es zunächst immer etwas geben, das von SchülerInnen erlebt wird. Ganz allgemein wird hierbei von Umwelt gesprochen, also von der Gesamtheit des Lebensraumes, der die SchülerInnen umgibt, sowie aller auf diese einwirkenden Einflüsse (Häcker & Stapf, 2004). Die schulische Umwelt ist somit der Ausgangspunkt des schulischen Erlebens. Vorgänge in dieser Umwelt werden von den SchülerInnen wahrgenommen, wobei mit Wahrnehmung hier der Vorgang der Reizaufnahme gemeint ist. Zusammen mit dieser Informationsaufnahme finden kognitive Prozesse der Informationsverarbeitung statt (vgl. Dreesmann, 1982; Eder, 2001). Diese werden durch verschiedene intrapsychische Abläufe und kognitive Schemata, Attributionen, Emotionen und Erwartungen geformt (vgl. Dreesmann, 1982; Pekrun, 1985). Im Ergebnis entstehen schließlich Bewertungen (auch: Urteile oder Einschätzungen). Dieses stark verein-fachte Erlebensprozessmodell fasst gängige Vorstellungen von kognitiven Informationsauf-nahme- und Verarbeitungsprozessen zusammen (für eine ausführlichere Betrachtung siehe Moos, 1979; Warr & Knapper, 1969) und soll als Grundlage für die weiteren Ausführungen dienen. In der Gerechtigkeits- und Klimaforschung wird der Begriff „Wahrnehmung" oft mit dem gesamten hier beschriebenen Erlebensprozess gleichgesetzt. Dies ist irreführend, da da-mit nur ein Teil des Prozesses benannt wird, der schließlich dazu führt, dass Menschen sich in ihrem subjektiven Erleben derselben objektiven Umwelt unterscheiden.

Abbildung 1: Vereinfachtes Modell des schulischen Umwelterlebens

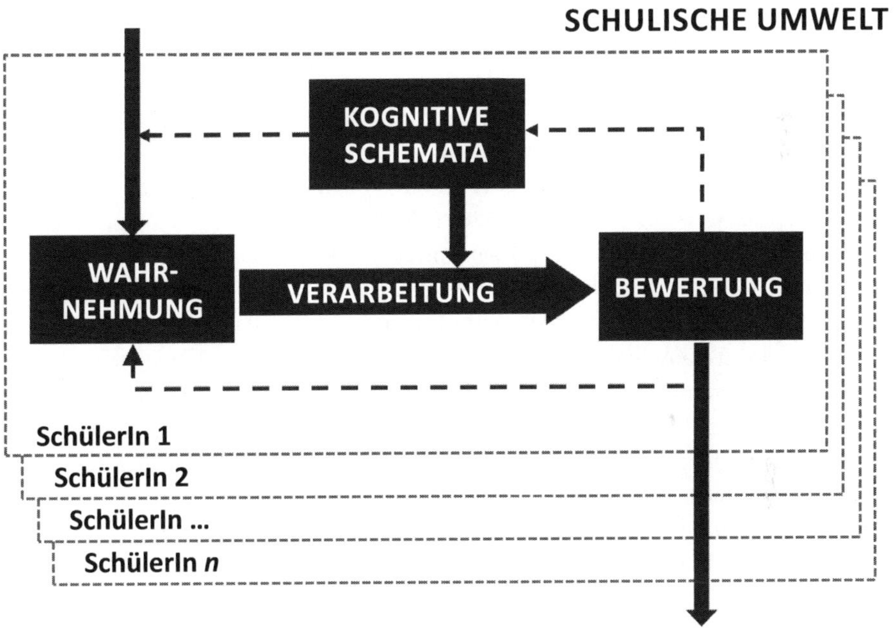

1.1 LehrerInnengerechtigkeit als Merkmal der schulischen Umwelt

Nachdem nun die besondere Bedeutung des subjektiven Erlebens gegenüber der objektiven Perspektive für die Betrachtung schulischer Umwelt herausgestellt und die LehrerInnen-gerechtigkeit als Aspekt des subjektiven schulspezifischen Gerechtigkeitserlebens benannt wurde, soll es im Folgenden darum gehen, warum die LehrerInnengerechtigkeit als zentra-les Merkmal der schulischen Umwelt betrachtet werden kann. SchülerInnen erleben oftmals die Verteilung von Noten, Privilegien oder Bestrafungen sowie die Interaktionen zwischen ihnen und ihren LehrerInnen als ungerecht. In einer Studie von Israelashvili (1997) berichteten über die Hälfte der interviewten israelischen SchülerInnen verschiedener Klassenstufen Erfahrungen mit Ungerechtigkeit. Eine Studie von Fan und Chan (1999) mit SchülerInnen aus Hongkong kam zu einem ähnlichen Ergebnis. Eder, Felhofer und Muhr-Arnold (1994) konnten im deutschsprachigen Raum zeigen, dass zwar rund 60 Prozent der befragten GrundschülerInnen diverse Strafanlässe im Kontext Schule gerecht und ebenso viele die Art der Bestrafung angemessen fanden; das heißt aber auch, dass dies bei rund 40 Prozent der Kinder nicht der Fall war. Auf Gleiches weist Freitag (1998) hin: In seiner Untersuchung konnten knapp ein Drittel der befragten SchülerInnen der Klassenstufen 6 bis 10 an Gymnasien, Gesamt-, Real- und Hauptschulen Erfahrungen mit ungerechten, herabsetzenden oder bevorzugenden Lehrstilen nicht ausschließen. Weiterhin kam Taylor (1962) auf Basis einer qualitativen Analyse von Aufsätzen zu dem Ergebnis, dass aus der Perspektive von SchülerInnen Gerechtigkeit eine der wichtigsten Eigenschaften von LehrerInnen ist.

Das Erleben von auf das Verhalten von Lehrkräften bezogener Gerechtigkeit kann damit als eine Schlüsselkomponente schulischen Umwelterlebens verstanden werden; dies gilt für verschiedene Klassenstufen, Schulformen und Kulturen. Und auch für das Klimaerleben von SchülerInnen ist das mehr oder weniger gerechte LehrerInnenverhalten eine Schlüsselkomponente, da das Klima neben den sozialen Interaktionen zwischen den SchülerInnen untereinander auch das generelle Muster sozialer Interaktionen zwischen SchülerInnen und ihren LehrerInnen umfasst (Anderson, 1973; Eder, 1996; Moos & Trickett, 1974; Saldern, 1992).

Während die zentrale Rolle von Lehrkräften als wesentlicher Bestandteil der schulischen Umwelt in zahlreichen Untersuchungen belegt werden konnte (vgl. Jerusalem, 1997), steht die Forschung zur Bedeutung der LehrerInnen*gerechtigkeit* im subjektiven Erleben der SchülerInnen am Anfang und eine Theoriebildung auf Grundlage vorhandener Klima- und Gerechtigkeitstheorien steht noch aus. Dies gilt auch für die gemeinsame Betrachtung der Konstrukte Klima und Gerechtigkeit. Hierzu gibt es erst wenige Forschungsarbeiten, die die Thematik zudem mit unterschiedlichen Ansätzen untersuchen. Im Folgenden soll die Frage im Mittelpunkt stehen, ob es sich bei der LehrerInnengerechtigkeit aus der subjektiven Sicht von SchülerInnen um kollektives (gruppenbezogenes) Klimaerleben oder um persönliches (selbst-bezogenes) Erleben handelt. Anders ausgedrückt: Handelt es sich beim lehrerInnenbezogenen Gerechtigkeitserleben um ein innerhalb von SchülerInnengruppen geteiltes Erleben oder erleben SchülerInnen Gerechtigkeit in den Interaktionen mit ihren Lehrkräften eher persönlich und unabhängig von ihren MitschülerInnen? Bevor eine Beantwortung dieser Frage auf Basis des empirischen Forschungsstandes erfolgt, wird zunächst ein Überblick über die sozialpsychologische Klima- sowie die Gerechtigkeitstheorie gegeben.

1.2 Klimaerleben in Schulklassen

Murray (1938) nimmt in seinem Need-Press-Ansatz an, dass Verhalten immer aus dem Zusammenspiel von objektiven Umwelteinflüssen (*alpha-presses*) bzw. des subjektiven Erlebens dieser Umweltmerkmale (*beta-presses*) und individuellen Bedürfnissen (*needs*) der Mitglieder dieser Umwelt entsteht. Da das Klassenklima als subjektiv erlebte Konfiguration bedeutender schulischer Umweltmerkmale zu verstehen ist (Eder, 2001), kommt ihm somit eine Schlüsselstellung zu: Es stellt einen wesentlichen Teil der Klassensituation dar und ist dadurch für die individuellen Handlungsprozesse der einzelnen SchülerInnen von Bedeutung (Dreesmann, 1982). Dreesmann schlägt eine sozial-kognitive Konzeption des Klassenklimas vor, die dem subjektiven Erleben der Klassensituation durch die SchülerInnen einerseits und dem gruppendynamischen Prozess innerhalb der Klasse andererseits als Bedingungsfaktoren des Klimas zentrale Bedeutung zumisst. Dabei erleben SchülerInnen die objektive Lernumwelt zunächst individuell. Erst im Laufe der Zeit, wenn auch nicht unbedingt innerhalb eines Schuljahres (Saldern, 1987), wachsen sie durch Interaktionen, gemeinsame Erlebnisse, Abgrenzung gegenüber anderen Klassen etc. zu einer Gruppe zusammen. Aus dieser zeitlich andauernden Gruppierung ergibt sich dann, dass sich die Klassenmitglieder in diversen Merkmalen oftmals ähnlicher werden, als die Mitglieder verschiedener Klassen (Hofman & Gavin, 1998; Stewart, 2008). Durch diesen Prozess entsteht neben dem individuellen subjektiven Klimaerleben ein kollektives, intersubjektiv geteiltes Klimaerleben (vgl. Stern, 1970), das auf der Klassenebene durch den gemeinsamen – auch: kollektiven – Erlebensanteil der SchülerInnen gekennzeichnet ist. In diesem Sinne lässt sich Klima als teilweise Verschmelzung von individuellen Erlebensprozessen darstellen, die durch sozial-dynamische Prozesse zwischen den SchülerInnen einer Klasse initiiert und getragen werden (Dreesmann, 1982). Bei einem gering ausgeprägten kollektiven Klimaerleben, wenn also alle SchülerInnen das Setting Klasse oder den Unterricht eher verschieden erleben, kann dann von einem sehr heterogenen Klima mit einer nur sehr kleinen kollektiven Komponente gesprochen werden. Fehlt die kollektive Komponente in einer Klasse gänzlich und damit auch ein kollektives Klimaerleben, stellt sich die Frage, ob es sich bei dieser Klasse dann überhaupt um eine gefestigte soziale Gruppe – etwa im Sinne der *Social Identity Theory* von Tajfel und Turner (1986) – handelt, nach der sich unter anderem Individuen in Gruppen als Mitglieder derselben sozialen Kategorie erleben und zu einem gewissen Ausmaß in der Bewertung ihrer jeweiligen Gruppe übereinstimmen.

Bezüglich der Erfassung des kollektiven Klimaerlebens gibt es verschiedene Ansätze. In der schulischen Klimaforschung wird am häufigsten der Gruppenmittelwert verwendet. Dies muss jedoch kritisch betrachtet werden, da der Mittelwert nur einen Durchschnitt, aber keine Übereinstimmung von individuellen Urteilen abbildet (für eine ausführliche Kritik siehe Dreesmann, Eder, Fend, Pekrun, Saldern & Wolf, 1992). Nach der Klimakompositionstheorie (Chan, 1998; James, 1982) ist der Gruppenmittelwert als Ausdruck eines kollektiven Klimas nur dann theoretisch legitimiert, wenn zwischen den Gruppenmitgliedern ein gewisser Konsens besteht, der sich durch die Übereinstimmung ihrer Klimabewertungen statistisch ermitteln lässt (Interrater-Übereinstimmung; Kozlowski & Hattrup, 1992; für eine ausführliche Betrachtung siehe LeBreton & Senter, 2008). Besteht zum Beispiel eine starke Übereinstimmung der SchülerInnen einer Klasse in ihren Klimaeinschätzungen, d. h. die SchülerInnen unterscheiden sich eher wenig in ihren Einschätzungen, so würde dies für ein homogenes Klima sprechen.

Insgesamt empfiehlt es sich, das Klima sowohl auf der Ebene der einzelnen SchülerInnen als auch auf der Ebene der Gruppe zu behandeln, denn das subjektive Umwelterleben besitzt für das einzelne Individuum „psychische Realität" (Pekrun, 1985, S. 524), kann aber „nicht unabhängig von der sozialen Bezugsgruppe und den gemeinsamen Alltagserfahrungen" (Grewe, 2003, S. 13) betrachtet werden. Bei diesem Klimaverständnis handelt es sich aber nur um ein Rahmenmodell, das mit Inhalt, also konkreten Klimaelementen als Merkmale der schulischen Umwelt, gefüllt werden muss (Dreesmann, 1982). Ein solches Element kann zum Beispiel die Gerechtigkeit von Lehrkräften sein.

1.3 Gerechtigkeitserleben in Schulklassen

Gerechtigkeit als Klimaelement ist aber nur eine von mehreren Möglichkeiten, das Erleben von (LehrerInnen-)Gerechtigkeit im schulischen Kontext zu betrachten. Dalbert (2000) hat für das Feld der pädagogisch-psychologischen Gerechtigkeitsforschung eine Einteilung von schulbezogenen Gerechtigkeitskonstrukten vorgeschlagen, die hier in ergänzter Form dargestellt werden soll (für einen Überblick siehe Abbildung 2). So lassen sich die schulbezogenen Gerechtigkeitskonstrukte im Allgemeinen in (1) *schuldistale Konstrukte* und (2) *schulproximale Konstrukte* unterteilen.

Schuldistale Gerechtigkeitskonstrukte

Zu den schuldistalen Konstrukten gehört die SchülerInnenpersönlichkeit. Hierzu zählt der Gerechte-Welt-Glaube (GWG; siehe Abbildung 2, Nr. 1): die intuitive Überzeugung davon, dass die Welt gerecht ist und jeder Mensch bekommt, was ihm gerechterweise zusteht (Lerner, 1965). Der GWG hat sich als interindividuell variierendes Persönlichkeitskonstrukt erwiesen (Rubin & Peplau, 1973; 1975) und operiert auf einer unbewussten automatischen Ebene (Dalbert, 2001). Er erlaubt es, die Welt als geordnet und gerecht zu erleben. Damit erfüllt er lebenswichtige Funktionen, weil nur eine gerechte Welt es Menschen ermöglicht, sich langfristig zu engagieren, in die Zukunft zu investieren, Vertrauen zu anderen Menschen aufzubauen und Ereignisse des täglichen Lebens mit Sinn und Bedeutung zu versehen (für einen Überblick siehe Dalbert, 2001). Deshalb sind Menschen auch bestrebt, ihren GWG zu verteidigen. Werden sie im Alltag mit einer beobachteten oder selbst erfahrenen Ungerechtigkeit konfrontiert, die ihren GWG bedroht, versuchen Menschen mit einem starken GWG Gerechtigkeit wiederherzustellen. Sollte dies durch aktives Handeln in der Realität nicht möglich sein, versuchen sie intuitiv das Erlebte an ihren GWG anzupassen. Der GWG erfüllt damit eine Assimilationsfunktion. Die Assimilation kann dabei beispielsweise über die Rechtfertigung von Ungerechtigkeit als selbst verursacht (z. B. Bulman & Wortman, 1977), über das Herunterspielen des Erlebten bzw. der Absicht des ungerecht Handelnden oder durch die Vermeidung von selbst-bezogenem Grübeln geschehen (für einen Überblick siehe Dalbert, 2001). In der Folge fühlen sich Menschen mit einem stärkeren GWG gerechter von anderen behandelt als Menschen mit einem schwächeren GWG (z. B., Dalbert & Filke, 2007; Hafer & Correy, 1999).

Abbildung 2: Gerechtigkeitskonstrukte mit Itembeispielen

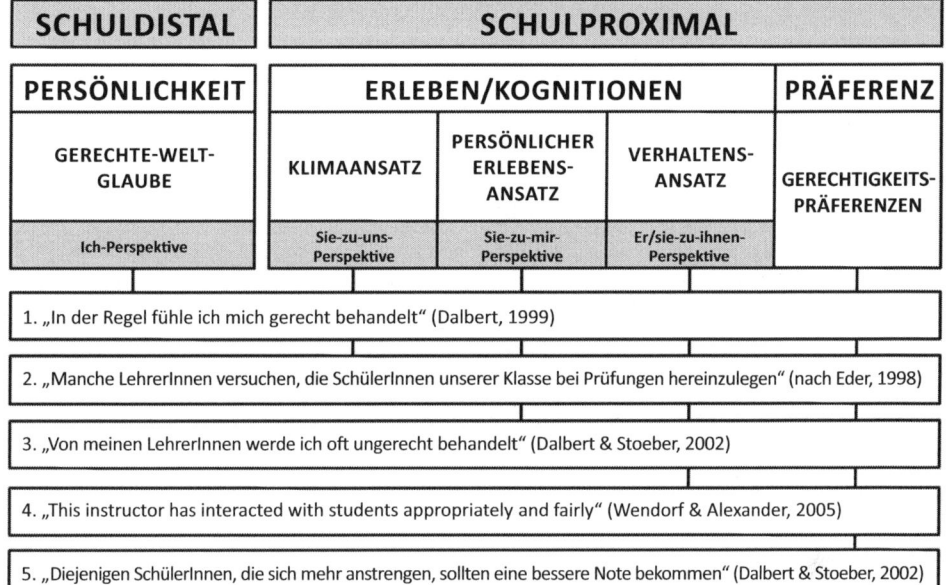

Zwei Dimensionen des GWG erwiesen sich in der Forschung als bedeutsam: der persönliche GWG (Dalbert, 1999) und der allgemeine GWG (Dalbert, Montada, & Schmitt, 1987). Der Glaube an eine für einen persönlich gerechte Welt beinhaltet die intuitive Überzeugung, dass einem selbst in der Regel Gerechtigkeit widerfährt, während der Glaube an eine im Allgemeinen gerechte Welt die intuitive Überzeugung beinhaltet, dass den Menschen insgesamt im Großen und Ganzen Gerechtigkeit widerfährt. Zur Erklärung schulischer Prozesse erwies sich der persönliche GWG als bedeutsamer (Dalbert, 2004), wobei die Stärke beider Dimensionen abnimmt, was durch Erfahrungen mit Gerechtigkeit oder Ungerechtigkeit und durch die kognitive Entwicklung bedingt wird (Dalbert, 2005). Je stärker allerdings der allgemeine GWG abnimmt, desto weniger scheint der persönliche GWG zurückzugehen, was so interpretiert werden kann, dass die allgemeine Dimension durch die persönliche Dimension kompensiert wird (Dalbert, 2001).

Schulproximale Gerechtigkeitskonstrukte

Während allen Konstruktdifferenzierungen des GWG die Frage nach allgemeinen intuitiven Überzeugungen gemeinsam ist, lassen die schulproximalen Gerechtigkeitskonstrukte das Verhalten von und Beziehungen zu konkreten Personen beurteilen (Dalbert, 2000). Sie weisen einen direkten Bezug zur schulischen Umwelt und den darin handelnden Personen auf, wobei es hauptsächlich um Gerechtigkeit im subjektiven Erleben von SchülerInnen geht. Die Gerechtigkeit von Lehrkräften aus der Sicht ihrer SchülerInnen ist bislang am häufigsten untersucht worden. In der pädagogisch-psychologischen Forschung kamen dabei mindestens drei verschiedene Erlebensansätze zur Anwendung. Einem Vorschlag von Eder (1998) folgend lassen sich diese Ansätze anhand dreier Erlebensperspektiven unterscheiden, die festlegen, welches Mitglied bzw. welche Mitglieder der schulischen Umwelt wen oder was erleben.

Der *Klimaansatz* (siehe Abbildung 2, Nr. 2) interpretiert Gerechtigkeit als klassen- oder schulspezifisches Klimaelement und damit als Element des schulischen Klimaerlebens, das den subjektiven Erlebensprozess von SchülerInnen in Bezug auf das gerechtigkeitsbezogene Verhalten von Schulmitgliedern wie beispielsweise den Lehrkräften gegenüber einer bestimmten SchülerInnengruppe reflektiert. Demnach geht es darum, wie sich eine Personengruppe gegenüber einer anderen Personengruppe verhält und zwar aus der kollektiven Perspektive dieser anderen Personengruppe, was wir als *Sie-zu-uns-Perspektive* bezeichnen. Das Klima ist nach diesem Verständnis mehr als die Summe der Bewertungen der einzelnen Betroffenen und muss Bewertungen beinhalten, die sich explizit auf das Funktionieren der Gruppe beziehen (Gazelle, 2006). Um das Klima in einer Gruppe einigermaßen adäquat abbilden zu können, benötigt man demnach mehrere gruppenbezogene Aussagen von verschiedenen Gruppenmitgliedern. Das einschätzende Gruppenmitglied, die/der SchülerIn, übernimmt dabei auch die Perspektive seiner/ihrer MitschülerInnen. Das arithmetische Mittel dieser subjektiven Klimaeinschätzungen bildet dann, sofern im Sinne der Klimakompositionstheorie (Chan, 1998) ein ausreichender Konsens besteht, das Klima der gesamten Gruppe ab. Wir betrachten nur diese Sie-zu-uns-Perspektive als adäquaten Zugang zur Klimaeinschätzung, da nur hier der Bezug zu jener Gruppe, auf die sich die Klimaeinschätzung bezieht, angemessen berücksichtigt und operationalisiert wird.

Nur auf die eigene Person bezogene Einschätzungen von Vorgängen können nach unserer Auffassung hingegen mangels Gruppenbezug kein Klimaerleben, weder auf der Individualnoch auf der Klassenebene, abbilden. Dieser *persönliche Erlebensansatz* (siehe Abbildung 2, Nr. 3) betrachtet schulische Gerechtigkeit als Gerechtigkeitserleben von SchülerInnen in Bezug darauf, wie sie persönlich von anderen behandelt werden, das heißt wie SchülerInnen *sich selbst* von anderen behandelt „fühlen". Es geht dabei um die Wahrnehmung, Verarbeitung und Beurteilung des Verhaltens einer Personengruppe, zum Beispiel MitschülerInnen (MitschülerInnengerechtigkeit; nach Correia & Dalbert, 2007) oder LehrerInnen (LehrerInnengerechtigkeit; nach Dalbert & Stoeber, 2002), gegenüber einzelnen SchülerInnen, was wir als *Sie-zu-mir-Perspektive* bezeichnen. Dieser Forschungsansatz kommt vor allem in der psychologischen Gerechte-Welt-Forschung zur Anwendung.

Der *Verhaltensansatz* (siehe Abbildung 2, Nr. 4) beschreibt schließlich Gerechtigkeit in Form von externalen Bewertungen des gerechtigkeitsbezogenen Verhaltens von bestimmten Lehrkräften gegenüber deren SchülerInnen. Es geht hierbei darum, dass eine Gruppe von SchülerInnen das Verhalten einer bestimmten Lehrkraft zum Beispiel zwecks Effektivitätsermittlung des Unterrichts einschätzt (z. B. Wendorf & Alexander, 2005), was wir als *Er/sie-zu-ihnen-Perspektive* bezeichnen. Die bewertenden SchülerInnen betrachten die zu bewertende Lehrerkraft dabei aus einer gewissen persönlichen Distanz, wie das Itembeispiel in Abbildung 2 (Nr. 4) zeigt.

1.4 Fazit

Zusammenfassend lässt sich festhalten, dass die Schule als wichtige Sozialisationsinstanz für SchülerInnen eine komplexe und hierarchisch strukturierte Umwelt darstellt. Neben objektiv beschreibbaren Merkmalen wie der Organisation und physikalischen Beschaffenheit der Schule spielen dabei vor allem Merkmale des subjektiven Erlebens wie (LehrerInnen-) Gerechtigkeit und Klassenklima eine zentrale Rolle. Sie sind Grundlage der Interaktionen von SchülerInnen untereinander und zwischen den SchülerInnen und ihren Lehrkräften und erlangen erst über den subjektiven Erlebensprozess – die Wahrnehmung, Verarbeitung und Beurteilung von Umweltreizen – ihre Bedeutung. Der Gerechtigkeit von LehrerInnen kommt hierbei sowohl in der sozialpsychologischen Gerechtigkeits- als auch in der schulischen Klimaforschung eine Schlüsselstellung zu, sind doch wichtige Merkmale der schulischen Umwelt wie der Unterricht oder Leistungsbewertungen nicht vom Verhalten der Lehrkräfte zu trennen und berichten doch SchülerInnen immer wieder von Erfahrungen mit Ungerechtigkeit in Zusammenhang mit diesen Merkmalen.

Schulproximale und schuldistale Gerechtigkeitskonstrukte können unter unterschiedlichen Aspekten das Erleben von Gerechtigkeit bzw. Ungerechtigkeit erklären. Der GWG stellt dabei eine schuldistale Persönlichkeitsressource dar, während die schulproximalen Gerechtigkeitskonstrukte zur Einschätzung bestimmter Verhaltensweisen von Personen herangezogen werden. Mit Hilfe dieser Konstrukte kann gezeigt werden, welche Rolle Gerechtigkeit für das Erleben von SchülerInnen in der Schule spielt. Für die Betrachtung des Gerechtigkeitserlebens gibt es mindestens drei subjektive Perspektiven: Die *Sie-zu-uns-Perspektive* zielt direkt auf die gruppenbezogene Beschreibung des Klimas auf Individual- bzw. Klassenebene ab, während die *Sie-zu-mir-Perspektive* das persönliche (selbst-bezogene) Erleben in den Blick nimmt. Der Verhaltensansatz – die *Er/sie-zu-ihnen Perspektive* – wird im Folgenden nicht weiter betrachtet, da es in diesem Kapitel nicht um die Evaluation von LehrerInnenverhalten gehen soll. Abzugrenzen ist ebenso die Betrachtung von *Gerechtigkeitspräferenzen* (z. B. Dalbert, 2000; siehe Abbildung 2, Nr. 5), da es bei dieser Betrachtung von Vorlieben für bestimmte Prinzipien der Gerechtigkeit darum geht, *was* als gerecht erlebt wird, während es uns in diesem Kapitel darum geht, als *wie* gerecht jemand oder etwas erlebt wird.

2. LehrerInnengerechtigkeit: Klimaelement oder individuelles Erleben?

Basierend auf den bisherigen Ausführungen handelt es sich bei der LehrerInnengerechtigkeit um schulspezifisches Gerechtigkeitserleben von SchülerInnen aus dem Bereich der schulproximalen Gerechtigkeitskonstrukte, das aus verschiedenen subjektiven Erlebensperspektiven – zum Beispiel der Sie-zu-uns-Perspektive (Klimaerleben) oder der Sie-zu-mir-Perspektive (persönliches Erleben) – betrachtet werden kann. Im Folgenden soll es nun um die empirische Beantwortung der Frage gehen, ob die LehrerInnengerechtigkeit als zentrales Merkmal der schulischen Umwelt eher als Klimaerleben oder als persönliches Erleben von SchülerInnen von Bedeutung ist. Dazu wird zunächst überblicksartig dargestellt, was mit beiden Forschungsansätzen bisher erklärt werden konnte.

2.1 Gerechtigkeitsforschung zum Klimaansatz

Auf Grund der herausragenden Bedeutung des LehrerInnenverhaltens für die schulische Umwelt, sei es über konkrete LehrerInnen-SchülerInnen-Interaktionen oder die allgemeine Unterrichtsgestaltung, ist die Gerechtigkeit des Verhaltens von Lehrkräften ein zentraler Bestandteil des Klimas in Schulklassen. Eine der wenigen auf die Gerechtigkeit von LehrerInnen als Klimaelement bezogenen Untersuchungsinstrumente stellt die Skala *Gerechtigkeit* von Eder (1998) dar. Diese erfasst das „Ausmaß, in dem die Beurteilung der Leistungen von den Schülerinnen und Schülern als sachlich und im Vergleich untereinander angemessen und fair eingeschätzt wird" (Eder, 1998, S. 15). Die individuell erlebte Gerechtigkeit erwies sich in den Untersuchungen von Eder als wichtiges Korrelat der Zufriedenheit von SchülerInnen sowie der aktiven Beteiligung am Unterricht. Problematisch an der Originalskala von Eder ist allerdings, dass in sämtlichen Items nicht direkt nach Gerechtigkeit gefragt wird, sondern der Gerechtigkeitsbezug nur indirekt hergestellt wird (siehe Beispielitem in Abbildung 2, Nr. 2). Wir folgen hierbei der Argumentation von Mikula (2005), wonach sich nur direkte Messungen des Gerechtigkeitserlebens zur Untersuchung von Gerechtigkeit an sich eignen, auch wenn sich in der Regel hohe Korrelationen mit indirekten Gerechtigkeitserhebungen zeigen.

Mit einer adaptierten Version von Eders Klimaskala *Gerechtigkeit* mit Items mit direktem Gerechtigkeitsbezug (Itembeispiel: „Our teachers are fair", S. 11) untersuchten Gniewosz und Noack (2008) an einer Stichprobe von SchülerInnen der 6., 8. und 10. Klassenstufe an Gymnasien und Regelschulen den Zusammenhang zwischen der LehrerInnengerechtigkeit als Element des Klassenklimas und der Intoleranz von SchülerInnen gegenüber Fremden unter Berücksichtigung der Schachtelung der SchülerInnendaten in verschiedenen Klassengruppen (Mehrebenenanalyse). Der Varianzanteil der LehrerInnengerechtigkeit zwischen den Klassen von knapp zehn Prozent (Gniewosz, persönliche Mitteilung, 14. April 2010) weist daraufhin, dass es hier erwartungskonform ein zwischen den SchülerInnen einer Klasse geteiltes, kollektives Erleben gab. Als je gerechter die SchülerInnen ihre Lehrkräfte auf der Individualebene erlebten, desto mehr Toleranz berichteten sie. Auf Klassenebene zeigte die LehrerInnengerechtigkeit keinen zusätzlichen Erklärungswert gegenüber der Individualebene, woraus die Autoren schlussfolgern, dass eher das individuelle Gerechtigkeitserleben der einzelnen SchülerInnen deren Einstellungen formt, als die intersubjektiv geteilte Realität auf der Klassenebene.

In weiteren Studien kam die LehrerInnengerechtigkeit als Klimaelement in Form einzelner Items zur Anwendung. So untersuchte König (2009) längsschnittlich und mehrebenenanalytisch den Zusammenhang zwischen dem Engagement von Lehrkräften und schulbezogener Hilflosigkeit. Gerechtigkeit war hierbei als eine von vier Aussagen der SchülerInnen über das LehrerInnenengagement enthalten („Unsere Lehrerinnen und Lehrer behandeln uns gerecht"; König, 2009, S. 45). Der Varianzanteil des LehrerInnenengagements, der sich auf Klassenunterschiede zurückführen lässt, lag hier bei rund 20 Prozent. Es zeigte sich, dass die jeweils in der 8. und 9. Klassenstufe befragten SchülerInnen aller Schulformen, die ihre Lehrkräfte als engagiert erlebten, weniger Unkontrollierbarkeit schulischer Handlungssituationen berichteten. Ein günstiges und auch gerechteres Klassenklima im Erleben der SchülerInnen führte somit zu weniger Hilflosigkeit, wobei auch hier die Klassenebene gegenüber der Individualebene der SchülerInnen keine Rolle spielte.

Eine Aussage zur LehrerInnengerechtigkeit findet sich weiterhin in einer Schulklimaskala, die Vieno, Perkins, Smith und Santinello (2005) in ihrer Mehrebenenuntersuchung des Zusammenhangs zwischen einem demokratischen Schulklima und dem schulischen Gemeinschaftsgefühl (Zugehörigkeit, geteilte emotionale Verbindungen und Erfüllung von Bedürfnissen) von SchülerInnen verwendeten („Our teachers treat us fairly"; Vieno et al., 2005, S. 332). Der Varianzanteil des demokratischen Schulklimas, der sich auf Klassenunterschiede zurückführen lässt, lag hier bei rund 13 Prozent (Vieno, persönliche Mitteilung, 7. Juli 2010). Das Erleben eines demokratischen Schulklimas erwies sich in der umfangreichen Stichprobe von knapp 4800 SchülerInnen der Klassenstufen 6, 8 und 10 aus 248 Klassen in 134 Schulen als signifikanter Prädiktor für das schulische Gemeinschaftsgefühl und zwar auf allen drei untersuchten Ebenen: der Individualebene der SchülerInnen, der Klassenebene sowie der Schulebene. Die Autoren schlussfolgerten aus diesen Ergebnissen, dass die Gerechtigkeit von LehrerInnen das Gemeinschaftsgefühl verbessern kann.

Insgesamt lassen diese ersten Befunde zur LehrerInnengerechtigkeit als Klimaelement die Schlussfolgerung zu, dass sie bedeutsam für die Erklärung des Erlebens der SchülerInnen ist. Als je gerechter SchülerInnen das Verhalten ihrer Lehrkräfte gegenüber ihrer Klassengruppe erlebten, desto aktiver beteiligten sie sich am Unterricht, desto wohler und integrierter fühlten sie sich im schulischen Kontext und desto tolerantere Einstellungen und weniger Hilflosigkeit entwickelten sie. Die LehrerInnengerechtigkeit variierte dabei in der Regel signifikant und deutlich zwischen den Klassen, was auf das Vorhandensein eines kollektiven Klimaerlebens hinweist. Allerdings konnte sie als Kontextvariable über das individuelle Klimaerleben der einzelnen SchülerInnen hinaus in der Regel keinen Beitrag zur Erklärung der untersuchten SchülerInnenvariablen leisten. Kritisch anzumerken ist, dass nur zwei der vier hier vorgestellten Studien die LehrerInnengerechtigkeit als eigenständiges Klimaelement in den Blick genommen haben und nur eine dieser beiden eine angemessene mehrebenenanalytische Auswertung vorgenommen hat. Ob diese konzeptionellen und methodischen Beschränkungen möglicherweise zu einer Unterschätzung der Bedeutung des Klimaelements LehrerInnengerechtigkeit vor allem auf der Klassenebene beigetragen haben, können nur zukünftige Untersuchungen klären.

2.2 Gerechtigkeitsforschung zum persönlichen Erlebensansatz

Neben der Betrachtung der LehrerInnengerechtigkeit als kollektiv erlebtes Klimaelement auf Individual- und Gruppenebene aus der Sie-zu-uns-Perspektive kann LehrerInnengerechtigkeit auch als persönliches (selbst-bezogenes) Erleben aus der Sie-zu-mir-Perspektive betrachtet werden. Dies geschieht vor allem in der Gerechte-Welt-Forschung. In einem Aufsatz über die Funktionen und Bedeutung des GWG für SchülerInnen, Lehrkräfte und Eltern gaben Maes und Kals (2001) einen ersten Überblick über die bis dato kaum vorhandene Gerechte-Welt-Forschung im Kontext Schule.

Mittlerweile konnten zahlreiche Belege für die Bedeutung des GWG und des persönlichen Gerechtigkeitserlebens von SchülerInnen erbracht werden. So bewerteten SchülerInnen das Verhalten ihrer LehrerInnen im Sinne der Assimilationsfunktion umso gerechter, je stärker ihr GWG ausgeprägt war (Dalbert & Maes, 2002; Dalbert & Stoeber, 2005). Dies konnten Dalbert und Stoeber (2006) auch im Längsschnitt nachweisen. In diesem zeigte sich darüber hinaus, dass die persönlich erlebte LehrerInnengerechtigkeit zum ersten Erhebungszeitpunkt die Verbesserung der Noten der SchülerInnen zum zweiten Erhebungszeitpunkt erklären konnte. In weiteren querschnittlichen Korrelationsstudien konnten außerdem Zusammenhänge zwischen der persönlich erlebten LehrerInnengerechtigkeit und einem besseren subjektiven Wohlbefinden der SchülerInnen (Correia & Dalbert, 2007), weniger Schulunlust (Dalbert & Maes, 2002) sowie weniger Bullying (Donat, Umlauft, Dalbert & Kamble, 2010) gezeigt werden. Außerdem fühlten sich SchülerInnen, die das Verhalten ihrer Lehrkräfte ihnen persönlich gegenüber als gerechter erlebten, im Schulalltag weniger ausgeschlossen (Umlauft, Schroepper & Dalbert, 2008).

Insgesamt lassen diese Befunde die Interpretation zu, dass der GWG eine wichtige Bewältigungsressource von SchülerInnen darstellt und bessere persönliche lehrerInnenbezogene Gerechtigkeitsbewertungen teilweise ein Produkt dieser Ressource sind. Weiterhin kann geschlussfolgert werden, dass eine von den einzelnen SchülerInnen persönlich als gerecht erlebte Interaktion mit den Lehrkräften für ihren Schulalltag wesentliche Konsequenzen haben kann: Die SchülerInnen fühlen sich wohler und integrierter und zeigen weniger abweichendes Verhalten. Das persönliche Gerechtigkeitserleben erwies sich dabei als bedeutender für die Schulunlust der SchülerInnen als konkrete Umweltstressoren wie die Schulnoten (Dalbert & Maes, 2002). Dies belegt die eingangs erläuterte Auffassung, dass subjektives Umwelterleben objektiven Umweltmerkmalen in seiner Wichtigkeit für die in der Umwelt handelnden Personen nicht an Bedeutung nachsteht.

2.3 LehrerInnengerechtigkeit und Klassenklima

Um die Bedeutung der persönlich erlebten LehrerInnengerechtigkeit für das Klimaerleben zu untersuchen, führten wir eine mehrebenenanalytische Untersuchung der Zusammenhänge zwischen persönlich erlebter LehrerInnengerechtigkeit und schulischem Klassenklimaerleben durch (Peter & Dalbert, 2010). Die persönlich erlebte LehrerInnengerechtigkeit wurde dabei sowohl auf der individuellen SchülerInnenebene als auch auf der Klassenebene betrachtet. Wir gingen davon aus, dass die persönlich erlebte LehrerInnengerechtigkeit das Klimaerleben der SchülerInnen sowohl in Bezug auf die Interaktionen zwischen den SchülerInnen als auch auf den Unterricht, der ja maßgeblich vom Verhalten der Lehrkräfte einer Klasse bestimmt wird, erklären kann. Basierend auf den Ergebnissen von Dalbert und Maes (2002) sowie Dalbert und Stoeber (2006) nahmen wir im Sinne der Assimilationsfunktion des GWG weiterhin an, dass eine stärkere Ausprägung des GWG der SchülerInnen mit einem als persönlich gerechter erlebten LehrerInnenverhalten und einem als positiver erlebten Klima in ihrer Klasse einhergeht.

An der Untersuchung nahmen 401 SchülerInnen der Klassenstufen 8 und 9 aus 24 Klassen aus fünf Gymnasien teil. Der GWG wurde mit der Persönlichen Gerechte-Welt-Skala (Dalbert, 1999) sowie der Allgemeinen Gerechte-Welt-Skala (Dalbert, Montada & Schmitt, 1987) erhoben, die LehrerInnengerechtigkeit mit der gleichnamigen Skala von Dalbert und Stoeber (2002). Für die Erfassung des Klimaerlebens wurden verschiedene Skalen aus dem Linzer Fragebogen zum Schul- und Klassenklima (Eder, 1998) sowie den Landauer Skalen zum Sozialklima (Saldern & Littig, 1987) herangezogen, die die beiden Dimensionen *Sozialklima* mit den Elementen Gemeinschaft, Rivalität und Zufriedenheit mit den MitschülerInnen sowie *Unterrichtsklima* mit den Elementen Lernbereitschaft, Störneigung, Zufriedenheit mit den LehrerInnen bzw. mit dem Unterricht, Resignation und Unterrichtsteilnahme beschrieben.

Die Ergebnisse für die Individualebene zeigten sich im Einklang mit unseren Hypothesen: Als je gerechter die SchülerInnen das Verhalten ihrer LehrerInnen ihnen persönlich gegenüber einschätzten, desto positiver bewerteten sie das Klima in ihrer Klasse, wobei dieser Zusammenhang stärker für das Unterrichtsklima als für das Sozialklima ausfiel. Darüber hinaus fiel die Bewertung der LehrerInnengerechtigkeit sowie des Klassenklimas umso positiver aus, je stärker der GWG der SchülerInnen war. Der direkte Effekt des GWG auf das Klimaerleben wurde dabei teilweise über die persönlich erlebte LehrerInnengerechtigkeit vermittelt. Das Ergebnismuster kann dahin gehend interpretiert werden, dass das individuell erlebte gerechtigkeitsbezogene Verhalten der eigenen LehrerInnen einem persönlich gegenüber ein wichtiger Erklärungsfaktor für ein als positiv erlebtes Klassenklima ist. Verhalten sich Lehrkräfte gegenüber ihren SchülerInnen in deren persönlichem Erleben gerecht, so erleben die SchülerInnen ihre Umwelt positiver. Der GWG fungiert dabei im Sinne seiner Assimilationsfunktion als eine Art kognitiver Filter, der sowohl das persönliche Erleben des LehrerInnenverhaltens als auch das Klimaerleben stärkt.

Mit Hilfe des Verfahrens der Mehrebenenanalyse konnte in dieser Studie erstmals gezeigt werden, dass die aufgezeigten Zusammenhänge über verschiedene Klassen und Schulen und damit über Entwicklungskontexte hinweg stabil ausfielen. Deutliche Unterschiede zwischen den Klassen zeigten sich hingegen in der Ausprägung der einzelnen Klimata. Rund 30 Prozent der Varianz im Klimaerleben konnte auf Unterschiede zwischen den Klassen zurückgeführt werden. Dies stellt einen Beleg für die Existenz eines kollektiven Klimaerlebens dar (LeBreton & Senter, 2008) und entspricht im Ausmaß den Werten in anderen Klimauntersuchungen (z. B. Gregory, Henry & Schoeny, 2007: 40-60%; König, 2009: 20%). Die persönlich erlebte LehrerInnengerechtigkeit zeigte hingegen keine signifikanten Unterschiede zwischen den Klassen, sondern ausschließlich zwischen den Individuen. Damit stellte sie keine geeignete Operationalisierung von Klima auf Klassenebene dar und konnte somit auch keinen Beitrag zur Erklärung der Klassenunterschiede im Klimaerleben leisten. Dieses Ergebnismuster steht im Einklang mit der konzeptuellen Trennung der LehrerInnengerechtigkeit als persönliches (selbst-bezogenes) Erleben erfasst über die Sie-zu-mir-Perspektive vom über die Sie-zu-uns-Perspektive erfassten kollektiven (gruppenbezogenen) Klimaerleben.

In zwei weiteren Mehrebenenanalysen zeigten SchülerInnen der Klassenstufen 9 bis 11 aus Gymnasien und Sekundarschulen umso bessere Noten (Peter, Kloeckner, Dalbert & Radant, 2012) sowie umso weniger Schulunlust (Peter, Dalbert, Kloeckner & Radant, 2012), als je gerechter sie das Verhalten ihrer Lehrkräfte ihnen persönlich gegenüber einschätzten. Auch in diesen Studien wurde der Effekt des GWG auf die Noten bzw. die Schulunlust mindestens teilweise durch die persönlich erlebte LehrerInnengerechtigkeit vermittelt. Im Gegensatz zur Studie von Peter und Dalbert (2010) variierte die LehrerInnengerechtigkeit hier aber zum Teil signifikant zwischen den Klassen und Schulen, wenngleich die Varianzaufklärung lediglich bei einem bis vier Prozent lag. Außerdem erwiesen sich bei Peter, Kloeckner und KollegInnen (2012) die Zusammenhänge zwischen dem GWG und der LehrerInnengerechtigkeit zum Teil als abhängig vom jeweiligen Kontext.

Der querschnittliche Befund von Peter und Dalbert (2010), demzufolge die LehrerInnengerechtigkeit das Klimaerleben erklärt und dabei den direkten Effekt des persönlichen GWG auf das Klimaerleben vermittelt, konnte von Peter (2012) längsschnittlich erhärtet werden. Je stärker die SchülerInnen in dieser Untersuchung daran glaubten, in einer Welt zu leben, in der ihnen persönlich Gerechtigkeit widerfährt, als desto gerechter schätzten sie zum zweiten Untersuchungszeitpunkt das Verhalten ihrer LehrerInnen ihnen persönlich gegenüber ein. Und als je gerechter sich die SchülerInnen von ihren LehrerInnen behandelt fühlten, desto positiver fiel wiederum zum nächsten Untersuchungszeitpunkt ihre Einschätzung des Unterrichtsklimas – hier: weniger Unterrichtsdruck und eine stärkere Beteiligung der SchülerInnen durch die Lehrkräfte am Unterrichtsgeschehen – aus. Mehrebenenanalytisch erhärtete sich zudem der Befund, demzufolge diese Zusammenhänge weitgehend unabhängig von Klassen- und Schulkontexten sind. Keine Bestätigung fand hingegen die bislang beobachtete geringe Streuung der LehrerInnengerechtigkeit zwischen den Klassen. So variierte diese zwischen zehn und 18 Prozent und damit in der Größenordnung von Klimavariablen.

Zusammenfassend ist festzuhalten, dass die persönlich erlebte LehrerInnengerechtigkeit aus der Sie-zu-mir-Perspektive in den hier berichteten mehrebenenanalytischen Befunden ein wichtiger Faktor zur Erklärung des Klimaerlebens zu sein scheint. Das zeigen die klaren Zusammenhänge zwischen der persönlich erlebten LehrerInnengerechtigkeit und verschiedenen Dimensionen des Klimaerlebens. Während das Klima konsistent Klassenunterschiede aufwies, variierte die LehrerInnengerechtigkeit in verschiedenen Untersuchungen unterschiedlich stark zwischen den Klassen.

2.4 Fazit

Erleben SchülerInnen die Gerechtigkeit ihrer Lehrkräfte persönlich (selbst-bezogen) oder kollektiv (gruppenbezogen) als Klima in ihrer Klassengruppe? Die Antwort lautet „sowohl als auch": Will man untersuchen, wie sich SchülerInnen persönlich behandelt fühlen, dann ist der persönliche Erlebensansatz zu verwenden. Interessiert man sich für das in der Klassengruppe geteilte, kollektive Erleben auf Individual- und/oder Gruppenebene, sollte der Klimaansatz zur Anwendung kommen. Trotz Defiziten in der Forschung, wie ein wenig theoriegeleitetes Vorgehen bei der Verwendung und Operationalisierung von verschiedenen Gerechtigkeitskonstrukten, belegen die vorhandenen Ergebnisse die zentrale Rolle der Gerechtigkeit von Lehrkräften im subjektiven Erleben ihrer SchülerInnen für die schulische Umwelt sowohl für die LehrerInnengerechtigkeit als Klimaelement als auch als persönliches Erleben (für einen Überblick siehe Abbildung 3). Die LehrerInnengerechtigkeit hat wichtige persönliche und soziale Konsequenzen für die SchülerInnen und die Interaktionen aller Mitglieder der schulischen Umwelt. Als je stärker sie von den SchülerInnen erlebt wird, desto positiver nehmen sie ihre schulische Umwelt wahr, desto besser fühlen sie sich in diese Umwelt integriert und desto wohler fühlen sie sich in dieser Umwelt. Sie zeigen ein besseres Sozialverhalten und erzielen bessere Leistungen.

Abbildung 3: Die Bedeutung der LehrerInnengerechtigkeit für SchülerInnen (bisher noch nicht untersuchte Beziehungen sind durch unterbrochene Linien dargestellt)

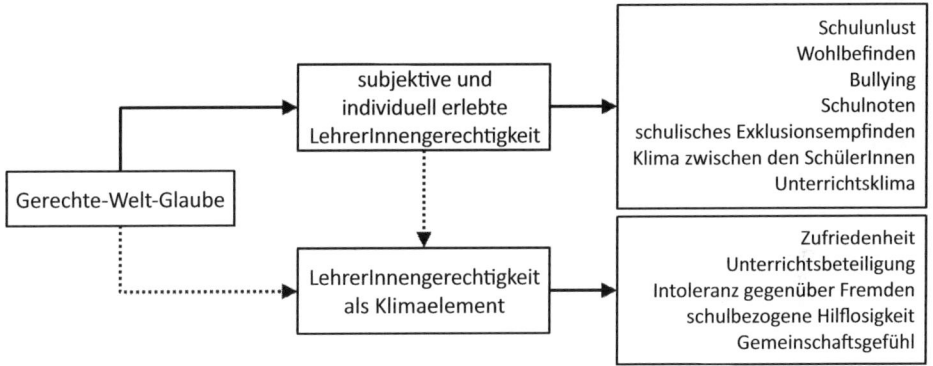

Ob das in der Gruppe geteilte, kollektive Gerechtigkeitserleben über die Individualebene hinaus eine bedeutende Rolle spielt und welche das ist, kann noch nicht abschließend beantwortet werden. Grund dafür ist die generell sehr unbefriedigende schulische Klimaforschung: Es fehlt an einem systematischen und theoriegeleiteten Forschungsansatz, an einer angemessenen Operationalisierung des kollektiven Klimaerlebens und bei den älteren Studien an einem adäquaten statistischen Umgang mit den verschiedenen Ebenen in der schulischen Umwelt. Erst in neueren Forschungsarbeiten setzt sich vermehrt die Mehrebenenanalyse zur Berücksichtigung der hierarchisch-geschachtelten Datenstrukturen durch. Die Ergänzung des Klimamittelwertes auf Gruppenebene um das Ausmaß der tatsächlichen Übereinstimmung der Gruppenmitglieder in ihrem Klimaerleben ist hingegen noch nicht nennenswert in die schulische Klimaforschung eingegangen. Eine solche Ergänzung wäre aber hilfreich, da man dann nicht mehr nur Aussagen über die Richtung oder Qualität des Klimas (ist es positiv oder negativ) treffen könnte, sondern auch über die Homogenität.

Während sich der Klimaansatz (Sie-zu-uns-Perspektive) zur Betrachtung aller Ebenen (z. B. Individual-, Klassen- oder Schulebene) zu eignen scheint, ist für den persönlichen Erlebensansatz (Sie-zu-mir-Perspektive) eher eine Verwendung auf der Individualebene begründet. Nichtsdestotrotz finden sich in empirischen Arbeiten mit der Sie-zu-mir-Perspektive zumindest für die LehrerInnengerechtigkeit bedeutsame gemeinsame Erlebensanteile auf höheren Ebenen. Dafür gibt es unserer Ansicht nach zwei mögliche Erklärungen: Zum einen könnten solche Klassenunterschiede auf die Existenz eines gerechtigkeitsbezogenen Klimas hinweisen. Zum anderen könnte ein gemeinsamer Erlebensanteil Ausdruck dessen sein, dass die SchülerInnen einer Klasse von denselben Lehrkräften unterrichtet und diese nicht gänzlich unterschiedlich von den einzelnen SchülerInnen einer Klasse erlebt werden.

Abschließend bleibt festzuhalten, dass sich die theoretische Trennung des persönlichen Erlebens vom Klimaerleben auf Grund fehlender systematischer Forschung und inkonsistenten Operationalisierungen empirisch noch nicht zufriedenstellend belegen lässt. Als empirischer Hinweis auf die Gültigkeit der theoretischen Trennung können die unterschiedlich starken Varianzanteile zwischen den Klassen betrachtet werden: Bei mit dem Klimaansatz erhobenen Variablen zeigten sich im Großen und Ganzen stärkere und konstantere Unterschiede zwischen den Klassen als bei der mit dem persönlichen Erlebensansatz erhobenen LehrerInnengerechtigkeit. Klimavariablen scheinen damit in den Klassen homogener und zwischen den Klassen heterogener ausgeprägt, was einen zentralen Hinweis auf kollektives Erleben darstellt, als Variablen zum persönlichen Erleben. Dass dennoch zumindest teilweise eine signifikante Variation und damit Heterogenität der persönlich erlebten LehrerInnengerechtigkeit zwischen den Klassen nachgewiesen werden konnte, zeigt, dass beide Ansätze zu berücksichtigen sind.

3. Implikationen für LehrerInnen

LehrerInnen sind sowohl EmpfängerInnen gerechter Bewertungen als auch aktiv gerecht handelnde Mitglieder der schulischen Umwelt (Maes & Kals, 2001). Aus der Perspektive der Pädagogik gehört es zu ihren wichtigsten Aufgaben, „den Leitsätzen der Gerechtigkeit und Chancengleichheit Geltung zu verschaffen" (Susteck, 1996, S. 422). Dabei ist Gerechtigkeit, so Susteck, nur näherungsweise erreichbar, wobei die Befolgung von allgemein anerkannten Gerechtigkeitskriterien und Gerechtigkeitsprinzipien zu dieser Annäherung beitragen – „es gelte jedem Kind gerecht zu werden" (Susteck, 1996, S. 424). Gerechtigkeit ist dabei ein multidimensionales Phänomen. Dieser Multidimensionalität trägt die Pädagogische Psychologie Rechnung. Sie erweitert die pädagogischen Empfehlungen, wann Lehrkräfte wie handeln sollen um gerecht zu sein, um zwei Betrachtungsweisen. Diese zeigen auf, dass der Anspruch objektiv gerecht zu handeln wesentlichen Einschränkungen unterliegt, denen sich Lehrkräfte bewusst sein müssen, damit gut gemeintes Handeln nicht zu ungewollten Konsequenzen führt.

Die eine Betrachtungsweise ist jene der Subjektivität der Lehrkräfte, die darin mündet, dass diese ihre schulische Umwelt selbst durch einen kognitiven Filter subjektiv erleben und damit „Fehlerquellen" wie der Normalverteilungsannahme, Verhaltenszuschreibungen auf Basis des GWG oder sich selbst erfüllenden Prophezeiungen unterliegen. Dass dies tatsächlich der Fall ist, zeigen Studien (zum Überblick Rosenthal, 2002), nach deren Resultaten die bloßen Erwartungen von LehrerInnen die Leistungen von SchülerInnen beeinflussen können. Darüber hinaus weist Petillon (1982) darauf hin, dass Lehrkräfte gegenüber Schüler-

Innen mit guten Zensuren deutlich mehr Sympathie zu äußern scheinen als gegenüber anderen. Miller (1999) kam in diesem Zusammenhang auf Grundlage einer mit LehrerInnen durchgeführten Wahrnehmungsübung zu dem Ergebnis, dass es keine gerechte Beurteilung im objektiven Sinne sondern nur „verantwortungsvolles Handeln im Bewusstsein subjektiver Sichtweisen, Maßstäbe und Vereinbarungen" gibt (Miller, 1999, S. 60). Die LehrerInnen sollten in der Übung notieren, was sie gerade sahen, notierten allerdings, wie das Gesehene auf sie wirkte und welche Schlussfolgerungen sie daraus zogen. Auf Grund dieser Subjektivität sind Beurteilungen zwar nicht grundsätzlich zu verwerfen, allerdings müssen Lehrkräfte die Subjektivität akzeptieren, deren Konsequenzen kennen und offen mit ihnen umgehen.

Auch die Perspektive der SchülerInnen – mit der sich dieses Kapitel beschäftigt – ist subjektiv. Sie haben beispielsweise unterschiedliche Ansichten über die Gerechtigkeit von Unterrichtsmethoden oder Zensurengebung (z. B. Dalbert, Schneidewind & Saalbach 2007; Thorkildsen, Nolan & Fournier, 1994). Der persönliche Erlebensansatz gibt dabei darüber Auskunft, inwiefern sich Gerechtigkeitserfahrungen direkt auf die SchülerInnen und deren Entwicklung auswirken und welche kognitiven Prozesse beim Erleben von Gerechtigkeit eine Rolle spielen.

Wollen Lehrkräfte gerecht handeln, so müssen sie wissen, welches Handeln ihre SchülerInnen als gerecht erleben. Dies kann erreicht werden, indem (a) die Erkenntnisse der pädagogisch-psychologischen Gerechtigkeitsforschung in der Lehramtsausbildung bzw. LehrerInnenfortbildung Berücksichtigung finden, indem (b) Lehrkräfte im Unterricht diese Erkenntnisse anwenden und beispielsweise ein offenes Diskussionsklima schaffen, das es den SchülerInnen ermöglicht, ihre Ansichten zu äußern und somit gerechtigkeitsbezogene Rückmeldungen an ihre Lehrkräfte zu geben, und indem sie (c) ihre eigene Perspektive um die ihrer SchülerInnen ergänzen und Methoden der pädagogisch-psychologischen Diagnostik nutzen, um sich von ihren jeweiligen Klassen ein realistischeres Bild zu machen (Peter, 2012).

Tatsächlich kann das SchülerInnenerleben vom LehrerInnenerleben teils gravierend abweichen, wie in der Klimaforschung mehrfach gezeigt wurde. So fanden Raviv, Raviv und Reisel (1990) beim Vergleich von LehrerInnen- und SchülerInneneinschätzungen mit der *Classroom Environment Scale* (Moos & Trickett, 1974) heraus, dass Lehrkräfte und ihre Klassen im Allgemeinen dazu tendierten, zwar im Ausmaß der Eigenschaften einer idealen Unterrichtsumgebung übereinzustimmen, nicht jedoch bei der Einschätzung der realen Bedingungen. Hier erlebten die LehrerInnen beispielsweise ein höheres Ausmaß an Innovation, LehrerInnenunterstützung, Ordnung und Organisation sowie Regeln und Klarheit, als ihre SchülerInnen. Saldern (1991) kam in einer Untersuchung mit den *Landauer Skalen zum Sozialklima* (Saldern & Littig, 1987) zu ähnlichen Erkenntnissen und fand zudem heraus, dass SchülerInnen mit steigender Abweichung vom Urteil ihrer LehrerInnen leistungs- und sozial-ängstlicher waren und ein geringeres Selbstwertgefühl zeigten. Allerdings gibt es auch Übereinstimmungen zwischen LehrerInnen- und SchülerInnenurteilen, worauf Grewe (2003) auf Basis seiner ebenfalls mit den Landauer Skalen in einer umfangreichen Interventionsstudie gewonnenen Erkenntnisse hinweist. Übereinstimmungen zeigten sich unter anderem bei der Beurteilung der Gemeinschaft zwischen den SchülerInnen, der Zufriedenheit der SchülerInnen mit ihren KlassenleiterInnen sowie bei der allgemeinen Schulzufriedenheit. Hingegen unterschätzten Lehrkräfte die subjektive Belastung ihrer SchülerInnen und das Konkurrenzverhalten zwischen den SchülerInnen, während sie – bemerkenswerterweise – ihre eigene Ungerechtigkeit gegenüber den SchülerInnen kritischer einschätzten als das die SchülerInnen selbst taten.

Die Ergebnisse dieser Studien zeigen, dass der Klimaansatz eine gute Möglichkeit für LehrerInnen ist, ihre Klassen realistischer einzuschätzen. Eine geeignete Methode, dies mit nicht allzu großem Aufwand und unter Berücksichtigung der Spezifik eigener Klassen durchzuführen, stellt das Vorgehen von Spindler (1999) dar. Dieser ließ GrundschülerInnen ihren eigenen klassenspezifischen Klimafragebogen entwickeln, indem er zunächst die Kriterien erfasste, welche die SchülerInnen in Bezug auf ihre Klasse selbst für wichtig erachteten, und diese dann in einem zweiten Schritt von den SchülerInnen in ihren Ausprägungen einschätzen ließ. Auch wenn die Befunde derartiger Klimaerhebungen nur klasseninterne Gültigkeit besitzen, liefert ein solches Vorgehen doch gute Hinweise für die Planung von Interventionsmaßnahmen, so Spindler. Den Lehrkräften ist damit ein Instrument an die Hand gegeben, nach ihrer Auffassung eigene gerechte Handlungen, Prinzipien und Kriterien auf ihre gerechtigkeitsbezogene Gültigkeit aus der Perspektive der SchülerInnen zu überprüfen, um so für das Klima in der Klasse und das Verhalten und Erleben der SchülerInnen eher negative Folgen vermeiden bzw. reduzieren zu können.

Insgesamt zeigt die bisherige Befundlage deutlich, dass das Verhalten von Lehrkräften unter Gerechtigkeitsgesichtspunkten bewertet wird, wobei sich hier LehrerInnen und ihre SchülerInnen deutlich unterscheiden können. Die subjektiv erlebte LehrerInnengerechtigkeit trägt sowohl als persönliches Erleben als auch als Klimaelement in bedeutsamer Weise zur Erklärung des schulischen Verhaltens und Erlebens der SchülerInnen bei. Die zukünftige Forschung sollte deutlicher zwischen dem persönlichen und dem Klimaerleben differenzieren. Die LehrerInnen sollten der Befundlage in ihrem eigenen reflexiven Handeln Rechnung tragen und die Ausbildung von LehrerInnen sollte das Thema Gerechtigkeit stärker in den Blick nehmen.

Literatur

Ames, C. (1992). Classrooms: Goals, structures, and student motivation. *Journal of Educational Psychology, 84*, 261-271.

Anderson, G.J. (1973). *The assessments for learning environment: A manual for the Learning Environment Inventory and the My Class Inventory.* Halifax: Atlantic Institute of Eduction.

Arbinger, R. & Saldern, M. v. (1984). Schulische Umwelt und soziales Klima in Schulklassen. *Psychologie in Erziehung und Unterricht, 31*, S81-99.

Bronfenbrenner, U. (1977). Toward an experimental ecology of human development. *American Psychologist, 23*, 513-531.

Bulman, R.J. & Wortman, C.B. (1977). Attributions of blame and coping in the „real world": Severe accident victims react to their lot. *Journal of Personality and Social Psychology, 35,* 351-363.

Chan, D. (1998). Functional relations among constructs in the same content domain at different levels of analysis: A typology of composition models. *Journal of Applied Psychology, 83,* 234-246.

Correia, I. & Dalbert, C. (2007). Belief in a just world, justice concerns, and well-being at Portuguese schools. *European Journal of Psychology of Education, 22,* 421-437.

Dalbert, C. (1999). The world is more just for me than generally: About the Personal Belief in a Just World Scale's validity. *Social Justice Research, 12,* 79-98.

Dalbert, C. (2000). Gerechtigkeitskognitionen in der Schule. In C. Dalbert & J.E. Brunner (Hrsg.), *Handlungsleitende Kognitionen in der pädagogischen Praxis* (S. 3-21). Baltmannsweiler: Schneider-Verlag Hohengehren.

Dalbert, C. (2001). *The justice motive as a personal resource.* New York: Kluwer.

Dalbert, C. (2004). The implications and functions of just and unjust experiences in school. In C. Dalbert & H. Sallay (Eds.), *The justice motive in adolescence and young adulthood* (S. 117-134). London: Routledge.

Dalbert, C. (2005). Just world beliefs, development of. In C.B. Fisher & R.M. Lerner (Eds.), *Encyclopedia of applied developmental science* (S. 617-620). Thousand Oaks: Sage.

Dalbert, C. & Filke, E. (2007). Belief in a just world, justice judgments, and their functions for prisoners. *Criminal Justice and Behavior, 34,* 1516-1527.

Dalbert, C. & Maes, J. (2002). Belief in a just world as a personal resource in school. In M. Ross & D.T. Miller (Eds.), *The justice motive in everyday life* (S. 365-381). Cambridge: University Press.

Dalbert, C., Montada, L. & Schmitt, M. (1987). Glaube an eine gerechte Welt als Motiv: Validierungskorrelate zweier Skalen. *Psychologische Beiträge, 29,* 596-615.

Dalbert, C., Schneidewind, U. & Saalbach, A. (2007). Justice judgments concerning grading in school. *Contemporary Educational Psychology, 32,* 420-433.

Dalbert, C. & Stoeber, J. (2002). Gerechtes Schulklima. In J. Stoeber, *Skalendokumentation "Persönliche Ziele von SchülerInnen" (Hallesche Berichte zur Pädagogischen Psychologie Nr. 3)* (S. 32-34). Halle (Saale): Martin-Luther-Universität Halle-Wittenberg, Institut für Pädagogik.

Dalbert, C. & Stoeber, J. (2004). Forschung zur Schülerpersönlichkeit. In W. Helsper & J. Böhme (Hrsg.), *Handbuch der Schulforschung* (S. 881-902). Wiesbaden: Verlag für Sozialwissenschaften.

Dalbert, C. & Stoeber, J. (2005). The belief in a just world and distress at school. *Social Psychology of Education, 8,* 123-135.

Dalbert, C. & Stoeber, J. (2006). The personal belief in a just world and domain-specific beliefs about justice at school and in the family: a longitudinal study with adolescents. *International Journal of Behavioral Development, 30,* 200-207.

Donat, M., Umlauft, S., Dalbert, C. & Kamble, S.V. (2010). *Belief in a just world, teacher justice, and bullying behavior.* Manuscript submitted for publication.

Dreesmann, H. (1982). *Unterrichtsklima: Wie Schüler den Unterricht wahrnehmen.* Weinheim: Beltz.

Dreesmann, H., Eder, F., Fend, H., Pekrun, R., Saldern, M. v. & Wolf, B. (1992). Schulklima. In K. Ingenkamp, R.S. Jäger, P.H. & B. Wolf (Hrsg.), *Empirische Pädagogik 1970-1990. Eine Bestandsaufnahme der Forschung in der Bundesrepublik* (Bd. 2, S. 655-682). Weinheim: Deutscher Studien Verlag.

Eder, F. (1996). *Schul- und Klassenklima: Ausprägung, Determinanten und Wirkungen des Klimas an höheren Schulen.* Innsbruck: Studien Verlag.

Eder, F. (1998). *Linzer Fragebogen zum Schul- und Klassenklima.* Göttingen: Hogrefe.

Eder, F. (2001). Schul- und Klassenklima. In D.H. Rost (Hrsg.), *Handwörterbuch Pädagogische Psychologie* (S. 578-586). Weinheim: BeltzPVU.

Eder, F., Felhofer, G. & Muhr-Arnold, S. (1994). Schule als Lebenswelt. In L. Wilk & J. Bacher (Hrsg.), *Kindliche Lebenswelten* (S. 197-251). Opladen: Leske + Budrich.

Fan, R.M. & Chan, S.C.N. (1999). Students' perceptions of just and unjust experiences in school. *Educational and Child Psychology, 16,* 32-50.

Freitag, M. (1998). *Was ist eine gesunde Schule? Einflüsse des Schulklimas auf Schüler- und Lehrergesundheit.* Weinheim: Juventa.

Gazelle, H. (2006). Class climate moderates peer relations and emotional adjustment in children with an early history of anxious solitude: A child x environment model. *Developmental Psychology, 42,* 1179-1192.

Gniewosz, B. & Noack, P. (2008). Classroom climate indicators and attitudes towards foreigners. *Journal of Adolescence, 31,* 609-624.

Gregory, A., Henry, D.B. & Schoeny, M. (2007). School climate and implementation of a preventive intervention. *American Journal of Community Psychology, 40*, 250-260.

Grewe, N. (2003). *Aktive Gestaltung des Klassenklimas: Eine empirische Interventionsstudie.* Münster: LIT Verlag.

Häcker, H.O. & Stapf, K.-H. (2004). *Dorsch: Psychologisches Wörterbuch.* Bern: Hans Huber.

Hafer, C.L. & Correy, B.L. (1999). Mediators of the relation between beliefs in a just world and emotional responses to negative outcomes. *Social Justice Research, 12*, 189-204.

Hofman, D.A. & Gavin, M.B. (1998). Centering decisions in hierarchical linear models: Theoretical and methodological implications for organizational science. *Journal of Management, 23*, 623-641.

Israelashvili, M. (1997). Situational determinants of school student's feeling of injustice. *Elementary School Guidance and Counseling, 31*, 283-292.

James, L.R. (1982). Aggregation bias in estimates of perceptual agreement. *Journal of Applied Psychology, 67*, 219-229.

Jerusalem, M. (1997). Schulklasseneffekte. In F.E. Weinert (Hrsg.), *Enzyklopädie der Psychologie: Psychologie des Unterrichts und der Schule* (Bd. 3, S. 253-278). Göttingen: Hogrefe.

König, J. (2009). Klassenklima und schulbezogene Hilflosigkeit in den Jahrgangsstufen 8 und 9. *Zeitschrift für Pädagogische Psychologie, 23*, 41–52.

Kozlowski, S.W. & Hattrup, K. (1992). A disagreement about within-group agreement: Disentangling issues of consistency versus consensus. *Journal of Applied Psychology, 77*, 161-167.

Lange, B., Kuffner, H. & Schwarzer, R. (1983). *Schulangst und Schulverdrossenheit.* Opladen: Westdeutscher Verlag.

LeBreton, J.M. & Senter, J.L. (2008). Answers to 20 questions about interrater reliability and interrater agreement. *Organizational Research Methods, 11*, 815-852.

Lerner, M.J. (1965). Evaluation of performance as a function of performer's reward and attractiveness. *Journal of Personality and Social Psychology, 1*, 355-360.

Maes, J. & Kals, E. (2001). *Funktion und Bedeutung des Gerechte-Welt-Glaubens in der Schule.* Forschungsbericht aus der Arbeitsgruppe „Verantwortung, Gerechtigkeit, Moral", Nr. 143, Universität Trier, Fachbereich I – Psychologie, Trier.

Mikula, G. (2002). Gerecht und ungerecht: Eine Skizze der sozialpsychologischen Gerechtigkeitsforschung. In M. Held, G. Kubon-Gilke & R. Sturn (Hrsg.), *Normative und institutionelle Grundfragen der Ökonomik. Jahrbuch 1: Gerechtigkeit als Voraussetzung für effizientes Wirtschaften* (S. 263-283). Marburg: Metropolis.

Mikula, G. (2005). Some observations and critical thoughts about the present state of justice theory and research. In S. Gilliland, D. Steiner, D. Skarlicki & K. van den Bos (Eds.), *What motivates fairness in organizations* (pp. 197-209). Greenwich, CT: Information Age.

Miller, R. (1999). "Schmidt, schon wieder 'ne Fünf!" – Bewertungshandeln und Gerechtigkeit. *Pädagogik, 51*, 57-60.

Moos, R.H. (1979). *Evaluating educational climates.* San Francisco, CA: Jossey-Bass.

Moos, R.H. & Trickett, E.J. (1974). *Classroom environment scale manual.* Palo Alto, CA: Consulting Psychologists Press.

Murray, H.A. (1938). *Explorations in personality.* New York: Oxford University Press.

Pekrun, R. (1985). Schulklima. In W. Twellmann (Hrsg.), *Handbuch Schule und Unterricht* (S. 524-547). Düsseldorf: Schwann.

Peter, F. (2012). *Die Bedeutung intuitiver Gerechtigkeitsvorstellungen für Schülerinnen und Schüler. Eine mehrebenenanalytische Längsschnittuntersuchung zur Wechselwirkung von implizitem Gerechtigkeitsmotiv und schulischer Umwelt.* Hamburg: Kovač.

Peter, F. & Dalbert, C. (2010). Do my teachers treat me justly? Implications of students' justice experience for class climate experience. *Contemporary Educational Psychology, 35*, 297-305.

Peter, F., Dalbert, C., Kloeckner, N., & Radant, M. (2012). Personal belief in a just world, experience of teacher justice, and school distress in different class contexts. European Journal of Psychology of Education. DOI 10.1007/s10212-012-0163-0

Peter, F., Kloeckner, N. Dalbert, C. & Radant, M. (2012). Belief in a just world, teacher justice, and student achievement: A multilevel study, *Learning and Individual Differences, 22*, 55-63.

Petillon, H. (1982). *Soziale Beziehungen zwischen Lehrern, Schülern und Schülergruppen. Überlegungen und Untersuchungen zu Aspekten der sozialen Interaktion in vierten Grundschulklassen.* Weinheim: Beltz.

Raviv, A., Raviv, A. & Reisel, E. (1990). Teachers and Students: Two Different Perspectives?! Measuring Social Climate in the Classroom. *American Educational Research Journal, 27*, 141-157.

Rosenthal, R. (2002). Covert communication in classrooms, clinics, courtrooms, and cubicles. *American Psychologist, 57*, 839-849.

Rubin, Z. & Peplau, L.A. (1973). Belief in a just world and reaction to another's lot: A study of participants in the national draft lottery. *Journal of Social Issues, 29*(4), 73-93.

Rubin, Z. & Peplau, L.A. (1975). Who believes in a just world? *Journal of Social Issues, 31*(3), 65-89.

Saldern, M. v. (1987). *Sozialklima von Schulklassen: Überlegungen und mehrebenenanalytische Untersuchungen zur Wahrnehmung von Lernumwelten.* Frankfurt/Main: Peter Lang.

Saldern, M. v. (1991). Die Lernumwelt aus der Sicht von Lehrern und Schülern. *Psychologie in Erziehung und Unterricht, 38*, 190-198.

Saldern, M. v. (1992). Lernen und Klassenklima. In G. Nold (Hrsg.), *Lernbedingungen und Lernstrategien. Welche Rolle spielen kognitive Verstehensstrukturen?* (S. 73-93). Tübingen: Narr.

Saldern, M. v. & Littig, K.-E. (1987). *Landauer Skalen zum Sozialklima.* Weinheim: Beltz.

Spindler, M. (1999). Schritte zur Einschätzung des Klassenklimas. *Psychologie in Erziehung und Unterricht, 46*, 150-153.

Steins, G. (2005). *Sozialpsychologie des Schulalltags. Das Miteinander in der Schule.* Stuttgart: Kohlhammer.

Stern, G.G. (1970). *People in context. Measuring person–environment congruence in education and industry.* New York: John Wiley.

Stewart, E.B. (2008). School structural characteristics, student effort, peer associations, and parental involvement: The influence of school- and individual-level factors on academic achievement. *Education and Urban Society, 40*, 179-204.

Susteck, H. (1996). Die Gerechtigkeit des Lehrers. *Pädagogische Welt, 50*, 420-424.

Tajfel, H. & Turner, J.C. (1986). The social identity theory of inter-group behavior. In S. Worchel and L.W. Austin (Eds.), *Psychology of Intergroup Relations* (pp. 2-24). Chicago: Nelson-Hall.

Taylor, P. (1962). Children's evaluations of the characteristics of a good teacher. *British Journal of Educational Psychology, 32*, 258-266.

Thorkildsen, T.A., Nolen, S.B. & Fournier, J. (1994). What is fair? Children's critique of practices that influence motivation. *Journal of Educational Psychology, 86*, 475-486.

Umlauft, S., Schroepper, S. & Dalbert, C. (2008, August). *Justice and the feelings of social exclusion in adolescence.* Paper presented at the 12th Biennial Conference of the International Society of Justice Research, Adelaide, Australia.

Vieno, A., Perkins, D.D., Smith, T.M. & Santinello, M. (2005). Democratic School Climate and Sense of Community in School: A Multilevel Analysis. *American Journal of Community Psychology, 36*, 327-341.

Warr, P.B. & Knapper, C. (1968). *The perception of people and events.* New York, NY: John Wiley & Sons.

Wendorf, C.A. & Alexander, S. (2005). The influence of individual- and class-level fairness-related perceptions on student satsifaction. *Contemporary Educational Psychology, 30*, 190-206.

Gerechte-Welt-Glaube, Gerechtigkeitserleben und Schulerfolg

Reem Kahileh / Felix Peter / Claudia Dalbert

[handschriftliche Notizen: GWG = Grundlage für Anstrengung / Gerechtigkeit (Noten), /Ungerechtigkeit / | Gerechtigkeit in der Schule |]

In diesem Kapitel wird gezeigt, dass insbesondere der Glaube an eine für einen persönlich gerechte Welt positive Facetten des Schulerfolgs, insbesondere die Schulnoten, aber auch die Lern- und Annäherungs-Leistungszielorientierung und das schulische Selbstkonzept, erklären kann. Die subjektiv erlebte Gerechtigkeit des LehrerInnenverhaltens erklärt hingegen besonders eine geringe Arbeitsvermeidung und eine schwache Vermeidungs-Leistungszielorientierung.

1. Schulleistungen

Wenn von Schulerfolg die Rede ist, so kann ganz Unterschiedliches wie die individuelle SchülerInnenleistung, fachspezifisches Wissen oder allgemeine Fähigkeiten gemeint sein. Diese Aspekte können wiederum auf unterschiedliche Art und Weise, zum Beispiel mit Hilfe pädagogisch-psychologischer Testverfahren oder durch LehrerInnenurteile, erfasst werden (Helmke & Schrader, 2001). In der Regel sind aber unter dem Stichwort Schulerfolg die Zensuren der SchülerInnen gemeint. Diese dienen der Messung der Schulleistungen oder – anders ausgedrückt – „der Skalierung pädagogisch bedeutsamer Leistungs- und Verhaltensmerkmale" (Tent, 2001, S. 805). Als Funktionen der Zensierung, und damit der Leistungsbeurteilung durch Lehrkräfte, nennt Tent (2001) unter anderem intraindividuelle Leistungsvergleiche, wertende und informierende Rückmeldungen zu motivationalen wie disziplinierenden Zwecken sowie die Feststellung von Zugangsberechtigungen, also Zuweisung zu Privilegien wie einer weiterführenden Schule, einem Studienplatz und vieles mehr.

1.1 Diagnostik von Schulleistungen

Auch wenn mit der Notengebung in der Regel der Anspruch einer relativ objektiven Leistungserfassung verbunden ist, so ist sie doch stark von der Urteilsbildung der Lehrkräfte abhängig. Selektive Wahrnehmung, Erinnerungsfehler, Milde- oder Strengeneigung, fehlerhafte Attribuierungen, Halo-Effekt (Einzeleigenschaften einer Person erzeugen einen Gesamteindruck, der andere Eigenschaften überlagert: LehrerInnen könnten zum Beispiel annehmen, dass ein/e attraktive/r SchülerIn auch gute Leistungen erbringt), sich selbst erfüllende Prophezeiungen oder die Neigung zur Normalverteilung sind nur einige der bekannten und vielfach untersuchten Einflüsse, die das LehrerInnenurteil verzerren können. Susteck (1996) rät deshalb dazu, dass LehrerInnen die verbreiteten Fehlerquellen geistig präsent haben, da sie den verantwortungsvollen Auftrag haben, die ihnen anvertrauten SchülerInnen nach den Leitsätzen der Gerechtigkeit und Chancengleichheit zu behandeln. Mit der Notenvergabe schafft die Lehrkraft eine neue Wirklichkeit, der sich SchülerInnen kaum entziehen können. Diese Wirklichkeit kann einerseits Erfolge bescheinigen, SchülerInnen andererseits aber auch mit Bewertungen belasten, die als Misserfolg gewertet werden. Bei andauerndem Misserfolg droht dann beispielsweise die Gefahr der Resignation.

In der Forschung werden Noten als Schulleistungsindikatoren hauptsächlich im Selbstbericht der SchülerInnen erhoben. Dabei werden in der Regel die Zeugnisnoten in den Kernfächern erfragt, da man davon ausgehen kann, dass diese den Leistungsstand der SchülerInnen über mindestens ein gesamtes Schulhalbjahr hinweg zufriedenstellend und ohne die Güteprobleme von Einzelnoten abbilden. Als Kernfächer gelten dabei Mathematik und Deutsch sowie ab der Sekundarstufe I die erste Fremdsprache, in der Regel Englisch. Dass nur die Kernfächer herangezogen werden, kann problematisch sein, da diese in der Regel am strengsten bewertet werden und insofern das Gesamtspektrum der Leistungen einer SchülerIn unterschätzen können (Tent, 2001). Ein weiterer Kritikpunkt ist die mögliche Unehrlichkeit der SchülerInnen bei der Erhebung von Zensuren im Selbstbericht. Dass man bei anonymen Fragebogenuntersuchungen allerdings von einer hohen Genauigkeit selbstberichteter Zensuren ausgehen kann, zeigt unter anderem eine Studie von Sparfeldt, Buch, Rost und Lehmann (2008), in der selbstberichtete mit tatsächlich erhaltenen Noten sehr hoch korrelierten, über 85 Prozent aller Zensurenangaben korrekt waren und die Korrelationen selbstberichteter gegenüber erhaltener Zensuren mit diversen Außenvariablen sich lediglich in 3 von 36 Fällen signifikant voneinander unterschieden. Dies unterstreicht die Validität selbst-berichteter Noten und gibt keinen Anlass, die gängige Forschungspraxis der Erhebung von Noten im Selbstbericht in Frage zu stellen.

Lehrkräften mangelt es häufig an der Fähigkeit, die Leistungen ihrer SchülerInnen auf einem objektiven Merkmalskontinuum zu platzieren (Tent, 2001). Sie können zwar SchülerInnen innerhalb ihres Bezugssystems Klasse gut differenzieren, aber ein Vergleich von SchülerInnen unterschiedlicher Klassen oder gar Schulen fällt häufig sehr schwer. Bei der Notengebung werden in der Regel drei verschiede Bewertungsansätze unterschieden (z. B. Dalbert, Schneidewind & Saalbach, 2007). Auf Basis der (a) kriterialen Bewertung wird die individuelle Leistung von SchülerInnen mit einem objektiven, meist von den Schulbehörden festgelegten, Standard verglichen. Dies soll eine Vergleichbarkeit über Klassen, Schulen und Regionen hin gewährleisten, da beispielsweise alle miteinander hinsichtlich zum Beispiel Alter und Geschlecht vergleichbaren SchülerInnen im 100-Meter-Sprint dieselbe Zeit schaffen müssen, um eine bestimmte Note zu bekommen. Dem gegenüber steht (b) die soziale Bezugsnorm, nach der individuelle SchülerInnenleistungen mit den Leistungen einer sozialen Gruppe, in der Regel der eigenen Klasse, verglichen werden. Hierbei ist keine Vergleichbarkeit über die betreffende soziale Gruppe hinaus gewährleistet, weil SchülerInnen für dieselbe Leistung in verschiedenen Klassen unterschiedlich bewertet werden. Während die soziale Bezugsnorm zu vermeiden ist, sind Lehrkräfte in Deutschland dazu angehalten, die kriteriale Bezugsnorm zu verwenden. Zur Ergänzung kann außerdem (c) die individuelle Bezugsnorm herangezogen werden, bei der ein intraindividueller Leistungsvergleich im Sinne der

Darstellung von Leistungsverbesserungen bzw. Leistungsverschlechterungen vorgenommen wird. In der Praxis kommt jedoch meistens eine Mischung aus allen drei Ansätzen zur Anwendung (Ingenkamp, 1975). Während die kriteriale und insbesondere die soziale Benotung eine relativ stabile, und im letzteren Fall stark kontextabhängige Benotung mit sich bringt, hat sich die Anwendung der individuellen Bezugsnorm als am förderlichsten für den Schulerfolg von SchülerInnen erwiesen (für einen Überblick, siehe Mischo & Rheinberg, 1995).

1.2   Gerechtigkeit von Schulnoten

In qualitativen Forschungsarbeiten konnte gezeigt werden, dass SchülerInnen gerecht benotet werden wollen (z. B. Fan & Chan, 1999; Israelashvili, 1997), d. h. dass derselbe Vergleichsmaßstab für alle gelten muss. Dalbert und Kolleginnen (2007) vermuteten, dass eine kriteriale Benotung deshalb als gerechter erlebt wird, da sie gleiche Benotung für eine große Zahl von SchülerInnen, über die eigene Klasse hinaus, beinhaltet. Andererseits könnten sie aber auch als weniger transparent als die soziale Benotung angesehen werden, da die eigene Leistung möglicherweise innerhalb der eigenen Klasse leichter einzuschätzen ist als anhand von abstrakten objektiven Kriterien (z. B. die Beherrschung des Zahlenraums von 1 bis 10). Die Benotung des individuellen Leistungsfortschritts impliziert konsequenterweise ungleiche Behandlung, weil sie am Vergleich mit der vorher erzielten eigenen Leistungen ansetzt. Deshalb könnten SchülerInnen sie als ungerecht erleben. Andererseits wäre auch das Gegenteil möglich, da SchülerInnen es als besonders gerecht erleben könnten, wenn LehrerInnen individuell auf sie und ihren Kompetenzzuwachs eingehen.

Um zu erklären, welche Benotungsansätze von den SchülerInnen, unabhängig davon ob sie positive oder negative Konsequenzen für die SchülerInnen haben, als gerecht erlebt werden, untersuchten Dalbert und Kolleginnen (2007) deshalb Gerechtigkeitsurteile von SchülerInnen in Bezug auf diese drei Benotungsansätze. Dabei gingen sie davon aus, dass Gerechtigkeitsurteile keine feste Eigenschaft einer Situation, sondern subjektiv sind (Mikula, 2005), und sich deshalb zwischen den SchülerInnen signifikant unterscheiden. Dabei konnten Dalbert und Kolleginnen (2007) in zwei Studien mit SchülerInnen der Klassenstufen 7 bis 12 an Gymnasien und Sekundarschulen für verschiedene Schulfächer zeigen, dass SchülerInnen unabhängig von ihren erhaltenen Noten, der Klassenstufe und der Schulform die kriteriale Bezugsnorm als am gerechtesten bewerteten, während die individuelle Bezugsnorm noch als nahezu gerecht eingeschätzt wurde. Hingegen wurde die soziale Bezugsnorm insgesamt als eher ungerecht bewertet. Letzteres traf allerdings weniger auf die RealschülerInnen als auf die GymnasiastInnen zu. Die Leistungsbewertung anhand der Erreichung von Lernzielen für alle SchülerInnen und unter Berücksichtigung des individuellen Leistungsfortschritts ist deshalb nicht nur aus theoretischen Gründen, sondern auch aus der subjektiven Sicht der SchülerInnen gegenüber der am sozialen Vergleich orientierten Bewertung die zu bevorzugende Bewertungsform. Auch wenn damit insgesamt die objektiven Vorteile der kriterialen und individuellen gegenüber der sozialen Bezugsnorm im individuellen Gerechtigkeitserleben von SchülerInnen Bestätigung findet, konnten Dalbert und Kolleginnen (2007) zeigen, dass es hierbei Abstufungen und Schulformunterschiede gibt.

1.3 Erklärung von Schulleistungen

Neben der Untersuchung der Güte von Zensuren beschäftigt sich die Schulleistungsforschung mit der multiplen Determiniertheit von Schulleistungen (Helmke & Schrader, 2001; Helmke & Weinert, 1997). Verschiedene Einflussfaktoren stehen dabei in einem komplexen Gefüge zueinander. Die Betrachtung eines einzelnen Einflussfaktors kann daher leicht zu einer Überschätzung seiner Bedeutsamkeit führen. Die multiplen Determinanten teilen Helmke und Weinert (1997) in vier große Merkmalsbereiche: (1) Kontextbedingungen der Schule, wozu sie Merkmale des Schulsystems, der Schule (z. B. Größe) sowie der Klasse (z. B. Größe, Zusammensetzung, Klassenklima) zählen; (2) individuelle Bedingungen, wozu sie konstitutionelle (z. B. Lebensalter, Geschlecht), kognitive (z. B. Intelligenz) sowie motivationale und affektive Merkmale (z. B. Motivation, Selbstkonzept, Prüfungsangst) zählen; (3) familiäre Determinanten wie genetische Einflüsse oder Statusvariablen (z. B. Familienstruktur, sozioökonomischer Status); und (4) Prozessmerkmale des Unterrichts sowie Persönlichkeit und Verhalten der Lehrerkräfte. Helmke und Weinert nehmen dabei Wechselwirkungen innerhalb eines Merkmalsbereiches sowie zwischen verschiedenen Merkmalsbereichen an. Den Forschungsstand, insbesondere bei den individuellen Bedingungen, bezeichnen sie als unbefriedigend.

Innerhalb der individuellen Merkmale ist die SchülerInnenpersönlichkeit von besonderem Interesse. Dalbert und Stoeber (2004) sowie Dalbert und Radant (2008) zählen zu den für schulische Leistungen wesentlichen Persönlichkeitsmerkmalen, die in den letzten 15 Jahren in der Forschung besondere Aufmerksamkeit fanden, das schulische bzw. schulfachspezifische Fähigkeitsselbstkonzept, die Prüfungsängstlichkeit, Zielorientierungen, die Selbstwirksamkeitserwartung, die Ungewissheitstoleranz sowie den Gerechte-Welt-Glauben (GWG). Da wir hier die Schulleistung gerechtigkeitspsychologisch untersuchen wollen, folgt zunächst eine Betrachtung des GWG sowie des schulischen Gerechtigkeitserlebens von SchülerInnen im Zusammenhang mit der Leistungserbringung. Dem schließt sich eine Untersuchung zum Schulerfolg an, die unter diesem Oberbegriff neben der Schulleistung selbst weitere leistungsrelevante Merkmale der SchülerInnenpersönlichkeit wie Zielorientierungen und das schulische Selbstkonzept gerechtigkeitspsychologisch untersucht.

2. Gerechtigkeitspsychologische Erklärung von Schulleistungen

Wenn vom Erleben schulischer Umwelt die Rede ist, wird häufig der Begriff LehrerInnengerechtigkeit herangezogen. Viele SchülerInnen beschreiben, dass sie ungerecht von ihren LehrerInnen behandelt werden oder dass ihre Leistungen besser oder schlechter bewertet wurden als sie erwartet hatten (Eder, Felhofer & Muhr-Arnold, 1994; Fan & Chan, 1999; Israelashvili, 1997). Daher scheint Gerechtigkeit in der Schule von großer Bedeutung zu sein. Um zu erklären, wie Gerechtigkeitskognitionen zustande kommen, kann die Gerechte-Welt-Hypothese (z. B. Lerner, 1980) heran gezogen werden.

2.1 Der Gerechte-Welt-Glaube

Die Gerechte-Welt-Hypothese besagt, dass Menschen ein tief verwurzeltes Bedürfnis haben, an eine gerechte Welt zu glauben, in der jede/r bekommt, was ihm/ihr gerechterweise zusteht, und in der jeder/m gerechterweise zusteht, was sie/er bekommt (z. B. Lerner & Miller, 1978). Diese grundlegende intuitive Überzeugung erlaubt es den Menschen, die Welt als geordnet und gerecht zu erleben. Damit erfüllt der Glaube an eine gerechte Welt (GWG) lebenswichtige Funktionen (Dalbert, 2001), weil nur eine gerechte Welt es Menschen ermöglicht, sich in längerfristigen, zielgerichteten Aktivitäten zu engagieren, beispielsweise in ihre Zukunft zu investieren (Hafer, 2000), Vertrauen in andere Menschen aufzubauen und Ereignisse des täglichen Lebens mit Sinn und Bedeutung zu versehen (Lerner, 1977, 1980). Aufgrund dieser wichtigen adaptiven Funktionen sind Menschen bestrebt, ihren GWG zu verteidigen, wenn sie im Alltag durch beobachtete oder erfahrene Ungerechtigkeit bedroht werden. In Anlehnung an diese Gerechte-Welt-Hypothese entwickelte Dalbert (2001) die Gerechtigkeitsmotivtheorie, die den GWG als Indikator eines interindividuell variierenden impliziten Gerechtigkeitsmotivs versteht, d. h. das Streben nach Gerechtigkeit als Ziel an sich. Der GWG operiert auf einer intuitiven automatischen Ebene und unterscheidet sich von einem selbstattribuierten oder expliziten Gerechtigkeitsmotiv, welches aus bewussten Selbstbeschreibungen besteht und als Teil des motivationalen Selbstkonzepts bewusste kontrollierte gerechtigkeitsthematische Reaktionen vorhersagt (z. B. Aufteilungsentscheidungen; Dalbert, 2001; Dalbert & Umlauft, 2009).

Bis zum Alter von etwa sieben Jahren glauben Kinder typischerweise an immanente Gerechtigkeit und demnach daran, dass Verfehlungen automatisch bestraft werden (Piaget, 1932/1990). Mit zunehmender kognitiver Entwicklung lernen Kinder, zufällige Ereignisse zu erkennen, und verwerfen in der Folge ihren Glauben an immanente Gerechtigkeit. Sie bemerken jedoch, dass ein zufälliges Schicksal ungerecht ist und rechtfertigen deshalb dieses Schicksal, wenn sie die Möglichkeit dazu haben (z. B. Jose, 1990), anstatt den Zufall zu akzeptieren. So verteidigen sie ihren Glauben daran, dass die Welt im Großen und Ganzen in gerechten Bahnen verläuft. Dieser Gerechte-Welt-Glaube kann als reifere Variante ihres Glaubens an immanente Gerechtigkeit interpretiert werden, da er von der kognitiven Fähigkeit begleitet ist, Kausalität und Zufall zu identifizieren bzw. voneinander zu unterscheiden.

Spätestens im frühen Jugendalter erfolgt in der Regel eine Differenzierung in den Glauben an eine für einen persönlich gerechte Welt, in der einem selbst im Allgemeinen Gerechtigkeit widerfährt, und in den Glauben an eine im Allgemeinen gerechte Welt, in der den Menschen insgesamt im Großen und Ganzen Gerechtigkeit widerfährt (Dalbert, 1999; Lipkus, Dalbert & Siegler, 1996). Die Stärke beider Überzeugungen nimmt während der Jugendzeit und dem jungen Erwachsenenalter ab und zur Erklärung schulischer Prozesse erwies sich der persönliche GWG als bedeutsamer (Dalbert, 2004). Beide Entwicklungsprozesse – Abnahme und Differenzierung – können als Folge der kognitiven Entwicklung und Erfahrungen im persönlichen Umfeld interpretiert werden. So wird der persönliche GWG durch den familialen sowie schulischen Sozialisationskontext modifiziert. Zum Beispiel scheint ein harmonisches emotionales Familienklima mit wenig Konflikten und elterlicher Manipulation in der

Familie die Entwicklung des persönlichen GWG zu fördern (Dalbert & Radant, 2004). Regelorientierung in der Familie scheint hierfür weniger bedeutsam zu sein. Diese Befundlage spricht dafür, dass der persönliche GWG eher durch das erlebte familiale Vertrauen und weniger durch das Lernen sozialer Regeln begünstigt wird. Weiterhin konnten Dalbert und Stoeber (2006) im Längsschnitt zeigen, dass Gerechtigkeitserfahrungen im Jugendalter, sowohl in der Schule als auch in der Familie, zu einer Bekräftigung des persönlichen GWG beitragen.

2.2 Gerechte-Welt-Glaube und Schulleistungen

In der Gerechte-Welt-Forschung konnte, unter anderem auch im schulischen Kontext, gezeigt werden, dass der GWG drei zentrale Funktionen erfüllt. Je stärker der GWG von Personen ausgeprägt ist, desto eher vertrauen sie darauf, durch andere gerecht behandelt zu werden (Vertrauensfunktion). Dieses Vertrauen in eine gerechte Welt ist eine bedeutende Ressource im täglichen Leben und hilft Individuen bei der Bewältigung alltäglicher Aufgaben und Schwierigkeiten (Dalbert, 2001). Die ersten Studien, die die Bedeutung des GWG für das Gerechtigkeitsvertrauen untersuchten, konnten die folgenden Zusammenhänge belegen: Je stärker die ProbandInnen an eine gerechte Welt glaubten, desto weniger misstrauten sie anderen Menschen (Zuckerman & Gerbasi, 1977). Weiterhin zeigte sich, dass Menschen mit einem stärkeren GWG eher in ihre Zukunft investieren (Zuckerman, 1975), insbesondere in Langzeitziele (Dette, Stoeber & Dalbert, 2004), weil sie davon überzeugt sind, dass diesbezügliches Engagement gerecht belohnt wird. Dalbert (2001) nimmt an, dass das Vertrauen in gerechte Belohnung eine zentrale Basis für Investitionen in die eigene Zukunft darstellt. Demgegenüber betrachten Menschen mit einem schwachen GWG derartige Investitionen als fragwürdig, da es ihnen als eher unsicher erscheint, dass sich ihre Investitionen tatsächlich auszahlen.

Den Zusammenhang zwischen GWG und Leistung stellten erstmals Tomaka und Blascovich (1994) in einer Laborstudie her. Sie gingen davon aus, dass ein stärkerer GWG Individuen in Leistungssituationen dazu befähigt darauf zu vertrauen, dass sie mit gerechten Anforderungen konfrontiert werden, die sie auch erfolgreich lösen können. In Folge dessen sollten sie sich von der Leistungssituation weniger bedroht und belastet fühlen und deshalb auch tatsächlich bessere Leistungen erzielen. Die Autoren konfrontierten ihre ProbandInnen mit belastenden arithmetischen Aufgaben und zeichneten dabei deren kognitive Bewertung der Situation sowie die erbrachte Leistung auf. Erwartungskonform zeigte sich, dass je stärker die ProbandInnen an eine gerechte Welt glaubten, desto weniger fühlten sie sich vor der Durchführung der Aufgaben bedroht und nach der Durchführung belastet und desto bessere Leistungen zeigten sie. Aus diesen Ergebnissen lässt sich schlussfolgern, dass Menschen mit einem stärkeren GWG auch im schulischen Kontext bessere Leistungen erzielen sollten als Menschen mit einem schwächeren GWG. Einen ersten Beleg dafür lieferte eine Schulstudie mit SchülerInnen der Klassenstufen 7 bis 9 aus verschiedenen Schulformen: Je stärker der GWG der SchülerInnen ausgeprägt war, desto bessere Leistungen erzielten sie in ihren Kernfächern (Dalbert, 2000). Es handelte sich hierbei zwar um eine Korrelationsstudie, trotzdem stimmten die Ergebnisse mit den Erkenntnissen von Tomaka und Blascovich (1994) überein. Auch Dalbert und Stoeber (2005) konnten den Zusammenhang zwischen dem GWG und Schulnoten nachweisen: Je stärker der GWG der SchülerInnen ausgeprägt war, desto besser waren ihre Noten. Dieser Zusammenhang erwies sich als stabil für alle SchülerInnen, unabhängig von ihrem Schultyp, der Klassenstufe oder dem Geschlecht.

Eine weitere zentrale Funktion des GWG ist die Assimilationsfunktion. Nach dieser stellt der GWG einen konzeptuellen Rahmen bereit, der Individuen dabei hilft Ereignisse in ihrem Leben so zu interpretieren, dass sie für sie auch nachvollziehbare Bedeutung erhalten. Wenn Menschen mit Ungerechtigkeit konfrontiert werden, die den GWG bedrohen, stellen sie Gerechtigkeit entweder aktiv oder kognitiv wieder her. Wenn sie beispielsweise Zeugen von ungerechten Ereignissen werden, die sie nicht real lösen können, indem zum Beispiel das Opfer angemessen entschädigt wird, versuchen sie intuitiv diese Erlebnisse an ihren GWG anzupassen. Dies kann über die Rechtfertigung von Ungerechtigkeit als mindestens teilweise selbst verschuldet geschehen (z. B. Bulman & Wortman, 1977), durch die Herunterspielung der Absicht des Verursachers der Ungerechtigkeit oder durch die Vermeidung von selbstbezogenem Grübeln (für einen Überblick siehe Dalbert, 2001). In Folge dessen wird angenommen, dass sich Menschen umso gerechter von anderen behandelt fühlen, je stärker sie an die gerechte Welt glauben (z. B. Dalbert & Filke, 2007; Hafer & Correy, 1999).

Verschiedene Studien konnten diese Assimilationsfunktion des GWG belegen: Je stärker der GWG von SchülerInnen ausgeprägt war, desto gerechter fühlten sie sich von ihren LehrerInnen persönlich behandelt (z. B. Dalbert, 2000; Dalbert & Maes, 2002; Dalbert & Stoeber, 2005). Dalbert und Stoeber (2006) führten eine Längsschnittstudie mit SchülerInnen im Alter von 14 bis 19 Jahren über einen Zeitraum von ca. sechs Monaten durch. Die Ergebnisse zeigten, dass der persönliche GWG die Veränderung der Bewertung des LehrerInnenverhaltens als gerecht erklären konnte. Je stärker der GWG der SchülerInnen ausgeprägt war, desto gerechter fühlten sie sich sechs Monate später persönlich von ihren LehrerInnen behandelt.

Neuere Studien weisen darauf hin, dass Vertrauens- und Assimilationsfunktion im schulischen Kontext zusammenspielen können. Fühlen sich SchülerInnen durch ihre LehrerInnen gerecht behandelt, dann kann dies ihr Vertrauen in gerechte Leistungsanforderungen verstärken und so den Effekt des GWG auf die Leistungserbringung vermitteln. In Übereinstimmung mit diesen Überlegungen konnten Dalbert und Stoeber (2006) zeigen, dass die erlebte Gerechtigkeit der LehrerInnen die Noten auf dem nächsten Zeugnis verbesserte. Unterstützt werden diese Befunde durch eine querschnittliche Mehrebenenanalyse von Peter, Kloeckner, Dalbert und Radant (2012) mit SchülerInnen der Klassenstufen 9 bis 11 an Gymnasien und Realschulen. In dieser konnte gezeigt werden, dass unabhängig vom jeweiligen Klassenkontext SchülerInnen umso bessere Noten bekamen, je gerechter sie sich persönlich von ihren LehrerInnen behandelt fühlten und je stärker ihr persönlicher GWG war. Der Zusammenhang zwischen GWG und Schulleistung wurde dabei vollständig durch die LehrerInnengerechtigkeit vermittelt. Die Ergebnisse erwiesen sich als stabil über Schulformen, Schulen und Klassenstufen hinweg.

Zusammenfassend kann festgehalten werden, dass die Befundlage die Annahme bestätigt, dass der GWG im schulischen Kontext eine bedeutsame Assimilations- und Vertrauensfunktion erfüllt. Eine wichtige Bedeutung des GWG und der erlebten Gerechtigkeit des LehrerInnenverhaltens besteht dabei insbesondere darin, dass sie gemeinsam die Schulleistung erklären können. Je stärker die SchülerInnen an eine für sie persönlich gerechte Welt glauben und je gerechter sie sich persönlich von ihren LehrerInnen behandelt fühlen, desto bessere Schulleistungen zeigen sie. Die erlebte Gerechtigkeit des LehrerInnenverhaltens stellt selbst wiederum in Teilen ein Ergebnis des persönlichen GWG dar. Diese Zusammenhänge wurden auch in der folgenden Schulstudie überprüft.

GWG führt zu erlebter Gerechtigkeit des LehrerInnenverhaltens

3. GWG und Schulerfolg – eine Studie

Als Indikatoren des Schulerfolgs wurden in der folgenden Studie neben den Schulnoten die schulische Lern- und Leistungszielorientierung und das schulische Selbstkonzept aus gerechtigkeitspsychologischer Perspektive untersucht.

Indikatoren des Schulerfolgs: Schulnoten, Lern/Leistungszielorientierung, schul. Selbstkonzept Untersuchung nach Gerechtigkeitspsychologie

3.1 Selbstkonzept

Unter Selbstkonzept sind die affektiven und bewertenden Kognitionen einer Person über sich selbst zu verstehen. Das Selbstkonzept ist hierarchisch in verschiedene Ebenen (Cantor, 1990) und differenziell in verschiedene Domänen (Helmke, 1998) gegliedert. Für den hier interessierenden schulischen Bereich können drei spezifische Ebenen unterschieden werden: Selbstwert, schulisches Fähigkeitsselbstkonzept, schulfachspezifisches Fähigkeitsselbstkonzept. Der Selbstwert beschreibt auf der globalen Ebene die Gesamtheit der auf das Individuum bezogenen Gedanken und Gefühle und wird mit globalen Selbstwertskalen gemessen (z. B. „Ich bin zufrieden mit mir"; Rosenberg, 1965; Deusinger, 1986). Für den schulischen Bereich ist auf mittlerer Spezifitätsebene das schulische Fähigkeitsselbstkonzept angesiedelt (z. B. „Ich bin ein guter Schüler"; Pekrun, 1983). Auf der dritten Ebene befinden sich die schulfachspezifischen Fähigkeitsselbstkonzepte. Hierbei werden vor allem die beiden Domänen Mathematik- und Deutsch-Selbstkonzept (z. B. „Ich bin gut in Mathematik") sowie deren Wechselbeziehung zur schulischen Leistung untersucht (z. B. Helmke, 1998; Marsh, 1990).

Neben dieser hierarchischen Organisation vom globalen Selbstwert zu fachspezifischen Selbstkonzepten umfasst das Selbstkonzept auf der schul(fach)spezifischen Ebene sowohl eine affektive als auch eine evaluative Dimension. Häufig vergleichen sich Personen mit anderen (Festinger, 1954), um zu prüfen, ob sie auf einer bestimmten Dimension besser oder schlechter sind als andere (z. B. „Verglichen mit anderen meines Alters bin ich gut in [Schulfach]"; Marsh & Yeung, 1997); dies ist die evaluative Komponente. Der affektive Anteil des schulfachspezifischen Selbstkonzeptes kann auch als Interesse bezeichnet werden („Ich mag Mathematik"). Nur die evaluative Dimension charakterisiert allerdings das Fähigkeitsselbstkonzept im engeren Sinne. Das kausale Verhältnis zwischen Fähigkeitsselbstkonzept und Leistung wird durchaus kontrovers diskutiert. Marsh (1990) konnte zeigen, dass das Fähigkeitsselbstkonzept im Jugendalter einen positiven Effekt auf die Schulleistung hat. Außerdem unterstützen neuere Untersuchungen die Annahme, dass bereits im Grundschulalter ein positiver Effekt des Selbstkonzeptes auf die Schulleistung zu beobachten ist (Guay, Marsh, & Boivin,

2003). Da der GWG internale Attributionen von Handlungsergebnissen begünstigt (Dalbert, 2009) sollte der GWG auch in positiver Beziehung zum schulischen Selbstkonzept stehen.

3.2 Zielorientierungen

Als ein weiterer Indikator für den Schulerfolg wurden die Zielorientierungen betrachtet. SchülerInnen unterscheiden sich bezüglich der Ziele, die sie in leistungsrelevanten Situationen verfolgen. Hierbei kann man in Bezug auf leistungsthematische Ziele (z. B. gute Leistungen in der Schule erzielen wollen) zwei Orientierungen einander gegenüber stellen: Stärker lernzielorientierte SchülerInnen streben danach, neue Fähigkeiten zu erlernen, ihre Kompetenzen zu erweitern und die eigenen Leistungen zu verbessern. Sie beurteilen die eigenen Fähigkeiten auf der Grundlage objektiver Kriterien oder anhand des individuellen Lernfortschritts. Dementsprechend werden Leistungsrückmeldungen als nützliche Informationen über den eigenen Lernfortschritt interpretiert. Misserfolge werden als Teil des Lernprozesses angesehen und weisen darauf hin, dass eine andere Strategie oder zusätzliche Anstrengung zur Bewältigung einer Aufgabe notwendig ist. Dagegen streben stärker leistungszielorientierte SchülerInnen eine positive Einschätzung ihrer eigenen Fähigkeiten durch den sozialen Vergleich mit anderen SchülerInnen an. So möchten sie beispielsweise bestimmte Aufgaben und Probleme besser als andere bewältigen können. Ihr Ziel ist es also bessere oder zumindest keine schlechteren Leistungen zu erbringen als die anderen SchülerInnen. Dementsprechend werden Leistungsrückmeldungen nur als Bestandsaufnahme der eigenen Fähigkeiten und Misserfolge als Hinweise auf Fähigkeitsdefizite interpretiert. Häufig wird bei der Definition von Leistungszielorientierung auch darauf verwiesen, dass entsprechende SchülerInnen bemüht sind, ihre Fähigkeiten den anderen SchülerInnen gegenüber zu demonstrieren.

Zahlreiche empirische Studien unterschieden zwischen Lern- und Leistungszieleorientierung. Stärker lernzielorientierte Personen zeigten unter anderem eine erhöhte Ausdauer, erhöhte intrinsische Motivation, ein günstigeres Fähigkeitsselbstkonzept, günstigere Attributionen bei Erfolg und Misserfolg, positivere Einstellungen zur Schule, zum Lernen und zum Bearbeiten schwieriger Aufgaben sowie ein besseres subjektives Wohlbefinden (Maehr & Meyer, 1997; Cury et al., 2006). Dagegen zeigten stärker leistungszielorientierte Personen eine geringe Ausdauer, geringere intrinsische Motivation und geringere Leistung.

Elliot und Harackiewicz (1996) beschrieben zwei motivational gegensätzlich gerichtete Komponenten der Leistungszielorientierung: In der Annäherungs-Leistungszielorientierung manifestiert sich das Streben nach Erfolg und damit nach im Vergleich mit den eigenen MitschülerInnen besseren Leistungen. Die Vermeidungs-Leistungszielorientierung entspricht hingegen dem Streben nach Vermeidung von Misserfolg und damit dem Ziel, keine schlechteren Leistungen als die eigenen MitschülerInnen zu erbringen (Dalbert & Radant, 2008). In einer experimentellen Studie mit Puzzle-Aufgaben zeigten Elliot und Harackiewicz (1996), dass nicht nur ProbandInnen mit Lernzielorientierung, sondern auch ProbandInnen mit Annäherungs-Leistungszielorientierung die Aufgaben länger bearbeiteten und mehr Freude und Involviertheit zeigten als ProbandInnen mit Vermeidungs-Leistungszielorientierung. Skaalvik (1997) wies einen Zusammenhang zwischen Vermeidungs-Leistungszielorientierung und

[handwritten annotation: 2sh. Vermeidungs-Leistungszielorientierung & erhöhte Prüfungsangst]

erhöhter Prüfungsangst, geringerem mathematischen Fähigkeitsselbstkonzept und schlechteren Mathematikleistungen nach; eine ausgeprägte Annäherungs-Leistungszielorientierung hingegen war mit höherer intrinsischer Motivation, höherem mathematischen Fähigkeitsselbstkonzept und besseren Mathematikleistungen verknüpft. Vor allem mit objektiven Leistungsmaßen scheint eine Annäherungs-Leistungszielorientierung die engsten Zusammenhänge aufzuweisen. So sind zum Beispiel verbesserte Examensleistungen von SchülerInnen mit einer Annäherungs-Leistungszielorientierung in Zusammenhang gebracht worden (Elliot & McGregor, 2001). Im Gegensatz dazu zeigte sich für eine Vermeidungs-Leistungszielorientierung ein Zusammenhang mit schlechteren Leistungen bei Mathematikaufgaben (Cury et al., 2006) und schlechten Semesterabschlussnoten (Finney et al., 2004).

Zusammenfassend lässt sich festhalten, dass eine Lernzielorientierung intrinsische Motivation, Persistenz in der Aufgabenbearbeitung und Involviertheit begünstigt, was sich wiederum positiv auf die Leistung auswirkt. Umgekehrt steht insbesondere eine Vermeidungs-Leistungszielorientierung in negativer Beziehung zu Leistungen und ihren Vermittlungsbedingungen und begünstigt Prüfungsängstlichkeit. Im Zusammenhang mit der Lern- und Leistungszielorientierung wird häufig auch die Neigung zur Arbeitsvermeidung, also das Bestreben möglichst wenig Arbeit zu investieren, betrachtet. Sie trägt unter anderem zu geringem Schulerfolg, insbesondere geringem Interesse, geringer intrinsischer Motivation und schlechteren Noten bei (Spinath et al., 2002).

3.3   Untersuchungsziel

Wie oben dargelegt, scheint der Glaube an eine für einen persönlich gerechte Welt die Schulleistung zu begünstigen und dieser Effekt wurde teilweise durch die individuell erlebte Gerechtigkeit des LehrerInnenverhaltens vermittelt. Je stärker der GWG von SchülerInnen ausgeprägt ist, desto stärker scheinen sie demnach darauf zu vertrauen, mit gerechten Aufgaben konfrontiert zu werden und mit ihren Bemühungen gerechtfertigte Erfolge erzielen zu können. Je stärker dieses Vertrauen wiederum ausgeprägt ist, desto besser scheinen sie mit Leistungssituationen umzugehen, d. h. sie suchen Leistungssituationen eher auf und vermeiden sie weniger und fühlen sich auch eher dazu in der Lage, Leistungsanforderungen meistern zu können. Die erlebte Gerechtigkeit des LehrerInnenverhaltens kann dabei die Effekte des GWG auf die Schulleistung vermitteln.

In der vorliegenden Studie erweiterten wir die Prüfung des Zusammenhangs von GWG und LehrerInnengerechtigkeit mit dem Schulerfolg um die Facetten Lern- und Leistungszielorientierung sowie schulisches Selbstkonzept. Folgendes nahmen wir an: (a) Je stärker die SchülerInnen an eine für sie persönlich gerechte Welt glauben und als je gerechter sie das Verhalten ihrer LehrerInnen ihnen persönlich gegenüber erleben, desto besser sollte ihr Schulerfolg (hier: Noten, Lernzielorientierung, Annäherungs-Leistungszielorientierung und schulisches Selbstkonzept) ausfallen. (b) Je stärker die SchülerInnen an eine für sie persönlich gerechte Welt glauben und je gerechter sie ihre LehrerInnen ihnen persönlich gegenüber erleben, desto weniger sollten die SchülerInnen schulische Arbeit vermeiden (hier: Vermeidungs-Leistungszielorientierung und Arbeitsvermeidung).

3.4 Stichprobe und Instrumente

An der Fragebogenstudie nahmen insgesamt 478 SchülerInnen der fünften Klassestufe (n = 234; Alter: 9 bis 14, M = 10.47, SD = 0.65) und der siebten Klassenstufe (n = 244; Alter: 11 bis 17, M = 12.85, SD = 0.93) teil. Davon waren 250 Jungen und 228 Mädchen.

Mit Ausnahme der Schulnoten wurden alle Items auf sechsstufigen Antwortskalen mit den Polen 1 (= stimmt überhaupt nicht) und 6 (= stimmt genau) eingeschätzt und als Skalenwert wurde der durch Mittelung über die Itemwerte gebildete Wert verwendet, so dass jeweils ein hoher Wert für eine starke Konstruktausprägung steht. Der persönliche GWG der SchülerInnen wurde mit der *persönlichen Gerecht-Welt-Skala* erhoben, die den Glauben daran erfasst, dass die Welt im Großen und Ganzen für einen selbst gerecht ist (Dalbert, 1999; 7 Items, z. B.: „Ich finde, dass mir bei wichtigen Entscheidungen im Großen und Ganzen Gerechtigkeit widerfährt"; α = .77). Als wie gerecht die SchülerInnen das Verhalten ihrer LehrerInnen ihnen persönlich gegenüber einschätzen, wurde mit der *Skala LehrerInnengerechtigkeit* erfasst (Dalbert & Stoeber, 2002; 10 Items, z. B.: „Meine LehrerInnen behandeln mich im Großen und Ganzen gerecht"; α = .81).

Zur Erfassung der schulischen Motivation wurden die Skalen zur Erfassung von Lern- und Leistungsmotivation von Spinath, Stiensmeier-Pelster, Schöne und Dickhäuser (2002) mit den vier Skalen Lernzielorientierung, Annäherungs-Leistungszielorientierung, Vermeidungs-Leistungszielorientierung und Arbeitsvermeidung verwendet. SchülerInnen mit einer ausgeprägten *Lernzielorientierung* sehen Lern- und Leistungssituationen als Möglichkeiten an, neue Fertigkeiten zu erwerben (Stiensmeier-Pelster & Schlangen, 1996) oder vorhandene Kompetenzen zu erweitern (5 Items, z. B.: „In der Schule geht es mir darum, etwas Interessantes zu lernen"; α = .86). SchülerInnen mit einer ausgeprägten *Annäherungs-Leistungszielorientierung* streben eine positive Bewertung durch den sozialen Vergleich an (5 Items, z. B.: „In der Schule geht es mir darum, Arbeiten besser zu schaffen als andere" α = .84). SchülerInnen mit einer ausgeprägten *Vermeidungs-Leistungszielorientierung* haben Furcht vor Misserfolg (Elliot & Harakiewicz ,1996; 5 Items, z. B.: „In der Schule geht es mir darum, dass niemand merkt, wenn ich etwas nicht verstehe"; α = .86). Die Tendenz zur Vermeidung von Arbeit wurde mit der Skala *Arbeitsvermeidung* erhoben. Arbeitsvermeidung wirkt sich vor allem negativ auf das Interesse und die intrinsische Motivation, aber auch auf die Leistung aus und deutet daher langfristig auf die Vermeidung des jeweils behandelten Gegenstandsbereichs hin (Spinath, Stiensmeier-Pelster, Schöne, Dickhäuser, 2002; 5 Items, z. B.: „In der Schule geht es mir darum, zu Hause keine Arbeiten erledigen zu müssen" α = .78).

Das *Selbstkonzept* wurde mit den Skalen von Schöne, Dickhäuser, Spinath und Stiensmeier-Pelster (2002) gemessen. Die Skala *individuelles* schulisches Selbstkonzept erfragt die Einschätzung der eigenen Fähigkeiten. Die Beurteilung erfolgt über temporäre Vergleichsprozesse (5 Items, z. B.: „Ich bin weniger intelligent als früher"; α = .88). Die Skala *soziales* schulisches Selbstkonzept erfragt die Einschätzung der eigenen Fähigkeiten gemessen an den Fähigkeiten anderer. Diese Beurteilung erfolgt über einen sozialen Vergleichsprozess (6 Items, z. B.: „Ich denke, ich bin für die Schule weniger begabt als meine MitschülerInnen"; α = .94). Da beide Skalen in dieser Untersuchung stark miteinander korrelierten (r = .71) und keine differenziellen Hypothesen für die beiden Dimensionen vorlagen, wurden sie durch Bildung des Mittelwertes zu einer Skala *schulisches Selbstkonzept* zusammengefasst. Zur Erhebung der *Schulnote* wurden jeweils die Noten des letzten Zeugnisses in den Kernfächern Mathematik, Deutsch und Englisch erfragt; diese reichen von 1 (= sehr gut) bis 5 (= mangelhaft) und wurden vor der Skalenbildung umkodiert, so dass nun ein hoher Wert für eine gute Leistung steht (α = .84).

3.5 Ergebnisse und Diskussion

Da die Korrelationsmuster in den beiden Klassenstufen ähnlich waren und sich nicht signifikant voneinander unterschieden (Box's M-Test, p = .14; siehe Tabachnick & Fidell, 2007), wurde auf eine nach Klassenstufen getrennte Analyse der Daten verzichtet. Die Korrelationen der Untersuchungsvariablen sind in Tabelle 1 aufgeführt. Es zeigte sich, dass der persönliche GWG und die LehrerInnengerechtigkeit in erwarteter Weise mit den Indikatoren des Schulerfolgs zusammenhingen, wobei der GWG nicht mit der Vermeidungs-Leistungszielorientierung und die LehrerInnengerechtigkeit nicht mit der Annäherungs-Leistungszielorientierung zusammenhingen. Jedoch korrelierte der persönliche GWG positiv mit der Annährungs-Leistungszielorientierung und die LehrerInnengerechtigkeit wies eine negati-

Tabelle 1: *Mittelwerte, Standardabweichungen und Interkorrelationen der Untersuchungsvariablen (N = 478)*

	Klassenstufe	Persönlicher GWG	LehrerInnengerechtigkeit	Lernzielorientierung	Annährungs-leistungsziel-orientierung	Vermeidungs-leistungszielo-rientierung	Arbeitsver-meidung	schulisches Selbstkonzept	Schulnoten
schulisches Selbstkonzept									.23**
Arbeitsvermeidung								-.37**	-.16**
Vermeidungsleistungs-zielorientierung							.50**	-.37**	-.23**
Annährungsleistungs-zielorientierung						.48**	.26**	-.14**	-.01
Lernzielorientierung					.47**	.11*	-.02	.03	.22**
LehrerInnen-gerechtigkeit				.18**	-.01	-.18**	-.30**	.33**	.33**
Persönlicher GWG			.28**	.27**	.13**	-.06	-.10*	.20**	.24**
Klassenstufe		-.20**	-.23**	-.22**	-.12**	-.05	-.01	-.00	-.42**
Geschlecht	.01	-.02	.07	.02	.01	.02	-.08	-.07	-.01
SD		0.74	0.88	1.03	1.16	1.37	1.28	1.29	0.85
M	.51	4.81	4.61	4.84	4.43	4.40	3.41	4.06	3.68

Anmerkung. GWG = Gerechte-Welt-Glaube; Geschlecht: Jungen = 0, Mädchen = 1; Klassenstufe: 5. Klasse = 0, 7. Klasse = 1. Schulnoten reichen von 1 bis 5, alle anderen Variablen spannen von 1 bis 6, wobei jeweils ein hoher Wert für eine starke Konstruktausprägung steht.

* $p < .05$; ** $p < .01$.

ve Korrelation mit der Vermeidungs-Leistungszielorientierung auf. Des Weiteren korrelierten der persönliche GWG und die LehrerInnengerechtigkeit positiv mit der Lernzielorientierung, dem schulischen Selbstkonzept, den Schulnoten und negativ mit der Arbeitsvermeidung. Keine der Variablen korrelierte mit dem Geschlecht, so dass das Geschlecht in den weiteren Analysen nicht mehr betrachtet wurde.

Um diese Zusammenhänge näher aufzuklären, wurden Regressionsanalysen über die Indikatoren des Schulerfolgs gerechnet. In den multiplen Regressionsanalysen wurden jeweils die Klassenstufe sowie der persönliche GWG im ersten Block und die LehrerInnengerechtigkeit im zweiten Block aufgenommen. Die Ergebnisse sind in Tabelle 2 aufgeführt.

Tabelle 2: Erklärung des Schulerfolgs durch Klassenstufe, persönlichen Gerechte-Welt-Glaube und LehrerInnengerechtigkeit (in Blöcken, multiple Regression)

	Lernzielorientierung	
	β	β
Klassenstufe	-.18**	-.16**
Persönlicher GWG	.24**	.22**
LehrerInnengerechtigkeit	-	.08
ΔR^2	.10**	.01
	Annäherungs-Leistungszielorientierung	
Klassenstufe	-.10*	-.11*
Persönlicher GWG	.11*	.13*
LehrerInnengerechtigkeit	-	-.07
ΔR^2	.03**	.01
	Vermeidungs-Leistungszielorientierung	
Klassenstufe	-.07	-.10*
Persönlicher GWG	-.07	-.02
LehrerInnengerechtigkeit	-	-.20**
ΔR^2	.01	.04**
	Arbeitsvermeidung	
Klassenstufe	-.03	-.08
Persönlicher GWG	-.11*	-.03
LehrerInnengerechtigkeit	-	-.31**
ΔR^2	.01	.08**
	Schulisches Selbstkonzept	
Klassenstufe	.04	.10*
Persönlicher GWG	.21**	.13**
LehrerInnengerechtigkeit	-	.31**
ΔR^2	.04**	.09**
	Schulnoten	
Klassenstufe	-.39**	-.35**
Persönlicher GWG	.16**	.11*
LehrerInnengerechtigkeit	-	.22**
ΔR^2	.20**	.04**

Anmerkung. GWG = Gerechte-Welt-Glaube. Geschlecht: Jungen = 0, Mädchen = 1; Klassenstufe: 5. Klasse = 0, 7. Klasse = 1. Schulnoten reichen von 1 bis 5, alle anderen Variablen spannen von 1 bis 6, wobei jeweils ein hoher Wert für eine starke Konstruktausprägung steht.

$* p < .05; ** p < .01.$

Durch die Regressionsmodelle konnten zwischen 4% der Varianz der Annäherungs-Leistungszielorientierung und 24% der Varianz der Schulnoten aufgeklärt werden.

Erwartungskonform konnte der GWG den positiven Schulerfolg, gemessen durch Schulnoten, Lernzielorientierung, Annäherungs-Leistungszielorientierung sowie schulisches Selbstkonzept, erklären. Diese Effekte blieben auch bei Kontrolle der LehrerInnengerechtigkeit erhalten, die zusätzlich das schulische Selbstkonzept und die Schulnoten erklären konnte. Die schulische Arbeitsvermeidung, indiziert durch Vermeidungs-Leistungszielorientierung und Arbeitsvermeidung, wurde konsistent durch die LehrerInnengerechtigkeit erklärt. Der GWG konnte allerdings nur die Arbeitsvermeidung im engeren Sinne erklären und dieser Effekt wurde vollständig durch die Lehrerinnengerechtigkeit vermittelt.

Diese Befunde stehen im Einklang mit den Annahmen, dass der persönliche GWG gerechtigkeitsspezifische Erfahrungen mit den LehrerInnen fördert, und dass sowohl der GWG als auch die LehrerInnengerechtigkeit den Schulerfolg begünstigen. Bemerkenswert ist hierbei, dass für den positiven Schulerfolg der persönliche GWG und für die Arbeitsvermeidung als Indikator eines Schulversagens die LehrerInnengerechtigkeit wichtiger zu sein

scheint. SchülerInnen mit einem ausgeprägten Glauben an eine für sie persönlich gerechte Welt schätzten sich selbst als bessere SchülerInnen ein, wollten neues Wissen und neue Fertigkeiten erwerben und diese unter Beweis stellen und erbrachten dann letztlich auch bessere Leistungen. Nur beim Selbstkonzept und der Schulleistung, nicht aber bei der positiven motivationalen Orientierung war die LehrerInnengerechtigkeit bedeutsam und vermittelte partiell den Effekt des GWG. Ganz anders sieht dies bei der schulischen Arbeitsvermeidung aus. Hier kommt es in erster Linie auf die erlebte Gerechtigkeit des LehrerInnenverhaltens an. Fühlen sich die SchülerInnen durch ihre LehrerInnen persönlich ungerecht behandelt, scheint dies eine Tendenz zu schulischer Arbeitsvermeidung zu verstärken.

4. Schlussfolgerungen

In diesem Kapitel wurde die Bedeutung von Gerechtigkeit in der Schule für verschiedene Indikatoren des Schulerfolgs – Schulnoten, Lern- und Leistungszielorientierung sowie schulisches Selbstkonzept – untersucht. Hierbei gingen wir der Frage nach, welche gerechtigkeitsbezogenen Prädiktoren eine Rolle bei der Erklärung des Schulerfolgs spielen. Auf Basis der bisherigen Forschung und der vorgestellten Ergebnisse kann festgehalten werden, dass sowohl der Glaube daran, dass die Welt für einen persönlich gerecht ist, als auch das als gerecht erlebte Verhalten von LehrerInnen den Erfolg von SchülerInnen in der Schule begünstigen. Der GWG und das als gerecht erlebte LehrerInnenverhalten gehen mit einem positiven schulischen Selbstkonzept und besseren Schulnoten einher. Darüber hinaus scheint der GWG eher mit leistungsförderlichen Persönlichkeitsdispositionen wie Lernzielorientierung und Annäherungs-Leistungszielorientierung zusammenzuhängen, während die LehrerInnengerechtigkeit eher mit leistungshemmenden Persönlichkeitsdispositionen der SchülerInnen wie

Vermeidungs-Leistungszielorientierung und Arbeitsvermeidung einherzugehen scheint. Der GWG zeigt sich damit über seine Vertrauens- und Assimilationsfunktion als adaptiv für den Umgang mit Leistungssituationen und Leistungsanforderungen.

Der GWG trägt mittels Assimilationsfunktion dazu bei, dass die schulische Umwelt und hier insbesondere das Verhalten der Lehrkräfte der eigenen Person gegenüber als gerechter erlebt wird. Ein als gerecht erlebtes LehrerInnenverhalten scheint wiederum zu verhindern, dass SchülerInnen Lern- und Leistungssituationen vermeiden. Darüber hinaus begünstigt der GWG mittels seiner Vertrauensfunktion die Entwicklung einer günstigen schulischen Motivation und Lernbereitschaft. Im Ergebnis werden dann umso bessere Leistungen erzielt, je ausgeprägter der GWG und die erlebte LehrerInnengerechtigkeit sind. Gerechtigkeit im Sinne intuitiven Gerechtigkeitsvertrauens und individuellen schulischen Gerechtigkeitserlebens ist somit eng mit dem Erfolg von SchülerInnen in der Schule verbunden.

Wenn SchülerInnen in ihrer Lernumwelt wenig Motivation und schlechte Leistungen zeigen, kann dies daran liegen, dass sie sich ungerecht von ihren LehrerInnen behandelt fühlen. Lehrkräfte sollten deshalb sensibel für gerechtigkeitsbezogene Aspekte des Unterrichts im Speziellen und den Umgang mit der Klasse im Allgemeinen sein, wobei die Leistungsbewertung sowie soziale Interaktionen für SchülerInnen von besonderer Bedeutung sind. Was SchülerInnen dabei als gerecht beurteilen, darauf liefert beispielsweise die Studie von Dalbert und Kolleginnen (2007) wichtige Hinweise. So werden bei der Benotung anscheinend kriteriale sowie individuelle Bewertungsansätze eher als gerecht bewertet, als der soziale Leistungsvergleich. Wichtig scheint in diesem Zusammenhang weiterhin zu sein, dass LehrerInnen ein offenes Diskussionsklima schaffen, in dem zum Beispiel Leistungsbewertungskriterien erklärt werden und SchülerInnen Möglichkeiten der Meinungsäußerung und Einflussnahme eingeräumt werden. Eine solchermaßen gerecht gestaltete schulische Umwelt sollte sich als förderlich für den schulischen Erfolg von SchülerInnen erweisen. Darüber hinaus sollte eine gerecht gestaltete schulische Umwelt für die Entwicklung eines starken GWG förderlich sein (Dalbert & Stoeber, 2006), der wiederum adaptive Konsequenzen für das Gerechtigkeitserleben und direkt sowie darüber vermittelt für den Schulerfolg hat.

Literatur

Bulman, R.J. & Wortman C.B. (1977). Attribution of Blame and Coping in the „real world": severe accident victims react to their lot. *Journal of Personality and Social Psychology, 35,* 351-363.

Cantor, N. (1990). From thought to behavior: Having" and "doing" in the study of personality and cognition. *American Psychologist, 45,* 735-750.

Cury, F., Elliot, A.J., Da Fonseca, D., & Moller, A.C. (2006). The social-cognitive model of achievement motivation and the 2 x 2 achievement goal framework. *Journal of Personality and Social Psychology, 90,* 666-679.

Dalbert, C. (1999). The world is more just for me than generally: About the Personal Belief in a Just World Scale's validity. *Social Justice Research, 12,* 79-98.

Dalbert, C. (2000). Gerechtigkeitskognitionen in der Schule. In C. Dalbert & E.J. Brunner (Hrsg.), *Handlungsleitende Kognitionen in der pädagogischen Praxis* (S. 3-12). Baltmannsweiler: Schneider-Verlag Hohengehren.

Dalbert, C. (2004). The implications and functions of just and unjust experiences in school. In C. Dalbert & H. Sallay (Eds.), *The justice motive in adolescence and young adulthood: Origins and consequences* (pp. 117-134). London, UK: Routledge.

Dalbert, C. (2009). Belief in a just world. In M.R. Leary & R.H. Hoyle (Eds.), *Handbook of Individual Differences in Social Behavior* (pp. 288-297). New York: Guilford Publications.

Dalbert, C., & Filke, E. (2007). Belief in a just world, justice judgments, and their functions for prisoners. *Criminal Justice and Behavior, 34*, 1516-1527.

Dalbert, C. & Maes, J. (2002). Belief in a just world as personal resource in school. In M. Ross, & D.T. Miller (Eds.): *The justice motive in everyday life.* (pp. 365-381). Cambridge: Cambridge University Press.

Dalbert, C. & Radant, M. (2008). Psychologie der Schülerpersönlichkeit. In M.K.W. Schweer (Hrsg.), *Lehrer-Schüler-Interaktion. Inhaltsfelder, Forschungsperspektiven und methodische Zugänge. Wiesbaden: Verlag für Sozialwissenschaften* (S. 127-154). Wiesbaden: Verlag für Sozialwissenschaften.

Dalbert, C., Schneidewind, U. & Saalbach, A. (2007). Justice judgments concerning grading in school. *Contemporary Educational Psychology, 32*, 420-433.

Dalbert, C. & Stöber, J. (2002). *Skala LehrerInnengerechtigkeit* (SLG). Halle: Martin-Luther-Universität Halle-Wittenberg. Abgerufen am 3.05.2010 unter http://www.erzwiss.uni-halle.de/gliederung/paed/ppsych/lehrerInnengerechtigkeit_SLG.pdf

Dalbert, C. & Stöber, J. (2004). Forschung zur Schülerpersönlichkeit. In W. Helsper & J. Böhme (Hrsg.), *Handbuch der Schulforschung* (S. 881-902). Wiesbaden: Verlag für Sozialwissenschaften.

Dalbert, C. & Stoeber, J. (2005). The belief in a just world and distress at school. *Social Psychology of Education, 8*, 123-135.

Dalbert, C. & Stoeber, J. (2006). The personal belief in a just world and domain-specific beliefs about justice at school and in the family: A longitudinal study with adolescents. *International Journal of Behavioral Development, 30*, 200-207.

Dette, D.E., Stoeber, J. & Dalbert, C. (2004). Belief in a just world and adolescents' vocational and social goals. In C. Dalbert & H. Sallay (Eds.), *The justice motive in adolescence and young adulthood: Origins and consequences* (pp. 231-247). London, UK: Routledge.

Deusinger, I.M. (1986). *Frankfurter Selbstkonzeptskalen* (FSKN). Göttingen: Hogrefe.

Dweck, C.S., & Leggett, E.L. (1988). A social cognitive approach to motivation and personality. *Psychological Review, 95*, 256-273.

Eder, F., Felhofer, G. & Muhr-Arnold, S. (1994). Schule als Lebenswelt. In L. Wilk & J. Bacher (Hrsg.), *Kindliche Lebenswelten* (S. 197-251). Opladen: Leske + Budrich.

Elliot, A.J. & Harakiewicz, J.M. (1996). Approach and avoidance achievement goals and intrinsic motivation: A mediational analysis. *Journal of Personality and Social Psychology, 66*, 968-980.

Elliot, A J., & McGregor, H.A. (2001) A 2 x 2 achievement goal framework. *Journal of Personality and Social Psychology, 80*, 501-519.

Epstein, S. (1990). Cognitive-experiential self-theory. In L.A. Pervin (Ed.), *Handbook of Personality* (pp. 165-192). New York, Guilford.

Fan, R.M. & Chan, S.C.N. (1999). Students' perceptions of just and unjust experiences in school. *Educational and Child Psychology, 16*, 32-50.

Festinger, L. (1954). A theory of social comparison processes. *Human Relations, 7*, 117-140.

Guay, F., Marsh, H.W. & Boivin, M. (2003). Academic self-concept and academic achievement: Developmental perspectives on their causal ordering. *Journal of Educational Psychology, 95*, 124-136.

Hafer, C.L. (2000). Investment in long-term goals and commitment to just means drive the need to believe in a just world. *Personality and Social Psychology Bulletin, 26*, 1059-1073.

Hafer, C.L., & Correy, B.L. (1999). Mediators of the relation between beliefs in a just world and emotional responses to negative outcomes. *Social Justice Research, 12*, 189-204.

Helmke, A., & Schrader, F.-W. (2001). Determinanten der Schulleistung. In D.H. Rost, *Handwörterbuch Pädagogische Psychologie* (S. 81-91). Weinheim: Beltz PVU.

Helmke, A. & Weinert, F.E. (1997). Bedingungsfaktoren schulischer Leistungen. In F.E. Weinert (Hrsg.), *Psychologie des Unterrichts und der Schule.* (S. 71-176). Göttingen: Hogrefe.

Helmke, A. (1998). Vom Optimisten zum Realisten? Zur Entwicklung des Fähigkeitsselbstkonzeptes vom Kindergarten bis zur 6. Klassenstufe. In F.E. Weinert (Hrsg.), *Entwicklung im Kindesalter* (S.119-132). Weinheim: Beltz.

Ingenkamp, K. (1975). *Pädagogische Diagnostik.* Weinheim: Beltz.

Israelashvili, M. (1997). Situational determinants of school student's feeling of injustice. *Elementary School Guidance and Counseling, 31,* 283-292.

Köller, O., & Baumert, J. (1998). Ein deutsches Instrument zur Erfassung von Zielorientierungen bei Schülerinnen und Schülern. *Diagnostica, 44,* 173-181.

Lerner, M.J. (1977). The justice motive in social behaviour. Some hypotheses as to its origins and forms. *Journal of Personality, 45,* 1-52

Lerner, M.J. (1980). *The belief in a just world. A fundamental delusion.* New York: Plenum.

Lerner, M.J. & Miller, D.T. (1978). Just world research and the attribution process: Looking back and ahead. *Psychological Bulletin, 85,* 1030-1051.

Lipkus, I.M., Dalbert, C. & Siegler, I.C. (1996). The importance of distinguishing the belief in a just world for self versus others. *Personality and Social Psychology Bulletin, 22,* 666- 677.

Maehr, M.L., & Meyer, H.A. (1997). Understanding motivation in schooling: Where we've been, where we are, and where we need to go. *Educational Psychology Review, 9,* 371-409.

Marsh, H.W. (1990). Causal ordering of academic self-concept and academic achievement: A multiwave, longitudinal panel analysis. *Journal of Educational Psychology 82,* 646-656.

Marsh, H.W. & Yeung, A.S. (1997). Causal effects of academic self-concept on academic achievement: Structural equation models of longitudinal data. *Journal of Educational Psychology, 89,* 41-54.

Mischo, C., & Rheinberg, F. (1995). Erziehungsziele von Lehrern und individuelle Bezugsnormen der Leistungsbewertung. *Zeitschrift für Pädagogische Psychologie, 9,* 139-151.

Nicholls, J.G. (1984). Achievement motivation: Conceptions of ability, subjective experience, task choice, and performance. *Psychological Review, 91,* 328-346.

Peter, F., Kloeckner, N., Dalbert, C. & Radant, M. (2012). Belief in a just world, teacher justice, and student achievement: A multilevel study. *Learning and Individual Differences, 22,* 55-63.

Piaget, J. (1932/1990). *Das moralische Urteil beim Kinde.* München: Deutscher Taschenbuchverlag.

Pekrun, R (1983). *Schulische Persönlichkeitsentwicklung.* Frankfurt a.M.: Lang.

Rosenberg, M. (1965). *Society and the adolescent self-image.* Princeton: Princeton University Press.

Schöne, C., Dickhäuser, O., Spinath, B. & Stiensmeier-Pelster, J. (2002). *Die Skalen zur Erfassung des schulischen Selbstkonzepts (SESSKO).* Göttingen: Hogrefe.

Skaalvik, E.M. (1997). Self-enhancing and self-defeating ego orientation: Relations with task and avoidance orientation, achievement, self-perceptions, and anxiety. *Journal of Educational Psychology 89,* 71-81.

Sparfeldt, J.R., Buch, S.R., Rost, D.H. & Lehmann, G. (2008). Akkuratesse selbstberichteter Zensuren. *Psychologie in Erziehung und Unterricht, 55,* 68-75.

Spinath, B., Stiensmeier-Pelster, J., Schöne, C. & Dickhäuser, O. (2002). *Die Skalen zur Erfassung von Lern- und Leistungsmotivation (SELLMO).* Göttingen: Hogrefe.

Stiensmeier-Pelster, J. & Schlangen, B. (1996). Erlernte Hilflosigkeit und Leistung. In J. Möller & O. Köller (Hrsg.), *Emotionen, Kognitionen und Schulleistung* (S. 69-85). Weinheim: Beltz.

Susteck, H. (1996). Die Gerechtigkeit des Lehrers. *Pädagogische Welt, 50,* 420-424.

Tent, L. (2001). Zensuren. In D.H. Rost, *Handwörterbuch Pädagogische Psychologie* (S. 805-811). Weinheim: Beltz PVU.

Tomaka, J., & Blascovich, J. (1994). Effects of justice beliefs on cognitive appraisal of and subjective, physiological, and behavioral responses to potential stress. *Journal of Personality and Social Psychology, 67,* 732–740.

Tabachnick, B.G., & Fidell, L.S. (2007). *Using Multivariate Statistics.* Boston, MA: Pearson.

Zuckerman, M. & Gerbasi, K.C. (1977). Belief in a just world and trust. *Journal of Research in Personality, 11,* 306-317.

Zuckerman, M. (1975). Belief in a just world and altruistic behavior. *Journal of Personality and Social Psychology, 31,* 972-976.

Gerechtigkeitserleben und Sozialverhalten von SchülerInnen

Matthias Donat / Mario Herrmann / Sören Umlauft

Dieses Kapitel thematisiert das Sozialverhalten von SchülerInnen insbesondere in Form von Bullying-Verhalten und verdeutlicht, dass neben dem Glauben an eine für sie persönlich gerechte Welt vor allem die durch die SchülerInnen subjektiv erlebte Gerechtigkeit des LehrerInnenverhaltens zur Erklärung des Bullying-Verhaltens der SchülerInnen beitragen kann.

1. Bullying als besondere Form antisozialen Verhaltens

Unter schulischem Sozialverhalten wird alles Verhalten im Umgang von SchülerInnen miteinander, aber auch das Verhalten von SchülerInnen gegenüber ihren LehrerInnen verstanden. In der Sozialpsychologie findet sich eine Trennung von pro- und antisozialem Verhalten, wobei prosoziales Verhalten das Ziel hat, einem anderen Menschen etwas Gutes zu tun. Antisoziales Verhalten hingegen hat das Ziel, anderen Menschen physischen oder psychischen Schaden zuzufügen. Im weiten Sinne bedeutet antisoziales Verhalten auch gemeinschaftsschädigendes Verhalten. Dieses ist gekennzeichnet durch eine Abweichung von einer gesellschaftlichen Norm und durch eine Nichtbeachtung der Interessen anderer Individuen. Häufig wird eine solche Normabweichung auch als Devianz oder deviantes Verhalten bezeichnet. Als extremste Form devianten Verhaltens kann man delinquentes Verhalten auffassen (Delinquenz = Straffälligkeit). Hierbei ist im Allgemeinen nicht nur eine Normabweichung festzustellen, sondern insbesondere auch eine Verletzung der in der jeweiligen Gesellschaft geltenden Gesetze.

„Zwei Jahre lang war [Philip], ein stiller 13-Jähriger, für einige seiner Klassenkameraden ein menschliches Spielzeug. Die Teenager setzten [Philip] zu, um an sein Geld zu kommen, zwangen ihn, Unkraut zu schlucken und Milch, die mit Waschmittel vermengt war, zu trinken. Sie verprügelten ihn in den Toiletten und legten ihm einen Strick um den Hals, mit dem sie ihn wie ein «Tier an der Leine» herumführten" (Olweus, 2006, S. 21). Solche oder ganz ähnliche, wenn auch weniger gravierende Vorfälle sind häufig in Schulen anzutreffen: Ein/e SchülerIn oder mehrere SchülerInnen schikaniert/en eine/n schwächere/n MitschülerIn auf unterschiedlichste Art und Weise. Oftmals sind es dieselben SchülerInnen, die andere drangsalieren, und häufig sind es dieselben schwächeren SchülerInnen, die darunter nicht nur mehrfach, sondern meist auch über einen längeren Zeitraum zu leiden haben. Gewalttätiges Verhalten zwischen SchülerInnen, wie in dem Beispiel beschrieben, ist ein Phänomen, das an Schulen weltweit zu finden ist (Craig & Harel, 2004) und relativ häufig stattfindet. Abhängig vom kulturellen Kontext schwanken die Werte hierzu teilweise sehr stark.

In einer internationalen Studie gaben ein bis knapp 50% der SchülerInnen an, andere mehrfach pro Monat schikaniert zu haben, und zwei bis knapp 40% der SchülerInnen berichteten, ebenso häufig Ziel dieser Schikanen gewesen zu sein (Craig & Harel, 2004). Dabei ist auch zu beobachten, dass Jungen anscheinend häufiger als Mädchen andere drangsalieren und selbst drangsaliert werden. Aber auch das Alter der SchülerInnen scheint eine Rolle zu spielen: Die Schikanen werden von jüngeren SchülerInnen (z. B. jünger als elf Jahre) häufiger berichtet als von älteren (bis 15-Jährige; Olweus, 2006).

Die im Schulkontext auftretende Gewalt von SchülerInnen, die ganz klar eine Abweichung von schulischen Regeln und sogar deren Bruch darstellt, wird als Bullying bezeichnet. Der Begriff Bullying stammt aus dem englischen Sprachgebrauch und kann mit Tyrannisieren, Schikanieren, Einschüchtern und Piesacken übersetzt werden. Der Wortstamm Bully beschreibt hierbei eine Person, die ihre Stärke einsetzt, um diejenigen zu verängstigen oder zu verletzten, die schwächer sind. Da es für Bullying in vielen Sprachen kein Wort mit entsprechender Bedeutung gibt, existieren weltweit sehr unterschiedliche Bezeichnungen des hier behandelten Phänomens. So wird im skandinavischen Raum von „Mobbing", hergeleitetet aus dem schwedischen „mobbning", gesprochen. In den USA trägt das Phänomen den Namen „Viktimisierung" (engl. victimization). In der Schweiz spricht man wiederum von „Plagen" und in Österreich von „Sekkieren". Darüber hinaus gab es bislang zahlreiche Versuche, das Wort „Bullying" ins Deutsche zu übersetzen. Doch auch hier wurde kein Ausdruck gefunden, der dem Begriff in ausreichendem Maße gerecht wurde. So werden in deutschen Arbeiten neben Bullying häufig auch die Begriffe Mobbing (Hanewinkel & Knaack, 1997; Olweus, 2006) und Schikanieren (Schäfer, 1996) verwendet.

Wann ist es Bullying, wann nicht? Eine Definition des Phänomens

Abgesehen von begrifflichen Problemen sind sich führende Bullying-Forscher jedoch weitgehend einig über eine Definition von Bullying. Ausgehend von den Untersuchungen des schwedischen Psychologen Dan Olweus (1978; 2006) wird Bullying als beabsichtigte, negative Handlungen beschrieben, die wiederholt und über einen längeren Zeitraum von einem oder mehreren SchülerInnen ausgeführt werden, wobei ein Kräfte- und Machtungleichgewicht zwischen TäterIn und Opfer zu Ungunsten des Opfers besteht. Unter negativen Handlungen werden aktive und zielgerichtete Schädigungen von MitschülerInnen verstanden, die entweder in körperlicher (z. B. Schlagen, Treten, Stoßen), verbaler (Drohen, Spotten, Hänseln) oder indirekter Form (Fratzen schneiden, aus der Gruppe ausschließen, Gerüchte verbreiten) stattfinden. Bullying bezeichnet ein spezifisches Phänomen aggressiven Verhaltens von SchülerInnen. Damit lässt es sich abgrenzen von Mobbing in anderen Kontexten, zum Beispiel von Mobbing als permanentes und zielgerichtetes Belästigen am Arbeitsplatz (Leymann, 1993).

Ein weiteres Kriterium für Bullying ist der zeitliche Aspekt: Es findet wiederholt und über einen längeren Zeitraum, oft über Monate, statt. Einmalige oder gelegentliche Übergriffe werden aus der Definition genauso ausgeschlossen wie wilde Spiele oder Rangeleien (Oswald, 1997; Pellegrini & Smith, 1998). Während die vorherrschenden Gefühle bei spielerisch ausgetragenen Konflikten Spaß und Freude sind, dominieren beim Bullying Emotionen wie Angst und Furcht auf der Seite des Opfers. Zudem wird Bullying von reinen Konflikten abgegrenzt. Die Motivation der TäterInnen, ihren Status in der Klasse zu verbessern oder zu erhalten, ist dabei das wesentliche Kriterium, welches Bullying von einem Konflikt unterscheidet (Schäfer & Korn, 2004). Für den Einzelnen ist das Entkommen, also das einseitige Aufkündigen der Gruppenmitgliedschaft, vor allem wegen der Schulpflicht unmöglich. Das ist wiederum für die TäterInnen von Vorteil, da das Opfer nahezu täglich in unzähligen Situationen zur Verfügung steht.

Bullying bezeichnet den wiederholten und systematischen Missbrauch einer sozialen Machtposition. Aus diesem Grund beobachtet man das Phänomen auch nur in gefügten, nicht frei gewählten Gruppen innerhalb hierarchisch strukturierter Systeme, zu denen auch die Schule gehört. Dabei ist das asymmetrische Kräfte- und Machtverhältnis zwischen TäterIn und Opfer ein ganz wesentliches Merkmal für Bullying. So besteht ein physisches und/oder psychisches Ungleichgewicht zwischen SchülerInnen, die den negativen Handlungen ausgesetzt sind, und SchülerInnen, von denen die Schikanen ausgehen. Das Opfer kann sich wegen seiner Unterlegenheit nicht zur Wehr setzen (Hanewinkel & Knaack, 1997; Olweus, 2006). Bullying wird also von solchen negativen Handlungen abgegrenzt, bei denen sich zwei in etwa gleichstarke SchülerInnen beziehungsweise SchülerInnengruppen, wie zum Beispiel bei Cliquenrivalitäten üblich, gegenüberstehen. Es handelt sich auch nicht um Bullying, wenn zwei gleich starke SchülerInnen Streit miteinander haben oder Kräfte ausloten, so wie es im Kindes- und Jugendalter oft üblich ist. Ebenso ist Bullying von ähnlichen Verhaltensphänomenen, wie zum Beispiel Neckereien, Belästigungen, Zurückweisungen und Raufereien, bei denen in etwa gleich starke Kinder in spielerischer Form miteinander umgehen, abzugrenzen (Craig & Harel, 2004; Scheithauer, Hayer & Petermann, 2003). Weiterhin lassen sich Bullys von „normalen" aggressiven Kindern unterscheiden, welche generell impulsiv und unkontrolliert reagieren. Sie suchen sich ganz gezielt schwache Opfer, sind sich dabei der Schwächen ihrer Opfer bewusst und setzen dieses Wissen strategisch und systematisch ein, um ihren Status zu halten (oder zu verbessern) und die/den Unterlegene/n „fertig zu machen".

Formen von Bullying

Ausgehend von Differenzierungen innerhalb der Aggressionsforschung, die zwischen direktem körperlich- oder verbal-aggressivem Verhalten auf der einen und indirekter, relationaler Aggression auf der anderen Seite unterscheidet, werden auch in der Bullying-Forschung mehrere Formen differenziert, welche einzeln oder gemeinsam auftreten können. *Körperliches Bullying* stellt eine direkte Form dar und umfasst für Außenstehende meist leicht erkennbare physische Attacken, angefangen von Papierkugeln werfen, über Einsperren bis hin zu Schlagen, Treten oder Bespucken. Die Häufigkeit, mit der Opfer körperlichen Übergriffen ausgesetzt sind, nimmt mit steigendem Alter ab und weicht anderen, meist subtileren, indirekten Bullying-Formen (Rivers & Smith, 1994; Schäfer, 1996; Scheithauer, Hayer, Petermann & Jugert, 2006). *Verbales Bullying* ist ebenfalls eine direkte Form und bezieht sich auf Beschimpfungen, Drohungen, das Rufen obszöner oder beleidigender Spitznamen und weitere Arten der Beleidigungen, durch die das Ansehen der/s betroffenen SchülerIn innerhalb der Klasse gemindert oder sogar zerstört wird (Scheithauer et al., 2003). Zu den direkten Formen gehört weiterhin *non-verbales Bullying* wie obszöne Gesten und Schneiden von Grimassen. Non-verbales Bullying ist jedoch ebenso in *indirekten* oder *relationalen Bullying*-Formen zu finden, bei denen das zielgerichtete Ausschließen und Isolieren von SchülerInnen aus der Klassengemeinschaft im Vordergrund steht. Dabei sind Verhaltensweisen wie Ignorieren und Übergehen Der-/Desjenigen, aber auch Verleumdung, Entwertung und Herabsetzung sowie Verbreitung von Gerüchten zu beobachten. Das Bullying-Opfer wird als Außenseiter behandelt und von Gruppenaktivitäten regelmäßig ausgeschlossen. Von LehrerInnen wird diese Erscheinungsform oft übersehen oder bagatellisiert (Alsaker, 2003; Scheithauer et al., 2003).

Angreifer oder Opfer oder...? Bullying als Gruppenprozess

Lange Zeit beschäftigte sich die Bullying-Forschung lediglich mit der dyadischen Beziehung zwischen TäterIn und Opfer. Darüber hinaus unterschied Olweus (1993) ursprünglich drei Rollen, die SchülerInnen in Bullying-Situationen einnehmen können: TäterIn, Opfer und diejenigen, welche das Bullying-Verhalten nicht initiieren, aber sich daran beteiligen. Neuere Ansätze betonen verstärkt, dass es sich beim Bullying nicht zwangsläufig nur um ein Problem zwischen den direkt beteiligten Personen handelt, sondern dass fast die gesamte Schulklasse am Geschehen beteiligt ist. So konnten Craig und Pepler (1995) durch Pausenhofbeobachtungen erstmals zeigen, dass bei Bullying-Handlungen die meisten SchülerInnen fast die ganze Zeit anwesend und viele von ihnen aktiv beteiligt waren. Die Reaktionen der Gleichaltrigen auf das Schikanieren einer/s MitschülerIn oder einer Gruppe von MitschülerInnen fielen dabei ganz unterschiedlich aus: 57% aller SchülerInnen verhielten sich der/m TäterIn gegenüber freundlich; hingehen zeigten lediglich 31% der SchülerInnen positives Verhalten den Opfern gegenüber; 30% waren belustigt, wenn jemand anderes schikaniert wurde und 48% der SchülerInnen beteiligten sich aktiv am Schikanieren.

Inspiriert von den Ergebnissen von Craig und Pepler (1995) rückte das systematische Zusammenspiel innerhalb der gesamten Schulklasse in den Mittelpunkt des Interesses der Bullying-Forschung. Dieser vorrangig auf das Interaktionsgefüge ausgerichtete Ansatz – der „Participant Role Approach" – wurde vor allem durch die Arbeiten der finnischen Psychologin Christina Salmivalli und ihrem Team geprägt (Salmivalli, Lagerspetz, Björkqvist, Österman & Kaukiainen, 1996) und geht davon aus, dass die Mehrheit der SchülerInnen in differenzierbaren Rollen unterschiedlicher Qualität am Bullying beteiligt ist. Die Autoren fassen Bullying als Gruppenprozess auf und unterscheiden dabei sechs distinkte Rollen: *TäterInnen* ergreifen die Initiative, wenn es darum geht, jemanden in der Klasse aktiv zu schikanieren, und übernehmen dabei die Führungsrolle in der Gruppe. *AssistentInnen* schikanieren ihre MitschülerInnen ebenfalls aktiv, orientieren sich dabei jedoch am Verhalten der/s TäterIn und unterstützen sie/ihn bei ihren/seinen Attacken, initiieren diese aber nicht. *VerstärkerInnen* schauen beim Bullying zu und lachen zum Beispiel, wenn jemand schikaniert wird. Sie feuern die/den TäterIn an, was eine verstärkende Wirkung auf das Handeln der/ des TäterIn hat. *VerteidigerInnen* des Opfers zeigen prosoziales Verhalten, indem sie Bullying-Opfer verteidigen, beschützen oder ermutigen, sich mit ihrem Problem an Erwachsene zu wenden. *Außenstehende* sind jene SchülerInnen, die zwar die Schikanen miterleben, sich dabei aber passiv verhalten. Sie schauen weg, ergreifen keine Partei und mischen sich nicht ein, wenn ein/e MitschülerIn schikaniert wird. Und *Opfer* sind SchülerInnen, die regelmäßig von den Schikanen durch Klassen- oder Gruppenmitglieder betroffen sind. Die Befunde von Salmivalli et al. (1996) zum „Participant Role Approach" sind inzwischen in verschiedenen kulturellen Kontexten repliziert worden, zum Beispiel von Sutton und Smith (1999) im britischen und von Schäfer und Korn (2004) im deutschen Kontext.

Erfassung von Bullying

Zur Erfassung des Ausmaßes von Bullying unter SchülerInnen wurden unterschiedliche Verfahren entwickelt, die allesamt verschiedene Vor- und Nachteile aufweisen. Zu den gängigsten Instrumenten gehören Selbstberichte, Eltern- und LehrerInnenberichte, Peer-Nominierungen beziehungsweise Peer-Ratings sowie Verhaltensbeobachtungen. In diesem Kapitel wird lediglich eine Auswahl dieser Verfahren in einem kurzen Überblick dargestellt; ausführlicher werden sie von Scheithauer et al. (2003) sowie Pellegrini und Bartini (2000) behandelt.

Selbstberichte. Am häufigsten werden in Untersuchungen Selbstauskünfte in Form von Fragebögen eingeholt. Der große Vorteil von Selbstberichten besteht darin, dass sie die Erfassung subjektiver Erfahrungen ermöglichen und Informationen über Quantität und Qualität von Bullying aus erster Hand gewonnen werden (Scheithauer et al., 2003). Der weltweit am häufigsten eingesetzte Fragebogen zur Erfassung der Häufigkeit von Bullying ist der Bully/Victim-Questionnaire von Olweus (1989; 1991) beziehungsweise seine revidierte Fassung (Olweus, 1996). Den SchülerInnen wird darin am Anfang eine altersgemäße Definition des Bullying-Begriffes gegeben und es werden Beispiele für Verhaltensweisen aufgeführt, die typisch für Bullying sind oder davon abgegrenzt werden. Anschließend werden sie gefragt, ob und wie oft sie innerhalb eines bestimmten Zeitraums (Wochen/Monate) TäterIn oder Opfer waren. Im deutschsprachigen Raum liegt unter anderem eine Adaptation von Hanewinkel und Knaack (1997) vor. Daneben sind die ebenfalls auf Selbstberichten beruhenden Fragebögen von Rigby und Slee (1991) sowie von Salmivalli et al. (1996) in der Bullying-Forschung verbreitet.

Nachteile von Selbstberichten sind unter anderem Antworttendenzen im Sinne der sozialen Erwünschtheit sowie eine mangelnde kognitive Entwicklung der Kinder, die vor allem in Form von Erinnerungsfehlern zum Ausdruck kommen kann. Antwortverzerrungen aufgrund von sozial erwünschtem Antwortverhalten können dazu führen, dass SchülerInnen ihr Verhalten positiver darstellen als es ist. Außerdem kann es besonders bei jüngeren SchülerInnen bei der Beantwortung zu Problemen bei der Aufmerksamkeits- und Konzentrationsfokussierung sowie der Erinnerungs- und Zuordnungsfähigkeit kommen (Scheithauer et al., 2003). Darüber hinaus berichtet Boulton (1996) von der Möglichkeit eines Geschlechts-Bias: Jungen verleugnen in Selbstbeurteilungen Viktimisierungen durch Mädchen, um einen Status- oder Dominanzverlust innerhalb der Jungengruppe zu vermeiden.

Peer-Nominierungen. Peer-Nominierungsverfahren erfreuen sich immer größerer Beliebtheit. Bei diesem Vorgehen wird allen SchülerInnen eine Namensliste der gesamten Schulklasse vorgelegt. Anhand dieser Liste soll jede/r SchülerIn MitschülerInnen nominieren, die jeweils am besten auf die Beschreibungen in den dargebotenen Items zutreffen. Die Anzahl der Nominierungen, die ein Kind auf jedem Item erhält, werden anschließend aufsummiert und innerhalb der Klasse standardisiert. Zu den Vorteilen von Peer-Nominierungen zählen unter anderem die schnelle und ökonomische Untersuchung der gesamten Klasse sowie die durch die Befragung mehrerer Kinder erhöhte Zuverlässigkeit und der damit verminderte Einfluss individueller Verzerrungen (Scheithauer et al., 2003). Nicht zuletzt eignen sich Gleichaltrige besonders gut für die Erfassung der Bullying-Häufigkeit aufgrund der direkteren Interaktionen mit MitschülerInnen; sie beobachten wesentlich häufiger als LehrerInnen oder Eltern aggressive Verhaltensweisen unter den MitschülerInnen. Mit dem Participant-Role-Questionnaire (PRQ; Salmivalli et al., 1996; deutsche Adaption: Schäfer & Korn, 2004) liegt ein Fragebogen vor, der mittels Peer-Nominierungen die Gruppendynamik beim Bullying-Prozess (siehe oben; Participant-Role-Ansatz) beschreibt. Salmivalli et al. (1996) wie auch Schäfer und Korn (2004) konnten mit diesem Verfahren zeigen, dass die Mehrheit der SchülerInnen am Bullying-Prozess beteiligt ist. Peer-Nominierungen unterliegen in der Regel den Nachteilen, dass sie sich beispielsweise kaum zur Aufdeckung verdeckter, indirekter Bullying-Formen eignen und dass SchülerInnen dazu neigen, eher den Ruf einer/s MitschülerIn zu bewerten als ihr/sein Verhalten (Scheithauer et al., 2003).

Peer-Ratings. Im Gegensatz zu Peer-Nominierungen werden SchülerInnen bei Peer-Rating-Verfahren aufgefordert, anhand einer Likert-Skala einzuschätzen, wie sehr die Beschreibungen in den Items auf jeden einzelnen Klassenkameraden zutreffen. Peer-Ratings sind deshalb deutlich unökonomischer als Peer-Nominierungen (Schäfer & Korn, 2004). Dennoch erhält man auch durch diese Methode genaue Einblicke in die Art und Häufigkeit von Bullying innerhalb einer Klasse. Mit der Direct Indirect Aggression Scale (DIAS) hat die Arbeitsgruppe um Björkqvist ein mittlerweile sehr bekanntes Peer-Rating-Verfahren entwickelt, welches in unterschiedlichen Sprachen vorliegt (z. B. Björkqvist & Österman, 1998).

Zuverlässigkeit und Gültigkeit, mit der TäterInnen und Opfer oder auch andere Rollen identifiziert werden, hängen vor allem von der Methodenauswahl ab. Je nach Form der Datengewinnung können bestimmte Verzerrungen zu einer Über- beziehungsweise Unterschätzung des Bullying-Problems führen. Als besonders valides Instrument hat sich bereits in mehreren Studien (Goossens, Olthof & Dekker, 2006; Schäfer & Korn, 2004; Sutton & Smith, 1999) der auf Peer-Nominierungen basierende Participant-Role-Questionnaire (Salmivalli et al., 1996) erwiesen. Außerdem deuten Studien darauf hin, dass bei der Einschätzung von Bullying aus verschiedenen Perspektiven anhand unterschiedlicher Messinstrumente relativ hohe Übereinstimmungen festgestellt werden konnten. Beispielsweise beobachteten Schäfer, Korn, Werner und Crick (2006) signifikant positive Zusammenhänge zwischen den Selbst- und Fremdberichten von SchülerInnen bezüglich der Opferrolle. Es werden also häufig SchülerInnen, die sich selbst als Opfer beschreiben, auch von MitschülerInnen dementsprechend eingeschätzt. Auch Herrmann (2010) berichtete in einer aktuellen Untersuchung, in welcher Peer-Nominierungen sowie Selbstberichte für die Rollen-Bestimmung zur Anwendung kamen, dass bei der Betrachtung der konvergenten Validität beider Verfahren die selbst- und fremdberichteten Rollen hoch signifikant positiv miteinander korrelierten.

Folgen von Bullying

Die Bullying-Forschung hat sich bislang recht intensiv mit der Beschreibung möglicher Folgen von Bullying beschäftigt. Zumeist finden sich Studien, welche die gesundheitlichen sowie mentalen Konsequenzen für Bullying-Opfer hervorheben. Wiederholt erlebte Schikanen gehen bei Opfern überwiegend mit internalisierenden Verhaltensauffälligkeiten einher. Dazu zählen in der Regel depressive Symptome, Einsamkeit, generelle sowie soziale Angst; auch ein geringer Selbstwert, ein negatives Selbstkonzept sowie schwach ausgeprägte Problemlösefertigkeiten können bei Opfern häufig beobachtet werden (Baldry, 2004; Hawker & Boulton, 2000; Lösel, Averbeck & Bliesener, 1997; Olweus, 2006; Rigby, 1997; Scheithauer et al., 2003; Spröber, Schlottke & Hautzinger, 2006). In ihrer Klasse sind Opfer weitgehend unpopulär, haben nur wenige bis gar keine Freunde und innerhalb der Klasse einen niedrigen sozialen Status (Salmivalli et al., 1996; Schäfer & Korn, 2004). Außerdem weisen sie eine höhere emotionale Instabilität und eine geringere Verträglichkeit auf als viele andere SchülerInnen (Tani, Greenman, Schneider & Fregoso, 2003). Des Weiteren stehen häufige Opfer-Erfahrungen mit Unkonzentriertheiten im Unterricht, einem damit verbundenen Leistungsabfall sowie Schulunlust bis hin zur Schulverweigerung (Scheithauer et al., 2003) oder gar zu Suizidabsichten (van der Wal, de Wit & Hirasing, 2003) im Zusammenhang. Insgesamt ist allerdings nicht immer klar, ob es sich hier um Folgen des Opferseins oder um Ursachen des Opferwerdens handelt.

TäterInnen dagegen weisen zwar auch depressive Symptome sowie Ängste auf, allerdings sind bei ihnen in erster Linie häufig externalisierende Verhaltensauffälligkeiten wie oppositionelles Verhalten und psychosoziale Anpassungsprobleme zu beobachten (Crick & Grotpeter, 1995; Rigby & Slee, 1993; Kaltiala-Heino, Rimpelä, Rantanen & Rimpelä, 2000). Diese Auffälligkeiten äußern sich unter anderem in über das Bullying-Verhalten hinaus gehenden, sich wiederholenden und anhaltenden aggressiven Verhaltensmustern, die durch eine Verletzung grundlegender Rechte, gesellschaftlicher Normen und Regeln gekennzeichnet sind (Olweus, 2006; Scheithauer et al., 2003), und mitunter auch in einem antisozialen Persönlichkeitsmuster (Lösel & Bliesener, 1999). Demzufolge zeichnet sich für TäterInnen ein hohes Risiko ab, im Jugend- oder frühen Erwachsenenalter delinquent zu werden (Olweus, 2006; Rigby & Slee, 1999).

Bezüglich der Konsequenzen von Bullying nehmen TäterInnen-Opfer, also SchülerInnen, die häufig beide Rollen einnehmen, eine besondere Stellung ein. Die Befunde mehrerer Studien machen deutlich, dass diese SchülerInnen im Vergleich zu anderen die meisten Verhaltensauffälligkeiten und Anpassungsprobleme aufweisen, wie zum Beispiel depressive und psychosomatische Symptome (Juvonen, Graham & Schuster, 2003; Kaltiala-Heino et al., 2000; Kumpulainen, Räsänen & Puura, 2001).

Entstehungs- und aufrechterhaltende Bedingungen

Gerade in Anbetracht der mitunter schwerwiegenden psychischen und gesundheitlichen Folgen für die Beteiligten am Bullying-Prozess ist es wichtig, Faktoren zu identifizieren, die mit der Entstehung und Aufrechterhaltung von Bullying-Verhalten in Verbindung gebracht werden können. Inzwischen existiert eine Reihe von Untersuchungen, welche diese Faktoren auf individueller, familiärer und Schulebene beleuchten. Zu bedenken ist hierbei jedoch, dass häufig nicht abschließend geklärt ist, inwieweit die berichteten Faktoren Entstehungsbedingungen oder doch eher Folgen von Bullying sind.

Individuelle Ebene. Neben einer positiven Einstellung zu Gewalt auch außerhalb der Schule zeigen TäterInnen einen Mangel an Empathie gegenüber dem Opfer (Olweus, 2006; Rigby, 1997). Außerdem kann als Hauptmotiv für TäterInnen ein starkes Macht- und Kontrollbedürfnis (Olweus, 2006; Rigby, 1997) sowie die Verbesserung beziehungsweise Aufrechterhaltung des sozialen Status innerhalb der Klasse (Salmivalli et al., 1996; Schäfer & Korn, 2004) angenommen werden. Studien zur Persönlichkeit von Bullying-TäterInnen weisen außerdem darauf hin, dass sie anscheinend emotional instabiler sind als SchülerInnen anderer Rollen, mit Ausnahme der Opferrolle (Connolly & O'Moore, 2003; Rivers, Poteat, Noret & Ashurst, 2009; Tani et al., 2003).

Familiäre Ebene. Der wahrscheinlich am intensivsten beforschte Faktor auf dieser Ebene ist das Erziehungsverhalten der Eltern. Opfer erfahren häufig einen restriktiven und überbehüteten sowie überkontrollierenden Erziehungsstil der Eltern (Lösel & Bliesener, 1999; Scheithauer et al., 2003). Es wird spekuliert, dass dadurch die Entwicklung der eigenen Durchsetzungsfähigkeit des Kindes gefährdet sein könnte. Demgegenüber hat sich ein aufgeschlossenes Verhältnis zwischen Opfern und deren Eltern als protektiver Faktor erwiesen, der als Puffer für die negativen Konsequenzen von Bullying dienen kann (Baldry, 2004), während ein unterstützender Erziehungsstil bei SchülerInnen die Entwicklung von Hilfsbereitschaft in der Verteidigerrolle begünstigen kann (Spröber et al., 2006). Ein bestrafend-autoritärer Erziehungsstil, welcher körperliche Disziplinierungsmaßnahmen beinhaltet, kann eindeutig mit der TäterInnenrolle in Verbindung gebracht werden; diese Kinder erleben häufig im häuslichen Umfeld selbst Gewalt unterschiedlicher Art (Scheithauer et al., 2003). Sie lernen mit den Eltern als Modell (vgl. Modelllernen; Bandura, 1976), dass Macht und Dominanz für das (Über-)Leben wichtig sind und effektiv durch physische sowie verbale Aggressionen erzielt werden können. Kein Zusammenhang besteht jedoch zwischen Bullying und sozioökonomischen Bedingungen der Familie wie Einkommenshöhe, Bildung sowie Wohlstand (Melzer, Bilz & Dümmler, 2008).

Schulische und Klassenebene. Zwischen einzelnen Schulen bestehen erhebliche Unterschiede, was das Ausmaß von Bullying betrifft (Rigby, 1997). In verschiedenen Studien wurden deshalb bestimmte strukturelle Faktoren im schulischen Umfeld untersucht. Es wurden keine Zusammenhänge zwischen der Opfer- oder TäterInnenrolle auf der einen und Schulgröße, Klassengröße sowie Geschlechterverteilung in der Klasse auf der anderen Seite identifiziert (Hanewinkel & Knaack, 1997). Die Befunde in Bezug auf Schulformunterschiede sind gemischt. In einigen Studien ist festgestellt worden, dass Bullying in Hauptschulen signifikant häufiger als in Realschulen und Gymnasien vorkommt (Lösel et al., 1997). Hingegen zeigten Astor, Benbenishty und Estrada (2009), dass zwischen verschiedenen Schulen derselben Schulform vergleichbar große Unterschiede in der Auftretenshäufigkeit von Bullying zu verzeichnen waren wie zwischen Schulen verschiedener Schulformen, so dass insgesamt der Schulform als Erklärungsfaktor nicht allzu großes Gewicht beigemessen werden sollte.

2. Schulisches Gerechtigkeitserleben

In den vorangegangenen Abschnitten ist dargestellt worden, wie das Phänomen Bullying erklärt werden kann und welche Prozesse auf verschiedenen Ebenen dabei eine Rolle spielen. Allerdings wurde bisher nicht darauf eingegangen, warum Bullying in einem Buch über Gerechtigkeitspsychologie beispielhaft für schulisches Sozialverhalten behandelt wird. Dazu führe man sich noch einmal den eingangs beschriebenen Fall von „Philip" vor Augen. Was diesem Jungen und auch vielen anderen SchülerInnen über Jahre wiederholt widerfährt, ist mehr als antisozial – es ist vor allem eine große Ungerechtigkeit. Philip wird nicht nur absichtlich schikaniert, gedemütigt und gequält, sondern dies geschieht in einer Art und Weise, die ihm keinerlei faire Chance zur Selbstverteidigung lässt: Er wird von stärkeren Mitschülern, die dazu auch noch in der Überzahl sind, drangsaliert. Dieser konkrete Bullying-Fall und definitionsgemäß auch alle anderen Bullying-Situationen verletzen somit ganz eklatant Kriterien verschiedener Gerechtigkeitsprinzipien und zwar Kriterien der distributiven Gerechtigkeit – Philip hat diese Behandlung in keiner Weise verdient, Kriterien der prozeduralen Gerechtigkeit – Philip hat keinerlei Handlungsmöglichkeiten, sich zum Beispiel effektiv zu wehren, und insbesondere Kriterien der interpersonalen Gerechtigkeit – Demütigung und Erniedrigung des Jungen scheinen gerade der Sinn des Schikanierens zu sein.

Es gibt kaum Grund zu der Annahme, dass Kinder und Jugendliche, die im Allgemeinen sehr viel Wert auf Gerechtigkeit legen (z. B. Fan & Chan, 1999), dies übersehen. Daraus folgt, dass Bullying zumindest teilweise gerechtigkeitspsychologisch erklärbar sein müsste. Dabei ist zu beachten, dass sich das Phänomen je nach der individuellen Rolle und Betroffenheit ganz unterschiedlich darstellt. Für Opfer ist die Betroffenheit sehr hoch und sie sind diejenigen, denen Ungerechtigkeit widerfährt. TäterInnen, AssistentInnen und VerstärkerInnen sind in unterschiedlichem Ausmaß persönlich beteiligt, aber eher in der Rolle derjenigen, die durch ihr Verhalten Ungerechtigkeit erzeugen. Außenstehende und VerteidigerInnen sind zunächst unbeteiligte Beobachter der Ungerechtigkeit; sie reagieren dann jedoch ganz unterschiedlich mit passiver Duldung oder mit aktiver Hilfe.

Das individuelle Verhalten von Kindern und Jugendlichen sollte durch Sozialisationsprozesse erklärt werden können. Dabei sollten wichtige Sozialisationsinstanzen wie Familie und außerfamiliäre Institutionen wie beispielsweise die Schule von zentraler Bedeutung sein. Insbesondere in der Schule, die einen Ausschnitt der Gesellschaft darstellt, werden Kinder für gewöhnlich erstmals mit Regeln auf institutioneller Ebene konfrontiert. Das LehrerInnenverhalten ist ebenso wie das SchülerInnenverhalten durch Schulregeln und -gesetze bestimmt. Auf ihrer Grundlage wird die Angemessenheit des zwischenmenschlichen Umgangs gelernt. Jugendliche müssen außerdem lernen, dass Institutionen und die Personen, die sie repräsentieren, legitimiert sind. Diese Legitimität ist durch institutionelle Regeln definiert, welche wiederum auf das geltende Recht zurückgehen und individuelles Verhalten limitieren. Die Akzeptanz der Legitimität scheint eine wichtige Vorbedingung für die Entwicklung einer intrinsischen Motivation zu sein, dem Recht und Institutionen zu folgen (Tyler, 1984). Eine wichtige Entwicklungsaufgabe der Adoleszenz ist somit zunächst die Entwicklung einer positiven Einstellung gegenüber schulischen Regeln. Gelingt diese, können SchülerInnen das in der Schule Gelernte später auf das gesellschaftliche System generalisieren – sie lernen, auch außerschulische Autoritäten und Institutionen wie Polizei und Rechtssystem zu akzeptieren. Jugendliche, denen diese Akzeptanz fehlt, zeigen hingegen häufig abweichendes Sozialverhalten in der Schule (Emler & Reicher, 1987).

Da Schule eine der ersten institutionellen Sozialisationsinstanzen ist, mit der Kinder dauerhaft und intensiv in Kontakt kommen, wird dort ein erstes Verständnis institutioneller Autoritäten gewonnen. Emler, Ohana und Moscovici (1987) konnten belegen, dass Kinder schon im Alter zwischen sieben und elf Jahren ein ungefähres Verständnis formaler Belange von LehrerInnenverhalten und des hierarchischen Charakters institutioneller Autoritäten entwickeln sowie zwischen institutionellen Pflichten und persönlichen Präferenzen unterscheiden. Eine persönliche Einstellung gegenüber institutionellen Autoritäten entwickelt sich dagegen erst später in der Adoleszenz. Emler und Reicher (1987) untersuchten Zwölf- bis Siebzehnjährige hinsichtlich ihrer Einstellung gegenüber der Schule, der Polizei und dem Gesetz sowie ihres selbstberichteten Ungehorsams. Dabei zeigten sich erhebliche interindividuelle Unterschiede in den Einstellungen, aber erstaunlich hohe Konsistenz bezüglich der drei Institutionen. Dies deutet darauf hin, dass sich eine Einstellung gegenüber Autoritäten im Allgemeinen entwickelt und nicht gegenüber einzelnen Institutionen. Mädchen hatten insgesamt positivere Einstellungen und berichteten weniger Ungehorsam als Jungen, aber sowohl bei Mädchen als auch bei Jungen waren die positiven Einstellungen gegenüber den Autoritäten und Ungehorsam negativ korreliert. Mit der Entwicklung von Einstellungen gegenüber Autoritäten in der Schule, also insbesondere gegenüber den LehrerInnen, könnte somit die Grundlage für das Sozialverhalten innerhalb und außerhalb der Schule gelegt werden.

Es wird hier nun vor allem angenommen, dass es gerade die Gerechtigkeitserfahrungen mit LehrerInnen im Sinne des subjektiven Erlebens von Gerechtigkeit und Ungerechtigkeit in der Schule sind, welche die Legitimität und Akzeptanz von LehrerInnen sowie schulischen Autoritäten ermöglichen und somit den Erwerb positiver oder negativer Einstellungen gegenüber Autoritäten betreffen. Je mehr sich SchülerInnen persönlich gerechter Behandlung ausgesetzt fühlen, als desto legitimer werden sie Lehrkräfte erleben und als Autoritäten akzeptieren und desto positiver werden sie Lehrkräfte insgesamt beurteilen. Positive Einstellungen der SchülerInnen gegenüber ihren LehrerInnen werden generalisiert, wodurch sich positive Einstellungen gegenüber schulischen und schließlich auch außerschulischen Autoritäten entwickeln. Diese ermöglichen eine positive Haltung gegenüber Regeln sowie Normen und resultieren in intrinsischer Motivation, sich sozial angemessen, das heißt regelkonform zu verhalten. Dass subjektives Erleben von Gerechtigkeit in der Schule positiv mit der Entwicklung einer Akzeptanz schulischer sowie außerschulischer institutioneller Autoritäten und damit auch der dazugehörigen Regeln und Gesetze zusammenhängt, ist in einer Studie von Gouveia-Pereira, Vala, Palmonari und Rubini (2003) gezeigt worden. Somit können schulische Gerechtigkeitserfahrungen eine zentrale Rolle bei der Entwicklung des Sozialverhaltens von SchülerInnen einnehmen.

Einer der einflussreichsten Gerechtigkeitstheorien, der Group-Value-Theory (Lind & Tyler, 1988) zufolge deuten Gerechtigkeitserfahrungen vor allem darauf hin, ob eine Person ein wertvolles Mitglied einer Gruppe ist. Gerechte Behandlung signalisiert demnach, nicht nur irgendein, sondern ein wertgeschätztes Gruppenmitglied zu sein, wohingegen Ungerechtigkeit Ausgrenzung darstellt. Den LehrerInnen als zentralen Akteuren in der Schule kommt dabei eine besondere Definitionsmacht zu. Das Erleben der Gerechtigkeit ihres Handelns ist entscheidend für die subjektiv erlebte Zugehörigkeit von SchülerInnen zur Schulgemeinschaft, also für das subjektive Inklusionsempfinden. Wer sich als Teil der Gemeinschaft empfindet, ist motiviert, sich den gemeinschaftlichen Zielen, Vereinbarungen und Regeln gemäß zu verhalten. Umgekehrt bedeutet dies, dass schulische Ungerechtigkeitserfahrungen und subjektives Exklusionsempfinden von SchülerInnen zu abweichendem Sozialverhalten sowie zu einer Neigung zu Regelbrüchen wie Bullying-Verhalten, Mogeln in der Schule oder Delinquenz führen können.

Zusammenfassend lässt sich also festhalten, dass das schulische Gerechtigkeitserleben von SchülerInnen in Form der persönlich erlebten LehrerInnengerechtigkeit über zwei verschiedene Prozesse mit dem Sozialverhalten von SchülerInnen in Verbindung stehen kann. Zum einen entwickeln SchülerInnen, die subjektiv Gerechtigkeit in der Schule erleben, eine positive Einstellung gegenüber ihren LehrerInnen, schulischen und letztlich auch außerschulischen Autoritäten, lernen, deren Legitimität zu akzeptieren, und sind somit motiviert, sich regelkonform zu verhalten. Zum anderen vermittelt die subjektiv erlebte Gerechtigkeit des Handelns der LehrerInnen einem persönlich gegenüber das Gefühl, ein wertvolles Mitglied der schulischen Gemeinschaft zu sein, sich also inkludiert zu fühlen, was SchülerInnen dazu motiviert, ihr Verhalten an den gemeinschaftlichen Regeln auszurichten. Beide Prozesse machen regelwidriges Verhalten und Verhaltensauffälligkeiten wie Bullying unwahrscheinlich. Wenn sich SchülerInnen jedoch ungerecht von ihren LehrerInnen behandelt fühlen, entwickeln sie keine positive Einstellung schulischen sowie außerschulischen Autoritäten gegenüber und fühlen sich exkludiert, also von der schulischen Gemeinschaft ausgeschlossen. Folglich sind Verhaltensauffälligkeiten wie Bullying-Verhalten wahrscheinlich, wobei es auch hier zur Generalisierung kommen kann: In einigen Studien konnte belegt werden, dass Bullying-TäterInnen in der Adoleszenz zu Jugenddelinquenz und im Erwachsenenalter verstärkt zu straffälligem Verhalten tendieren (z. B. Baldry & Farrington, 2000; Rigby & Cox, 1996).

3. Der Gerechte-Welt-Glaube, schulisches Gerechtigkeitserleben und Bullying

Das Erleben schulischer Gerechtigkeit ist ein subjektiver Prozess, der durch individuelle Merkmale von Personen, wie Persönlichkeitsmerkmale, beeinflusst wird. Für das subjektive Gerechtigkeitserleben ist der Gerechte-Welt-Glaube als Persönlichkeitsmerkmal bedeutsam. Er trägt mittels Assimilation dazu bei, dass Ereignisse als eher gerecht erlebt werden. Für die von SchülerInnen persönlich erlebte LehrerInnengerechtigkeit könnte daher der Gerechte-Welt-Glaube eine Rolle spielen. Außerdem legt die Motivfunktion des Gerechte-Welt-Glauben die Vermutung nahe, dass er auch für das Sozialverhalten von SchülerInnen bedeutsam ist, wobei in diesem Zusammenhang die LehrerInnengerechtigkeit wahrscheinlich eine vermittelnde Rolle einnimmt. Der Glaube an eine gerechte Welt stellt einen Indikator eines persönlichen Vertrages von Menschen mit sich selbst dar und kann im Sinne eines impliziten Gerechtigkeitsmotivs verstanden werden (= Motivfunktion; Dalbert, 2001; Dalbert & Umlauft, 2009; Donat, 2010). Im Brennpunkt des persönlichen Vertrages steht die Verpflichtung, Gerechtigkeit mittels eigener Handlungen anzustreben und damit zur Aufrechterhaltung einer gerechten Welt beizutragen (Lerner, 1977) sowie eigene Ziele durch den Einsatz gerechter Mittel zu erreichen (Dalbert, 2001; Hafer, 2000). Dagegen stellt eigenes ungerechtes Verhalten eine Verletzung des persönlichen Vertrages dar, also einen Bruch, welcher in einer gerechten Welt nicht zu rechtfertigen ist. Im Sinne der Motivfunktion begünstigt der Gerechte-Welt-Glaube somit das gerechte Handeln von Menschen und führt zur intuitiven Vermeidung eigener Ungerechtigkeit. Antisoziale Verhaltensweisen wie Bullying sind ungerecht und bedeuten eine Bedrohung des Gerechte-Welt-Glaubens sowie des persönlichen Vertrages. Folglich ist ein direkter negativer Zusammenhang zwischen dem Gerechte-Welt-Glauben und Bullying-Verhalten zu erwarten.

Dieser Zusammenhang ist erstmalig von Correia und Dalbert (2008) untersucht worden. 187 portugiesische SchülerInnen der 7. bis 9. Klassenstufe im Alter zwischen 12 und 18 Jahren schätzten sich anhand drei verschiedener Bullying-Rollen (Opfer, TäterIn, VerteidigerIn) ein. Das Ergebnis der Untersuchung war, dass der Gerechte-Welt-Glaube und die Empathie das selbst berichtete Bullying-Verhalten der TäterInnen signifikant erklärten. Je stärker ausgeprägt der Gerechte-Welt-Glaube und die Empathie der SchülerInnen waren, umso seltener berichteten sie, dass sie ihre MitschülerInnen schikaniert hatten. Empathie bezeichnet hierbei die nachempfundene emotionale Reaktion auf die empfundene emotionale Erfahrung anderer Personen (Bryant, 1982) und wird häufig auch als Einfühlungsvermögen aufgefasst. Zur Vorhersage der Opferrolle der SchülerInnen spielten beide Faktoren keine Rolle, während das Verteidiger-Verhalten signifikant durch die Empathie vorhergesagt wurde.

Darüber hinaus ist in der Gerechte-Welt-Forschung für Menschen im Allgemeinen (z. B. Furnham & Procter, 1989; Hafer & Correy, 1999) und für SchülerInnen im Besonderen (Correia & Dalbert, 2007; Dalbert & Stoeber, 2005) gezeigt worden, dass der Gerechte-Welt-Glaube Assimilationsprozesse begünstig, wodurch in ungerechten Situationen Gerechtigkeit kognitiv rekonstruiert wird, beispielsweise in Form von Umbewertungen. Wenn SchülerInnen das Verhalten ihrer LehrerInnen ihnen persönlich gegenüber als ungerecht erleben würden, würde dies ihren Gerechte-Welt-Glauben bedrohen. Je ausgeprägter ihr Gerechte-Welt-Glaube ist, desto stärker wird ihre Motivation sein, durch Umbewertungen Gerechtigkeit kognitiv wieder herzustellen. In der Konsequenz bedeutet dies, dass LehrerInnen als umso gerechter erlebt werden, je stärker ausgeprägt der Gerechte-Welt-Glaube von SchülerInnen ist. Zum anderen sollte die subjektiv erlebte LehrerInnengerechtigkeit, wie bereits dargelegt, über verschiedene Prozesse regelkonformes Sozialverhalten von SchülerInnen begünstigen. Insgesamt nimmt daher die LehrerInnengerechtigkeit sehr wahrscheinlich eine vermittelnde Rolle in der Beziehung zwischen dem Gerechte-Welt-Glauben und dem Bullying-Verhalten von SchülerInnen ein. Donat, Umlauft, Dalbert und Kamble (2012) erweiterten daher die bisherigen Befunde, indem sie die Bedeutung der subjektiv erlebten LehrerInnengerechtigkeit für das Bullying-Verhalten der TäterInnen in zwei verschiedenen kulturellen Kontexten untersuchten, nämlich in Deutschland und Indien. Insgesamt wurden 458 SchülerInnen der 9. und 10. Klassenstufe im Alter von 13 bis 18 Jahren befragt. Hierbei konnten sie die Befunde von Correia und Dalbert (2008) zum Zusammenhang von Bullying-Verhalten und Gerechte-Welt-Glauben replizieren. Je ausgeprägter der Gerechte-Welt-Glaube der SchülerInnen war, desto weniger wahrscheinlicher war Bullying-Verhalten. Des Weiteren zeigte sich, dass die LehrerInnengerechtigkeit diesen Effekt des Gerechte-Welt-Glaubens auf das Bullying-Verhalten vollständig vermittelte. Je stärker ausgeprägt der Gerechte-Welt-Glaube der SchülerInnen war, desto gerechter fühlten sie sich von ihren LehrerInnen behandelt, und je gerechter sie sich von ihren LehrerInnen behandelt fühlten, desto weniger Bullying-Verhalten berichteten sie.

4. Schlussfolgerungen und Diskussion

Die Motivfunktion des Gerechte-Welt-Glaubens (Dalbert, 2001; Lerner, 1980) kann zum Verständnis, warum Menschen zu aggressivem Verhalten im Allgemeinen und SchülerInnen zu Bullying-Verhalten im Speziellen neigen, entscheidend beitragen. Je stärker ausgeprägt der Gerechte-Welt-Glaube von SchülerInnen ist, desto unwahrscheinlicher ist es, dass sie andere SchülerInnen schikanieren. Dieser Zusammenhang ist in verschiedenen kulturellen Kontexten, wie etwa Portugal, Deutschland und Indien beobachtet worden. Das implizite Gerechtigkeitsmotiv steht demnach in negativer Beziehung zu ungerechtem Verhalten, welches einen Bruch des persönlichen Vertrages von Personen bedeutet (Lerner, 1980). Ähnlich wurde in anderen Studien gezeigt, dass ein stark ausgeprägter Gerechte-Welt-Glaube seltener mit regelwidrigem Verhalten (Otto & Dalbert, 2005) und auch mit geringer ausgeprägten delinquenten Absichten einherging (Sutton & Winnard, 2007).

Die LehrerInnengerechtigkeit ist von Bedeutung, da sie das Gefühl der SchülerInnen von sozialer Inklusion stärkt. Auf gerechte und respektvolle Art und Weise von den eigenen LehrerInnen behandelt zu werden, trägt dazu bei, sich als wertvolles Mitglied der Schulklasse zu fühlen (Bude & Lantermann, 2006; Lind & Tyler, 1988; Umlauft, Dalbert & Schröpper, in diesem Band). Dieses Zugehörigkeitsgefühl stärkt die persönliche Verpflichtung, sich in Übereinstimmung mit geltenden Regeln zu verhalten (Emler & Reicher, 2005), und fördert die Motivation zu einem gerechten Umgang mit MitschülerInnen sowie zur Vermeidung regelwidrigen Sozialverhaltens. Zusätzlich ist die LehrerInnengerechtigkeit für das regelwidrige Sozialverhalten von SchülerInnen unter dem Blickwinkel wichtig, dass Schule die erste gesellschaftliche Institution ist, mit der Kinder konfrontiert sind und in welcher sie lernen müssen, die Legitimität von Autoritäten zu akzeptieren. Dies gelingt umso eher, als je gerechter sich SchülerInnen von ihren LehrerInnen behandelt fühlen. Die Zugehörigkeit zu einer gerechten Gruppe sowie die Akzeptanz von Autoritäten scheinen beide durch die subjektiv erlebte Gerechtigkeit des LehrerInnenhandelns befördert zu werden und machen vermutlich umgekehrt beide regelwidriges Sozialverhalten wie Bullying-Verhalten unwahrscheinlich.

Darüber hinaus generalisieren SchülerInnen derartige Gerechtigkeitserfahrungen sowie die damit einhergehenden Verpflichtungen auf andere gesellschaftliche Bereiche (Gouveia-Pereira et al., 2003), was mögliche Konsequenzen für ihr delinquentes Verhalten außerhalb der Schule und im späteren Erwachsenenalter haben kann. Die Gerechte-Welt-Forschung legt die Hypothese nahe, dass sozial verantwortungsvolles Verhalten und die Wiederherstellung von Gerechtigkeit teilweise durch die Motivfunktion des Gerechte-Welt-Glaubens erklärt werden können, was vermutlich durch schulische Gerechtigkeitserfahrungen der SchülerInnen befördert werden kann.

Verhalten in den unterschiedlichen Rollen wie der/s passiven, aber ideell unterstützenden MittäterIn, der/s passiven BeobachterIn sowie der/s aktiven VerteidigerIn von Opfern kann ebenfalls gerechtigkeitspsychologisch erklärt werden. Für TäterIn und MittäterIn stellt Bullying-Verhalten umso eher ein ungerechtes und damit zu unterlassendes Verhalten dar, je ausgeprägter ihr Gerechte-Welt-Glaube und damit ihr implizites Gerechtigkeitsmotiv ist und je mehr sie sich selbst als wertvolles Mitglied einer gerechten (Schul- oder Klassen-) Gemeinschaft sehen.

Insgesamt verweisen die hier vorgestellten theoretischen Überlegungen und empirischen Befunde auf vielfältige und bedeutsame Konsequenzen der subjektiv erlebten (Un-) Gerechtigkeit im Handeln der LehrerInnen für die Erklärung regelwidrigen Sozialverhaltens innerhalb und möglicherweise auch außerhalb der Schule. Beim Gerechtigkeitserleben geht es weniger um die Schulregeln an sich, sondern vielmehr um die persönlichen Erfahrungen mit dem LehrerInnenverhalten im Schulalltag. Die Bullying-Forschung hat bisher zwar eine Reihe von Faktoren identifiziert, welche mit Bullying-Verhalten von TäterInnen in Verbindung gebracht werden können, wie zum Beispiel allgemeine Personen- (z. B. Geschlecht) und Persönlichkeitsmerkmale (z. B. Neurotizismus, Empathie), der Erhalt beziehungsweise die Verbesserung des sozialen Status, die Beliebtheit in der Gruppe der Gleichaltrigen, das elterliche Erziehungsverhalten und das Familienklima sowie strukturelle Merkmale der Schule. Unsere gerechtigkeitspsychologische Betrachtung liefert darüber hinaus einen weiteren, bisher kaum beachteten, aber wichtigen Erklärungsansatz für das Bullying-Verhalten im Besonderen, möglicherweise aber auch für das regelwidrige Sozialverhalten von SchülerInnen im Allgemeinen.

Schule als Ort, an dem Gerechtigkeit vielleicht gerade im Gegensatz zur sozialen und familialen Wirklichkeit erlebt werden kann, hat offenbar ein nicht zu unterschätzendes pädagogisches Potenzial. Dabei scheint es zwar bei den LehrerInnen nicht an Bewusstsein für das Thema oder an Bereitschaft und Motivation zu mangeln, sich gerecht zu verhalten (Kanders, 2000). Aber der Umstand, dass eine Mehrzahl von SchülerInnen spontan zahlreiche Ungerechtigkeitserfahrungen mit ihren LehrerInnen berichten können (z. B. Israelashvili, 1997; Fan & Chan, 1999), verweist darauf, dass es hier Verbesserungsmöglichkeiten gibt. Ein Ansatzpunkt für Veränderungen auf der Seite der LehrerInnen ergibt sich aus dem teilweise ungenügenden Wissen darüber, was SchülerInnen als gerecht und ungerecht erleben, und, sofern solches Wissen vorliegt, aus der Optimierung des alltäglichen Praxistransfers solchen Wissens. Zwar ist das schulische Gerechtigkeitserleben von SchülerInnen nicht mit der „tatsächlichen" Gerechtigkeit des LehrerInnenverhaltens identisch, aber natürlich ist es auch nicht unabhängig davon. Der positive Zusammenhang zwischen dem Gerechte-Welt-Glauben und der subjektiv erlebten LehrerInnengerechtigkeit ist signifikant, aber nicht perfekt. Ein nicht zu unterschätzender Varianzanteil der LehrerInnengerechtigkeit, der nicht durch den Gerechte-Welt-Glauben erklärt wird, kann vermutlich auf bestimmte gerechtigkeitsrelevante Merkmale des LehrerInnenverhalten zurückgeführt werden, wie z. B. Konsistenz im Verhalten oder Unvoreingenommenheit (Fan & Chan, 1999), was erneut die Rolle der LehrerInnen in den Fokus rückt.

4.1 Wie kann Bullying begegnet werden?

Die zentrale Bedeutung des LehrerInnenverhaltens für die Entwicklung des Sozialverhaltens von SchülerInnen im Allgemeinen und der Verhinderung von Bullying im Besonderen wird in einigen Präventions- und Interventionsprogrammen berücksichtigt, ohne dass hier bereits auf die besondere Bedeutung des Gerechtigkeitserlebens der SchülerInnen eingegangen wurde. Diese Programme werden auf mehreren Ebenen durchgeführt, zu denen die Schule und die Klasse gehören, aber auch die Eltern und SchülerInnen (Olweus, 2006; Scheithauer et al., 2003; Spröber et al., 2006, 2008).

Auf der *Schulebene* zielen Maßnahmen auf eine Verbesserung der Pausenaufsicht ab. Wie Olweus (2006) betont, hat sich das Ausmaß an Pausenaufsicht durch Lehrkräfte als wichtiger protektiver Faktor herausgestellt: Je besser die Aufsicht ist, desto seltener tritt Bullying auf. Hierbei ist jedoch auch die „Einstellung Lehrer und Lehrerinnen gegenüber dem Gewaltproblem und ihr Verhalten in Situationen mit Gewalttätigkeit […] von großer Bedeutung für das Ausmaß der Gewaltfälle in der Schule und in der Klasse" (Olweus, 2006, S. 36). Leider sind bei LehrerInnen immer noch Einstellungen zu finden, denen zufolge Opfer mit ihrem eigenen Verhalten ihr Schicksal selbst verschuldet haben. Durch die inkonsistenten oder gar fehlenden Reaktionen der LehrerInnen auf Bullying besteht die Gefahr, dass das Bullying-Verhalten verstärkt wird und TäterInnen lernen, dass ihr Verhalten geduldet und nicht sanktioniert wird. Ein besonderer Aspekt, welcher für das Verhalten von LehrerInnen in diesem Zusammenhang wichtig zu sein scheint, ist Konsistenz. Diese ist von Fan und Chan (1999) als der bedeutendste Faktor für gerechtes LehrerInnenverhalten aus Sicht der SchülerInnen identifiziert worden. LehrerInnen scheinen allerdings verhältnismäßig wenig zu unternehmen, um Bullying zu stoppen. So geben zwischen 40% und 60% der Opfer und auch der TäterInnen an, dass LehrerInnen nur hin und wieder oder fast nie versuchen, bei Bullying zu intervenieren (Olweus, 2006). In der Untersuchung von Hanewinkel und Knaack (1997) antworteten auf die Frage, wie oft Mobbing in der Schule durch LehrerInnen unterbunden worden sei, sogar nur knapp 15% der SchülerInnen, dass dies oft oder immer vorkommen würde.

Wichtige Maßnahmen auf Schulebene bestehen außerdem in der Beeinflussung der schulweiten Struktur, wobei eine enge Zusammenarbeit zwischen Schulleitung, SchülerInnen und deren Eltern angestrebt wird. Hier gilt es vor allem, faktenorientiertes und empirisch gesichertes Wissen über Bullying an Schulen zu vermitteln sowie Beratungsangebote für Opfer und TäterInnen zu schaffen. Maßnahme einiger Präventions- und Interventionsprogramme ist die Entwicklung eines schulweit geltenden Verhaltenskodex. Dieser zielt darauf ab, eine gemeinsame Norm für das Sozialverhalten von SchülerInnen und LehrerInnen zu setzen und zu verfolgen. Vor allem hieran sollten die Erkenntnisse unserer Forschung geknüpft werden. Zum einen ist es aus unserer Sicht wichtig, bei der Implementierung dieser Norm Prinzipien sowie Kriterien der distributiven, prozeduralen und interpersonalen Gerechtigkeit zu berücksichtigen. Hier ist zum Beispiel an das Gleichheitsprinzip, welches die Gleichheit und Gleichbehandlung aller fordert, und das Konsistenzkriterium zu denken, welches besagt, dass Verfahren über verschiedene Zeitpunkte hinweg, aber auch bei verschiedenen Personen konsistent durchgeführt werden sollten. Zum anderen kann die Akzeptanz einer gemeinsamen Norm durch SchülerInnen positiv durch gerechtes LehrerInnenverhalten beeinflusst werden und diese Akzeptanz ist die Grundlage dafür, dass sich SchülerInnen entsprechend der gesetzten Norm verhalten. Analog zur Schulebene empfiehlt sich die Berücksichtigung dieser gerechtigkeitsrelevanten Aspekte auch im Hinblick auf *klasseninterne Maßnahmen*, welche unter anderem die gemeinsame Vereinbarung verbindlicher Klassen- und Verhaltensregeln sowie die ebenfalls gemeinsame Ausarbeitung von Sanktionen bei Missachtung dieser Regeln umfassen. Daneben sollte es nicht nur um die Schaffung eines positiven, sondern eben auch eines gerechten Klassenklimas gehen (siehe dazu im Einzelnen z. B. Peter & Dalbert, in diesem Band).

Maßnahmen auf der *SchülerInnenebene* umfassen unter anderem Sanktionen, Opferhilfe, die Be- und Verstärkung von SchülerInnen, die anderen SchülerInnen helfen, sowie die Stärkung sozialer Kompetenzen und Problemlösefertigkeiten. Zu Maßnahmen auf der *Elternebene* gehören im Allgemeinen die Aufklärung über das Bullying-Phänomen, die Vermittlung unter anderem von Strategien zur positiven Beziehungsgestaltung, zur Förderung positiven Sozialverhaltens und zum Umgang mit Problemverhalten sowie von Handlungsmöglichkeiten bei Bullying.

Ausgehend von den Erkenntnissen zum Participant-Role-Ansatz (Salmivalli et al., 1996) zielt ein weiterer Ansatz zur Prävention und Intervention von Bullying auf die Stärkung der Helfer-Gruppe ab. Hierzu zählt unter anderem auch die Wissensvermittlung über SchülerInnenrollen im Bullying-Prozess, eine Art Selbstreflexion des eigenen Verhaltens sowie das Einüben neuer Verhaltensweisen in Form von Rollenspielen. Bullying muss als ein Problem erkannt werden, das nicht nur zwischen TäterInnen und Opfern stattfindet; das soziale System, in diesem Fall die Schulklasse, macht den Missbrauch sozialer Macht erst möglich. Das bedeutet, dass bei Interventions- und Präventionsmaßnahmen nicht nur TäterInnen und Opfer einbezogen werden dürfen. Stattdessen sollte immer die ganze Klasse beteiligt sein. Insbesondere betonen Herrmann (2010) wie auch Schäfer und Korn (2004), dass ein großes Potenzial in der Gruppe der neutralen SchülerInnen oder der Außenstehenden zu finden ist. Um erfolgreich gegen Mobbing vorgehen zu können, ist eine breite Front von SchülerInnen wichtig, die sich für ein friedliches Miteinander stark machen und aktiv gegen Mobbing vorgehen. Deshalb versprechen Maßnahmen, die ursprünglich neutrale SchülerInnen dazu bewegen, Partei für das Mobbing-Opfer zu ergreifen, wirkungsvoll zu sein. Diese SchülerInnen müssen jedoch darauf vertrauen können, dass ihre Bemühungen Aussicht auf Erfolg haben.

Beim Bullying-Prozess besteht die Gefahr, dass sich Bullying-Rollen relativ schnell verfestigen. Dies scheint vor allem hinsichtlich der TäterInnen- und Opfer-Rolle bedenklich, weshalb Bullying bereits in der Entstehungsphase wirksam bekämpft werden muss. Daher sollte die Präventionsarbeit an Schulen ausgedehnt sowie LehrerInnen und SchülerInnen durch Aufklärungsarbeit mit Handlungskompetenzen ausgestattet werden. Dies setzt in erster Linie jedoch eines voraus: die Kooperation zwischen Schulleitung, LehrerInnen, Eltern und SchülerInnen.

4.2 Ausblick

Bullying ist eine spezifische Form des schulischen antisozialen Verhaltens und dieses Verhalten kann besser verstanden werden, wenn in Ergänzung bisheriger Ansätze auch die Gerechtigkeitspsychologie herangezogen wird. Bullying ist ein ungerechtes Verhalten und widerspricht damit einem möglichen Streben, selbst gerecht zu sein und zur Aufrechterhaltung einer gerechten Schul- und Klassengemeinschaft beizutragen. Ein wichtiges Element, ein solches Streben nach Gerechtigkeit zu verstärken und damit die Wahrscheinlichkeit von Bullying zu minimieren, besteht darin, dass sich die SchülerInnen von ihren LehrerInnen gerecht behandelt fühlen. Wir empfehlen daher, in der Forschung zum Bullying die LehrerInnengerechtigkeit stärker zu berücksichtigen und in den Präventions- und Interventionsprogrammen gerechtigkeitsrelevante Aspekte stärker auszuleuchten.

Literatur

Alsaker, F.D. (2003). *Quälgeister und ihre Opfer. Mobbing unter Kindern – und wie man damit umgeht.* Bern: Huber Verlag.

Astor, R.A., Benbenishty, R. & Estrada, J.N. (2009). School violence and theoretically atypical schools: The principal's centrality in orchestrating safe schools. *American Educational Research Journal, 46,* 423-461.

Baldry, A.C. (2004). The impact of direct and indirect bullying on the mental and physical health of Italian youngsters. *Aggressive Behavior, 30,* 343-355.

Baldry, A.C., & Farrington, D.P. (2000). Bullies and delinquents: Personal characteristics and parental styles. *Journal of Community and Applied Social Psychology, 10,* 17-31.

Bandura, A. (1976). *Lernen am Modell: Ansätze einer sozial-kognitiven Lerntheorie.* Stuttgart: Klett.

Björkqvist, K. & Österman, K. (1998). *Scales for research on interpersonal relations. Pro Facultate, No. 4.* Vasa: Faculty of Social and Caring Sciences, Åbo Akademi University.

Boulton, M.J. (1996). Bullying in mixed sex groups of children. *Educational Psychology, 16,* 439-443.

Bryant, B. (1982). An index of empathy for children and adolescents. *Child Development, 53,* 413-425.

Bude, H. & Lantermann, E.-L. (2006). Soziale Exklusion und Exklusionsempfinden. *Kölner Zeitschrift für Soziologie und Sozialpsychologie, 58,* 233-252.

Connolly, I. & O'Moore, M. (2003). Personality and family relations of children who bully. *Personality and Individual Differences, 35,* 559-567.

Correia, I. & Dalbert, C. (2007). Belief in a just world, justice concerns, and well-being at Portuguese schools. *European Journal of Psychology of Education, 22,* 421-437.

Correia, I. & Dalbert, C. (2008). School bullying: Belief in a personal just world of bullies, victims and defenders. *European Psychologist, 13,* 249-254.

Craig, W.M. & Harel, Y. (2004). Bullying, physical fighting and victimization. In C. Currie, C. Roberts, A. Morgan, R. Smith, W. Settertobulte, O. Samdal & V. Barnekow Rasmussen (Eds.), *Young people's health in context. Health behavior in school-aged children (HBSC) study: International report from the 2001/2002 survey.* (S. 133-144). Copenhagen, Denmark: WHO.

Craig, W.M. & Pepler, D.J. (1995). Peer processes in bullying and victimization: An observational study. *Exceptionality Education Canada, 5,* 81-95.

Crick, N.R. & Grotpeter, J.K. (1995). Relational aggression, gender, and social-psychological adjustment. *Child Development, 66,* 710-722.

Dalbert, C. (2001). *The justice motive as a personal resource: Dealing with challenges and critical life events.* New York: Plenum Press.

Dalbert, C. & Stoeber, J. (2005). Belief in a just world and distress at school. *Social Psychology of Education, 8,* 123-135.

Dalbert, C., & Umlauft, S. (2009). The role of the justice motive in economic decision making. *Journal of Economic Psychology, 30,* 172-180.

Donat, M. (2010). *Dissoziation des Gerechtigkeitsmotivs und unbewusstes Denken bei der Entscheidungsfindung.* Hamburg: Verlag Dr. Kovac.

Donat, M., Umlauft, S., Dalbert, C. & Kamble, S. (2012). Belief in a just world, teacher justice, and bullying behavior. *Aggressive Behavior, 38,* 185-193.

Emler, N. & Reicher, S. (1987). Orientations to institutional authority in adolescence. *Journal of Moral Education, 16,* 108-116.

Emler, N. & Reicher, S. (2005). Delinquency: Cause or consequence of social exclusion? In D. Abrams, J. Marques & M. Hogg (Eds), *The social psychology of inclusion and exclusion* (pp. 211-241). Philadelphia, PA: Psychology Press.

Emler, N., Ohana, J. & Moscovici, S. (1987). Children's beliefs about institutional roles: A cross-national study of representations of the teacher's role. *British Journal of Educational Psychology, 57,* 26-37.

Fan, R.M. & Chan, S.C.N. (1999). Students' perceptions of just and unjust experiences in school. *Educational and Child Psychology, 16,* 32-50.

Furnham, A. & Procter, E. (1989). Belief in a just world: Review and critique of the individual difference literature. *British Journal of Social Psychology, 28,* 365-384.

Gouveia-Pereira, M., Vala, J., Palmonari, A. & Rubini, M. (2003) School experience, relational justice and legitimation of institutional authorities. *European Journal of Psychology of Education, 18,* 309-325.

Hafer, C.L. (2000). Investment in long-term goals and commitment to just means drive the need to believe in a just world. *Personality and Social Psychology Bulletin, 26,* 1059-1073.

Hafer, C.L. & Correy, L. (1999). Mediators of the relation between belief in a just world and emotional responses to negative outcomes. *Social Justice Research, 12,* 189-204.

Hanewinkel, R. & Knaack, R. (1997). Mobbing: Eine Fragebogenstudie zum Ausmaß von Aggression und Gewalt an Schulen. *Empirische Pädagogik, 11,* 403-422.

Hawker, D.S.J. & Boulton, M.J. (2000). Twenty years' research on peer victimization and psychosocial maladjustment: A meta-analytic review of cross-sectional studies. *Journal of Child Psychology and Psychiatry, 41,* 441-455.

Herrmann, M. (2010). *Warum Schüler ihre Mitschüler schikanieren: Zur Bedeutung des Gerechtigkeitsmotivs für verschiedene Bullying-Rollen.* Dissertation. Halle (Saale): Martin-Luther-Universität Halle-Wittenberg, Arbeitsbereich Pädagogische Psychologie.

Israelashvili, M. (1997). Situational determinants of school students' feeling of injustice. *Elementary School Guidance and Counseling, 31,* 283-292.

Juvonen, J., Graham, S. & Schuster, M.A. (2003). Bullying among young adolescents: The strong, the weak, and the troubled. *Pediatrics, 112,* 1231-1237.

Kaltiala-Heino, R., Rimpelä, M., Rantanen, P. & Rimpelä, A. (2000). Bullying at school: An indicator of adolescents at risk for mental disorders. *Journal of Adolescence, 23*, 661-674.

Kanders, M. (2000). *Das Bild der Schule aus der Sicht der Schüler und Lehrer II.* Dortmund: IFS-Verlag.

Kumpulainen, K., Räsänen, E. & Puura, K. (2001). Psychiatric disorders and the use of mental health services among children involved in bullying. *Aggressive Behavior, 27*, 102-110.

Lerner, M.J. (1977). The justice motive: Some hypotheses as to its origins and forms. *Journal of Personality, 45*, 1-52.

Lerner, M.J. (1980). *The belief in a just world: A fundamental delusion.* New York: Plenum.

Leymann, H. (1993). *Mobbing – Psychoterror am Arbeitsplatz und wie man sich dagegen wehren kann.* Reinbek: Rowohlt.

Lind, E.A. & Tyler, T.R. (1988). *The social psychology of procedural justice.* New York: Plenum.

Lösel, F. & Bliesener, T. (1999). Germany. In P.K. Smith, Y. Morita, J. Junger-Tas, D. Olweus, R. Catalano & P. Slee (Eds.). *The nature of school bullying: A cross-national perspective* (S. 224-249). London: Routledge.

Lösel, F., Averbeck, M. & Bliesener, T. (1997). Gewalt zwischen Schülern der Sekundarstufe: Eine Untersuchung zur Prävalenz und Beziehung zu allgemeiner Aggressivität und Delinquenz. *Empirische Pädagogik, 11*, 327-349.

Melzer, W., Bilz, L. & Dümmler, K. (2008). Mobbing und Gewalt in der Schule im Kontext sozialer Ungleichheit. In: M. Richter, K. Hurrelmann, A. Klocke, W. Melzer & U. Ravens-Sieberer (Hrsg.), *Gesundheit, Ungleichheit und jugendliche Lebenswelten. Ergebnisse der zweiten internationalen Vergleichsstudie im Auftrag der Weltgesundheitsorganisation WHO* (S. 116-140). Weinheim: Juventa.

Olweus, D. (1978). *Aggression in the schools: Bullying and the whipping boys.* Washington, D.C.: Hemisphere Publishing Corporation.

Olweus, D. (1989). Prevalence and incidence in the study of antisocial behavior: Definitions and measurements. In: M.W. Klein (Ed.), *Cross-national research in self-reported crime and delinquency.* Dordrecht, The Netherlands: Kluwer.

Olweus, D. (1991). Bully/victim problems among schoolchildren: Basic facts and effects of a school based intervention program. In D.J. Pepler & K.H. Rubin (Eds.), *The development and treatment of childhood aggression* (S. 411-448). Hillsdale: Erlbaum.

Olweus, D. (1993). *Bullying at school: What we know and what we can do.* Cambridge, MA: Blackwell.

Olweus, D. (1996). *The Revised Olweus Bully/Victim Questionnaire.* Mimeo. Bergen, Norway: Research Center for Health Promotion (HEMIL Center), University of Bergen.

Olweus, D. (2006). *Gewalt in der Schule. Was Lehrer und Eltern wissen sollten – und tun können.* Bern: Huber.

Oswald, H. (1997). Zwischen „Bullying" und „rough and tumble play". *Empirische Pädagogik, 11*, 385-402.

Otto, K. & Dalbert, C. (2005). Belief in a just world and its functions for young prisoners. *Journal of Research in Personality, 39*, 559-573.

Pellegrini, A.D. & Bartini, M. (2000). An empirical comparison of methods of sampling aggression and victimization in school settings. *Journal of Educational Psychology, 92*, 360-366.

Pellegrini, A.D. & Smith, P.K. (1998). Physical activity play: The nature and function of a neglected aspect of play. *Child Development, 69*, 577-598.

Rigby, K. (1997). *Bullying in schools: And what to do about it.* London: Jessica Kingsley Publishers.

Rigby, K. & Cox, I. (1996). The contribution of bullying at school and low self-esteem to acts of delinquency among Australian teenagers. *Personality and Individual Differences, 21*, 609-612.

Rigby, K. & Slee, P.T. (1991). Bullying among Australian school children: Reported behavior and attitudes towards victims. *Journal of Social Psychology, 131*, 615-627.

Rigby, K. & Slee, P.T. (1993). Dimensions of interpersonal relation among Australian children and implications for psychological well-being. *Journal of Social Psychology, 133*, 33-42.

Rigby, K. & Slee, P.T. (1999). Australia. In P.K. Smith, Y. Morita, J. Junger-Tas, D. Olweus, R. Catalano & P. Slee (Eds.), *The nature of school bullying: A cross-national perspective* (S. 324-339). London: Routledge.

Rivers, I. & Smith, P.K. (1994). Types of bullying behaviour and their correlates. *Aggressive Behavior, 20*, 359-368.

Rivers, I., Poteat, V.P., Noret, N. & Ashurst, N. (2009). Observing bullying at school: The mental health implications of witness status. *School Psychology Quarterly, 24*, 211-223.

Salmivalli, C., Lagerspetz, K.M.J., Björkqvist, K., Österman, K. & Kaukiainen, A. (1996). Bullying as a group process: Participant roles and their relations to social status within the group. *Aggressive Behavior, 22*, 1-15.

Schäfer, M. (1996). Aggression unter Schülern. *Report Psychologie, 21*, 700-711.

Schäfer, M., & Korn, S. (2004). Bullying als Gruppenphänomen: Eine Adaptation des "Participant Role"-Ansatzes. *Zeitschrift für Entwicklungspsychologie und Pädagogische Psychologie, 36*, 19-29.

Schäfer, M. Korn, S., Werner, N. & Crick, N. (2006). „... *und es wird immer und immer schlimmer!" Zur Unterscheidung von Bullying und Viktimisierung in der weiterführenden Schule* (Forschungsbericht Nr. 183). München: Ludwig-Maximilians-Universität München, Institut für Pädagogische Psychologie.

Scheithauer, H., Hayer, T. & Petermann, F. (2003). *Bullying unter Schülern: Erscheinungsformen, Risikobedingungen und Interventionskonzepte.* Göttingen: Hogrefe.

Scheithauer, H., Hayer, T., Petermann, F. & Jugert, G. (2006). Physical, verbal, and relational forms of bullying among German students: Age trends, gender differences, and correlates. *Aggressive Behavior, 32*, 261-275.

Spröber, N., Schlottke, P. & Hautzinger, M. (2006). ProACT + E: Ein Programm zur Prävention von „Bullying" an Schulen und zur Förderung der positiven Entwicklung von Schülern. Evaluation eines schulbasierten, universalen, primärpräventiven Programms für weiterführende Schulen unter Einbeziehung von Lehrern, Schülern und Eltern. *Zeitschrift für Klinische Psychologie und Psychotherapie, 35*, 140-150.

Spröber, N., Schlottke, P. & Hautzinger, M. (2008). Bullying in der Schule: Das Präventions- und Interventionsprogramm ProACT+E. Weinheim: Beltz PVU.

Sutton, J. & Smith, P.K. (1999). Bullying as a group process: An adaptation of the participant role approach. *Aggressive Behavior, 25*, 97-111.

Sutton, R.M. & Winnard, E.J. (2007). Looking ahead through lenses of justice: The relevance of just-world beliefs to intentions and confidence in the future. *British Journal of Social Psychology, 46*, 649-666.

Tani, F., Greenman, P.S., Schneider, B.H. & Fregoso, M. (2003). Bullying and the big five: A study of childhood personality and participant roles in bullying incidents. *School Psychology International, 24*, 131-146.

Tyler, T.R. (1984). The role of perceived injustice in defendants' evaluations of their courtroom experience. *Law & Society Review, 18*, 51-74.

Van der Wal, M.F., de Wit, C.A.M. & Hirasing, R.A. (2003). Psychosocial health among young victims and offenders of direct and indirect bullying. *Pediatrics, 111*, 1312-1317.

Gerechte-Welt-Glaube und Antisemitismus – Welche Anforderungen ergeben sich aus der Gerechtigkeitsforschung für den Umgang mit dem Holocaust in der Schule

Florian Schäfer / Claudia Dalbert

In diesem Kapitel wird gezeigt, dass ein positiver Zusammenhang zwischen dem allgemeinen Gerechte-Welt-Glauben und zwei von drei Antisemitismusdimensionen sowie ein negativer Zusammenhang des persönlichen Gerechte-Welt-Glaubens mit einer der Antisemitismusdimension angenommen werden darf. Darüber hinaus konnte ein negativer Zusammenhang zwischen dem Wissen über Juden, Judentum und Israel und allen drei Antisemitismusdimensionen beobachtet werden. Die didaktischen Implikationen dieser Befunde für die Behandlung der Themen Nationalsozialismus und Holocaust werden abschließend diskutiert.

Der Umgang mit dem Thema Holocaust (Shoah) wird im Vergleich zu allen anderen Themen des Geschichtsunterrichtes sowohl von LehrerInnen und SchülerInnen als spezifisch „anders" im Vergleich zu den übrigen Unterrichtseinheiten wahrgenommen (Langer, 2008). Vielfach zeigen sich Abwehrreaktionen von SchülerInnen und kollidieren Wünsche von SchülerInnen nach authentischem Erleben von Geschichte mit wahrgenommenen Fragetabus und Schweigegeboten (Langer, 2008). Im Zusammenhang mit dem Thema Holocaust sind antisemitische Äußerungen im Rahmen der Schule nicht selten, ein Antisemitismus der nicht trotz, sondern wegen *Auschwitz* weit verbreitet ist. Warum der Umgang mit der Shoah Antisemitismus begünstigen kann und wie der Umgang mit der Shoah im schulischen Kontext gestaltet werden sollte, wird im Folgenden untersucht.

So erfolgt zunächst eine Einordnung des Konstruktes Antisemitismus. Hierbei wird Antisemitismus als historisches, gesellschaftliches und gerechtigkeitspsychologisches Phänomen beleuchtet und der gerechtigkeitspsychologische Erklärungsansatz mit traditionellen Erklärungen kontrastiert. Darauf aufbauend werden abschließend Überlegungen für den schulischen Umgang mit dem Holocaust (Holocaust-Education) formuliert.

1. Zur Phänomenologie des Antisemitismus

Antisemitismus wird in den Wissenschaften aus verschiedenen Perspektiven betrachtet. Drei dieser Perspektiven auf das Phänomen Antisemitismus sollen hier beschrieben werden.

1.1 Antisemitismus als historisches Phänomen

Antisemitismus bezeichnet in der heutigen wissenschaftlichen und öffentlichen Darstellung eine Vielzahl antijüdischer Einstellungen und Handlungen. Der Begriff Antisemitismus entstand im Jahr 1879 und ist eng verbunden mit dem Namen Wilhelm Marr, der in Zeiten jüdischer Emanzipation in Europa (Benz, 2004) die sogenannte „Antisemitische Liga", gegründet hatte. Ohne jegliche theoretische Herleitung und Definition ging er als modische Wortschöpfung schnell in den Sprachgebrauch ein und umfasst seither verschiedenste Formen und Stufen der Ablehnung von Juden.

Nach Hilberg (1990) lässt sich der Beginn antijüdischer Bewegungen auf das frühe vierte Jahrhundert zurückführen. Durch den zunehmenden Einfluss des Christentums in Rom und den religiösen Alleingültigkeitsanspruch der christlichen Religion oblag es nun 1200 Jahre der katholischen Kirche zu definieren, wie mit den Juden zu verfahren sei. In einem konflikthaften Ablösungsprozess des Christentums vom Judentum (Bergmann, 2006) bedeutete dies meist die (gewaltsame) Bekehrung der Juden. Dieser religiös motivierten Judenfeindschaft, auch Antijudaismus genannt, folgten seit dem 13. Jahrhundert, auch nach der Trennung von Kirche und Staat, Vertreibungen von Juden in ganz Europa. Neben zu dieser Zeit noch vorherrschenden Glaubensgrundsätzen (Juden als Gottesmörder) boten Anschuldigungen den Juden gegenüber, sie vergifteten Brunnen und töteten nicht-jüdische Kinder aus rituellen Gründen, eine Legitimation des Ausschlusses der Juden aus der mittelalterlichen Gemeinschaft. Bekannt ist, dass die Ursache für viele der vermeintlich durch jüdische Brunnenvergiftungen zu beklagenden Opfer die Pest war. Kinder, die als Opfer jüdischer Ritualmorde betrachtet wurden, erhielten post mortem eine Seligsprechung, was antijüdische Einstellungen und Handlungen wohl nur noch gefördert haben kann (Sturzbecher & Freytag, 2001). Derlei Anschuldigungen boten dann auch bis in das 20. Jahrhundert Anlass für kollektive Gewalt gegenüber Juden.

Das Jahr 1941 markierte, so Hillberg (1990), eine Wende in der Geschichte des Antisemitismus. Seit der Machtübernahme der Nationalsozialisten war es in Deutschland und dem besetzten Europa bereits zu massiver Gewalt, zu Entrechtungen und Ausschluss der Juden aus der propagierten Volksgemeinschaft gekommen. Millionen Juden wurden ghettoisiert, den Plan der Verschiffung von Juden (z. B. nach Madagaskar) hatten die Nationalsozialisten verworfen. Zu dieser Zeit wurde die Entscheidung für die Auslöschung des europäischen Judentums besiegelt. Damit folgte auf die historisch frühen Formen religiöser antijüdischer Aktivität in Form der *Bekehrung* („Ihr habt kein Recht, als Juden unter uns zu leben") und weltlicher antijüdischer Aktivität in Form der *Vertreibung* („Ihr habt kein Recht, unter uns zu leben") die Eskalation antijüdischer Gewalt durch Absprechen des Existenzrechts der Juden oder anders: die *Vernichtung* („Ihr habt kein Recht zu leben").

1.2 Antisemitismus als gesellschaftliches Phänomen

Nach Auschwitz, Symbol für die territoriale Lösung oder Endlösung der Judenfrage in Europa (Hillberg, 1990), versuchten verschiedene wissenschaftliche Disziplinen, die Bedingungsfaktoren antijüdischer Haltungen und Gewalt zu ergründen. Das psychoanalytische Interesse richtete sich neben der Behandlung Überlebender und deren Kinder auf ehemalige Mitglieder der nationalsozialistischen Täterorganisationen (NSDAP, SS etc.). Zusammenfassend beschreibt Beland (2004) zu den psychoanalytischen Studien zum Antisemitismus, dass diese übereinstimmend eine Abwehr von Schuldgefühl als motivierenden Faktor identifiziert hätten. Personen könnten motiviert sein, durch die Abwertung von Juden erlebte Gefühle von Schuld und Verantwortlichkeit zu beseitigen. Eine Legitimation der Shoah durch die Abwertung der Ermordeten brächte so das Gefühl von Entlastung mit sich. Es gilt, erlebte emotionale Konflikte zu beseitigen, ohne sich selbst zu schaden. Dies kann gegebenenfalls durch die Zuschreibung negativer Eigenschaften den *Anderen*, in diesem Fall den *Juden* gegenüber, realisiert werden.

Der psychoanalytische Erklärungsansatz der Schuldprojektion ist auch in die soziologische und sozialpsychologische Forschung eingeflossen. Grundlegend für die Beschreibung des Antisemitismus in diesen Disziplinen ist eine Unterteilung antisemitischer Argumente vor Auschwitz und nach Auschwitz. Die Shoah oder symbolisch gesprochen Auschwitz verkörpert einen Zivilisationsbruch (Diner, 1988), der das Denken der Menschen verändert hat. Der Antisemitismus nach Auschwitz zeigt sich nach Bergmann (2006) heute als ein Antisemitismus ohne Juden. Kommuniziert wird dieser in Form einer Leugnung der Shoah oder Schuldprojektion hierfür auf die Gruppe der Juden. Seit der Staatsgründung Israels im Jahre 1948 werden antisemitische Einstellungen mitunter auch als Antizionismus zum Ausdruck gebracht. Bei Letzterem werden, so Bergmann (2006), zum einen gerade in arabischen Staaten Ideologeme europäischer Tradition (z. B. das der „jüdischen Weltverschwörung") übernommen und zum anderen Juden kollektiv für die Politik Israels verantwortlich gemacht.

Nach Heyder und Iser (2005) beschreibt der Begriff Antisemitismus in der Sozialpsychologie Vorurteile gegenüber Menschen, die Juden sind oder vermeintlich jüdische Merkmale besitzen. Diese Abwertung und Diskriminierung finden sich auf einem individuellen und kulturellen bzw. gesellschaftlichen Niveau. Das persönliche Niveau ist dabei gekennzeichnet durch negative Einstellungen in Form von Stereotypen gegenüber Juden. Das kulturelle und gesellschaftliche Niveau des Antisemitismus kommt darin zum Ausdruck, dass diese stereotypen Vorstellungen von einer Mehrheit der Gesellschaft geteilt werden. Bergmann und Erb (1991) bezeichnen die Zustimmung zu stereotypen Vorstellungen über Juden als ein nicht eindeutiges Zeichen für antisemitische Einstellungen. Eine Trennung antisemitischer Einstellungen von stereotypen Vorstellungen von Juden ist auch nach Devine (1989) sinnvoll, da Stereotype im Gegensatz zu persönlichen Überzeugungen unkontrolliert aktiviert werden. Ein positiver Zusammenhang zwischen stereotypen Vorstellungen über Juden auf der einen und antisemitischen Einstellungen auf der anderen Seite wird aber auch dann vermutet, wenn beide als distinkte Konstrukte betrachtet werden. Daher wird der Begriff Antisemitismus nachfolgend ausschließlich zur Bezeichnung von persönlichen Überzeugungen, also antisemitischen Einstellungen, verwendet.

Heyder und Iser (2005) unterscheiden zwischen *klassischem Antisemitismus*, der durch Vorurteile auf Basis traditioneller stereotyper Vorstellungen über Juden („Gottesmörder", „Wucherer", „Jüdische Weltverschwörung" etc.) manifest wird, und *sekundärem Antisemi-*

tismus, welcher wegen und nicht trotz Auschwitz existiere. Typisch für diesen ist die Verleugnung und Relativierung der nationalsozialistischen Verbrechen, die Forderung, einen Schlussstrich unter die Geschichte und den Umgang mit dieser zu ziehen sowie eine Umkehrung von Opfern und Tätern. Religiöser Antisemitismus (Antijudaismus) wird hier als marginal verstanden, wenn er auch, tradiert über viele Generationen, in Form allgemeiner Vorbehalte gegenüber Juden die Basis für den klassischen Antisemitismus bildet (Benz, 2004). Als *Antisemitismus auf Umwegen* beschreiben Bergmann und Erb (1991) eine weitere Dimension antisemitischer Einstellungen, zu der es aufgrund der Tabuisierung antisemitischer Äußerungen in Deutschland nach 1945 gekommen ist, beispielsweise um außenpolitisch eine Demokratisierung des Landes präsentieren zu können. Da antisemitische Einstellungen trotz des öffentlichen Tabus im privaten Kontext weiterhin existieren, besteht eine Diskrepanz zwischen öffentlichem Dialog und persönlichen Einstellungen. Zu solchen „Umwegen" um das öffentliche Tabu gehört z.B. ein Absprechen des Existenzrechtes des Staates Israel, Vergleiche der israelischen Politik gegenüber den Palästinensern mit der nationalsozialistischen Vernichtung der europäischen Juden oder eine kollektive Beschuldigung von Juden für die israelische Politik.

Zusammenfassend und in inhaltlicher Übereinstimmung mit Heyder und Iser (2005), Bergmann und Erb (1991) sowie Benz (2004) lässt sich Antisemitismus in der heutigen Gesellschaft und insbesondere in Deutschland in Formen der *Ausgrenzung von Juden* (klassischer Antisemitismus), *Antisemitismus im Zusammenhang mit Israelkritik* (Antisemitismus auf Umwegen) und *Abwehr historischer Verantwortung* (sekundärer Antisemitismus) beschreiben. Mit der Bezeichnung Antisemitismus im Zusammenhang mit Israelkritik wird eine Unterscheidung zwischen einer rational geführten Diskussion über israelische Politik und einem Antisemitismus durch chiffrierten Rückgriff auf antijüdische Stereotype vorgenommen.

Zur Frage des Verhältnisses des Antisemitismus zu Phänomenen wie Fremdenfeindlichkeit, Islamophobie, Rassismus, Sexismus und Homophobie berichtet Heitmeyer (2007), dass diese einem gemeinsamen Faktor zugeordnet sind, der als eine Ideologie der Ungleichwertigkeit zu verstehen ist. Die Phänomene, die auf diesen Faktor zurückgehen, bündelt Heitmeyer in dem Begriff der *gruppenbezogenen Menschenfeindlichkeit*.

Die Notwendigkeit der Betrachtung von Antisemitismus als eine Dimension gruppenbezogener Menschenfeindlichkeit und der Entwicklung von Präventions- und Interventionskonzepten wird durch Studien zur Verbreitung des Antisemitismus erhärtet. Auch wenn antisemitische Handlungen einer kleineren Randgruppe der rechtsextremen Szene zuzuordnen sind (Bundesministerium des Inneren, 2007), sind antisemitische Einstellungen in der Gesellschaft weit verbreitet. In einer repräsentativen Studie von Decker und Brähler (2006) stimmten 17.8 Prozent der StudienteilnehmerInnen der Aussage „Auch heute noch ist der Einfluss der Juden zu groß" überwiegend oder vollkommen zu. Antisemitische Einstellungen fanden sich in dieser Studie nicht nur am „rechten Rand", sondern auch in der „Mitte" und am „linken Rand". Gerade dieses Ergebnis verbietet die vereinfachende Beschreibung von Antisemitismus als ein Phänomen am „rechten Rand" der Gesellschaft.

1.3 Antisemitismus als gerechtigkeitspsychologisches Phänomen

Die Gerechte-Welt-Hypothese (Lerner, 1965) besagt, dass Menschen das Bedürfnis haben zu glauben, in einer Welt zu leben, in der jeder das bekommt, was er verdient und auch das verdient, was er bekommt. Mit diesem interindividuell variierenden Glauben (Rubin & Peplau, 1973) sind, so hat die Forschung der letzten Jahrzehnte gezeigt (zusammenfassend, Dalbert, 2001), drei Funktionen verbunden. Je stärker Menschen daran glauben, dass es in der Welt gerecht zugeht, umso mehr vertrauen sie in ihre Mitmenschen (Zuckermann & Gerbasi, 1977) und in gesellschaftliche Institutionen (Correira & Vala, 2004). Dieses Vertrauen ermöglicht wiederum unter anderem Investitionen in ihre Zukunft (z. B. Dette, Stöber & Dalbert, 2004) oder auch das Erbringen besserer Leistungen (Tomaka & Blascovitch, 1994). Daneben indiziert der Glaube an eine gerechte Welt einen persönlichen Vertrag, der das Individuum zu gerechtem Verhalten verpflichtet (Lerner, 1977). So steht der Gerechte-Welt-Glaube mit einer Neigung zur sozialen Verantwortlichkeitsübernahme in positiver Beziehung (Bierhoff, 1994) und begünstigt faire Aufteilungsentscheidungen (Umlauft & Dalbert, 2009). Insgesamt kann der Gerechte-Welt-Glaube daher als adaptiv bezeichnet werden. Menschen sind motiviert ihn zu schützen, wenn er durch Konfrontation mit einer Ungerechtigkeit bedroht wird.

In ihrem bahnbrechenden Experiment zeigten Lerner und Simmons (1966), dass BeobachterInnen bei der Konfrontation mit Ungerechtigkeit um die Wiederherstellung von Gerechtigkeit bemüht sind. Wurden die Möglichkeiten für eine reale Kompensation des Opfers experimentell eingeschränkt, kam es verstärkt zur Abwertung des Opfers, dem scheinbar Ungerechtigkeit widerfahren war. Diese Abwertung bot den BeobachterInnen die Möglichkeit, Gerechtigkeit psychisch zu rekonstruieren. Als Mechanismen dieser Assimilation beobachteter Ungerechtigkeit werden von Dalbert (1996) die Abwertung des Opfers durch Zuschreibung negativer Attribute oder die Verhaltensattribution durch Unterstellung der Selbstverschuldung des Schicksals durch das Opfer beschrieben. Das Opfer ist entweder charakterlich minderwertig und hat daher seine Strafe verdient, oder es hat durch sein eigenes Verhalten dazu beigetragen, dass ihm dieses Schicksal widerfuhr. Hafer (2002) benennt zudem die Strategie der Dissoziation, bei der es zur Distanzierung des Beobachters vom Opfer kommt. Dabei wird der Glaube an eine gerechte Welt geschützt, da das Opfer und seine Lebenswelt nichts mit der eigenen Person und der eigenen Lebenswelt zu tun hat und das Schicksal des Opfers daher die eigene Welt nicht bedroht.

Auch wenn diese Assimilationsstrategien das Wohlbefinden des Beobachters erhöhen und Gefühle von Ärger reduzieren können (Dalbert, 2002), kann hier von einem Gerechtigkeitsparadox (Dalbert, Zick & Krause, 2010) gesprochen werden. Gerade Menschen, die stark an die Gerechtigkeit in der Welt glauben, tragen durch die Abwertung oder Rationalisierung von Leid zur Aufrechterhaltung von Ungerechtigkeit in der Welt bei.

In der Gerechtigkeitsforschung zeigte sich eine Unterscheidung zwischen dem Glauben daran, dass der eigenen Person Gerechtigkeit widerfährt (persönlicher Gerechte-Welt-Glaube), und dem Glauben, dass die Welt grundsätzlich ein gerechter Ort ist (allgemeiner Gerechte-Welt-Glaube) als sinnvoll (Dalbert, 1999; Lipkus, Dalbert & Siegler, 1996). Während der persönliche Gerechte-Welt-Glaube ein besserer Prädiktor für adaptive Konsequenzen ist (z. B. subjektives Wohlbefinden; Dalbert, 1999), ist der allgemeine Gerechte-Welt-Glauben bedeutsamer für die Erklärung abwertender sozialer Einstellungen (z. B. Bègue & Muller, 2006). Beide Formen des Gerechte-Welt-Glaubens können als Indikator für ein implizites Gerechtigkeitsmotiv (Dalbert, 2001) betrachtet werden, das außerhalb des subjektiven Bewusstseins operiert.

Die Beschäftigung mit Antisemitismus heute ist eine Beschäftigung mit dem Antisemitismus „nach Auschwitz". Auch wenn dieser vielfältige Erscheinungsformen besitzt, ist er immer geprägt vom Umgang mit dem millionenfach ungerechten Ereignis der Shoah. Eine direkte Kompensation des Leids der Opfer ist, mit Ausnahme materieller Unterstützung für Überlebende und Hinterbliebene und dem Wahren des Gedenkens an die Opfer, nicht möglich. Der Umgang mit den Überlebenden der Shoah sowie der sozialen, kulturellen und religiösen Gruppe der Juden kann aufgrund der millionenfachen historischen Ungerechtigkeit eine Bedrohung für den allgemeinen Gerechte-Welt-Glauben darstellen. Mangels adäquater Kompensationsmöglichkeiten könnte der Umgang mit der Shoah und aufgrund sozialer Kategorisierungsprozesse (zum Überblick, Klauer, 2008) auch der Umgang mit Juden allgemein eine Bedrohung für den Gerechte-Welt-Glauben darstellen. So werden sowohl die Juden, die Opfer der Shoah wurden, als auch heute lebende Juden als der sozialen Kategorie der Juden zugehörig wahrgenommen. Antisemitismus in Form einer *Ausgrenzung von Juden*, der *Abwehr historischer Verantwortung* oder eines *Antisemitismus im Zusammenhang mit Israelkritik* könnte daher als Mittel betrachtet werden, den Glauben an eine gerechte Welt zu schützen. Dies würde einer kognitiven Form der Wiederherstellung von Gerechtigkeit „nach Auschwitz" entsprechen, und zwar mittels Dissoziation, Opferabwertung und Verhaltensattribution. Ein positiver Zusammenhang zwischen Antisemitismus und Gerechte-Welt-Glaube sollte dabei speziell für den allgemeinen Gerechte-Welt-Glauben erwartet werden, da dieser insbesondere Assimilationsprozesse in Form abwertender sozialer Urteile begünstigt. Der persönliche Gerechte-Welt-Glaube hat sich demgegenüber besonders als Indikator eines persönlichen Gerechtigkeitsmotivs bewährt, das eigenes faires Verhalten begünstigt. Insofern sollten Antisemitismus und persönlicher Gerechte-Welt-Glaube inkompatibel sein. Insgesamt charakterisieren beide Dimensionen ein Streben nach Gerechtigkeit, welches in erster Linie auf intuitiver Ebene operiert wie etwa der Abwertung der Opfer (Lerner & Simmons, 1966) oder dem Selbstwertabfall nach eigenem unfairem Verhalten (Dalbert, 1999). Daher sprechen wir vom Gerechte-Welt-Glauben auch als Indikator eines impliziten Gerechtigkeitsmotivs, das wir von einem expliziten oder selbst-attribuierten Gerechtigkeitsmotiv unterscheiden, welches auf einer reflektierten Ebene operiert und als Teil des motivationalen Selbstkonzepts betrachtet werden kann (Dalbert, 2001; Dalbert & Umlauft, 2009).

Erste Befunde zum Zusammenhang von Gerechte-Welt-Glaube und Antisemitismus konnten in einer repräsentativen Untersuchung zur Gruppenbezogenen Menschenfeindlichkeit beobachtet werden (Dalbert, Zick & Krause, 2010). Erwartungskonform zeigten sich hier positive Zusammenhänge zwischen dem allgemeinen Gerechte-Welt-Glauben und der Mehrzahl der untersuchten Facetten der Gruppenbezogenen Menschenfeindlichkeit inklusive des Antisemitismus sowie umgekehrt negative Zusammenhänge zwischen dem persön-

lichen Gerechte-Welt-Glauben und der Mehrzahl der untersuchten Facetten der Gruppenbezogenen Menschenfeindlichkeit, erneut inklusive des Antisemitismus.

2. Eine Untersuchung zu Antisemitismus und Gerechte-Welt-Glaube bei SchülerInnen

Schäfer und Dalbert (2010) untersuchten diese Zusammenhänge zwischen Gerechte-Welt-
Glaube und Antisemitismus bei 292 SchülerInnen zehnter Klassen aus Regelschulen und
Gymnasien. Das Alter dieser SchülerInnen variierte zwischen 15 und 19 Jahren ($M = 16.0$
Jahre; $SD = 0.7$). 46.7% waren männlich, 53.3% weiblich. 59.8% besuchten zum Zeitpunkt
der Untersuchung ein Gymnasium, 40.2% eine Regelschule, eine Schule mit einem Haupt-
schul- und einem Realschulzweig.

Welzer (2005) geht davon aus, dass (familiale) Kommunikation unter anderem die Erinnerung an geschichtliche Ereignisse und damit auch den Umgang mit diesen in bedeutsamer Weise beeinflusst. In Deutschland müsste es demnach, im Vergleich zu anderen Län-
dern Europas und der Welt eine andere Form von Kommunikation und damit eine andere
Erinnerung an die Shoah geben und gegeben haben. Von Deutschland ist die Shoah ausgegangen – dies bringt per se eine besondere Relevanz des Themas mit sich, die sich schwer-
lich in dieser Form anderswo finden lässt. Von Interesse war hier daher eine Überprüfung
des Antisemitismus in der deutschen Kernbevölkerung und es wurden nur SchülerInnen in
die Betrachtung einbezogen, deren Großeltern und Eltern in Deutschland (in den Grenzen
vor 1938) geboren worden sind.

Neben den schon vielfach überprüften Skalen zur Erfassung des allgemeinen Gerechte-Welt-Glaubens (Dalbert, Montada & Schmitt, 1986) und des persönlichen Gerechte-Welt-
Glaubens (Dalbert, 1999) wurde ein neues Erhebungsinstrument zur Erfassung der drei Dimensionen des Antisemitismus *nach Auschwitz* (Ausgrenzung von Juden [10 Items, $\alpha = .91$,
z. B. „Die Juden in Deutschland sollten nach Israel auswandern"], Antisemitismus im Zusammenhang mit Israelkritik [5 Items, $\alpha = .80$, z. B. „Israel betreibt eine rücksichtslose und
engstirnige Politik"] und Abwehr historischer Verantwortung [3 Items, $\alpha = .72$, „Ich bin es
leid, immer wieder von den deutschen Verbrechen an den Juden zu hören"]) eingesetzt.

In der bisherigen Forschung wurden der Autoritarismus, also die Orientierung an Autoritäten (Adorno et al., 1950), wie auch Stereotype über Juden (Bergmann & Erb, 1991) zur
Erklärung des Antisemitismus heran gezogen. Daher wurden beide Konstrukte auch in unserer Untersuchung kontrolliert. Es wurde angenommen, dass die Zusammenhänge zwischen dem Gerechte-Welt-Glauben und Antisemitismus auch bei Kontrolle von Autoritarismus und negativen Stereotypen sowie der soziodemographischen Faktoren Geschlecht und
Schultyp gelten würden.

Viel diskutiert wurde bisher die Notwendigkeit von Wissensvermittlung als Barriere
gegen Antisemitismus (Sturzbecher & Freytag, 2000). Gerade Wissensvermittlung ist ein
zentrales Erziehungsinstrument im schulischen Kontext. Allerdings wurde Wissen bisher
nicht systematisch untersucht. Daher wollten wir wissen, inwieweit Wissen über Juden und

Judentum tatsächlich in negativer Beziehung zum Antisemitismus steht. Zur Erfassung des tatsächlich vorliegenden Wissens wurde ein Wissenstest konstruiert. Die Zusammenstellung der Fragen erfolgte auf Basis der Lehrpläne des Thüringer Instituts für Lehrerfortbildung, Lehrplanentwicklung und Medien (ThILLM, 2007). Einige Fragen betrafen darüber hinaus jüdisches Leben im unmittelbaren Umfeld der Jugendlichen und aktuelle politische Geschehnisse in Israel und Deutschland. Der Fragebogen erfasste curriculares und allgemeines Wissen der vier Themenbereiche „Geschichte der Juden", „Religion und Kultur der Juden", „Israel" und „Juden in Deutschland" mit jeweils fünf Fragen.

Die Überprüfung der theoretischen Annahmen zum Gerechte-Welt-Glauben und Wissen als Erklärungsfaktoren des Antisemitismus im Jugendalter erbrachte erwatungskonforme Ergebnisse. Die wichtigsten Ergebnisse sind in Abbildung 1 zusammengefasst. Auch bei Kontrolle der soziodemografischen Faktoren, des Autoritarismus, der stereotypen Vorstellungen von Juden und des Wissens, zeigte der allgemeine Gerechte-Welt-Glaube signifikante positive Beziehungen zu den beiden Antisemitismusdimensionen *Ausgrenzung deutscher Juden* und *Antisemitismus im Zusammenhang mit Israelkritik*. Darüber hinaus erklärte der persönliche Gerechte-Welt-Glauben die Dimension *Ausgrenzung von Juden*. Je stärker ausgeprägt der allgemeine Gerechte-Welt-Glaube war, desto mehr neigten die SchülerInnen dazu, deutsche Juden auszugrenzen und Antisemitismus auf dem Umweg der Israelkritik zu äußern. Nur für die Ausgrenzung deutscher Juden fand sich der erwartete negative Zusammenhang zum persönlichen Gerechte-Welt-Glaube. Diese klassische Form des Antisemitismus, die pauschale Abwertung der hier und heute lebenden Juden ist offensichtlich klar als ungerecht erkennbar und von daher nicht mit einem impliziten Gerechtigkeitsmotiv assoziiert. Lediglich die Abwehr historischer Verantwortung entzog sich dem gerechtigkeitspsychologischen Erklärungsversuch.

Das Wissen über Juden, Judentum und Israel konnte hingegen jede der drei Antisemitismusdimensionen erklären: Je besser die SchülerInnen über Juden, Judentum und Israel Bescheid wussten, desto geringer war ihr Antisemitismus.

Abbildung 1: Erklärung des Antisemitismus (bei Kontrolle von Autoritarismus, stereotypen Vorstellungen über Juden und soziodemographischen Faktoren; alle $p \leq .056$)

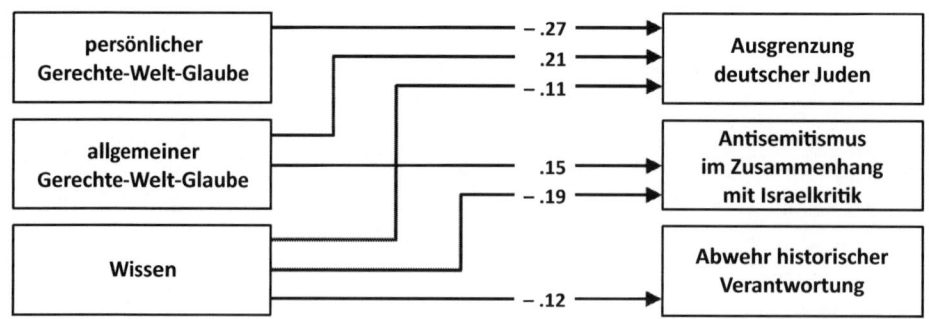

Der Schultyp als Erklärungsansatz für Antisemitismus war wenig aussagekräftig. Zwar gab es einen positiven korrelativen Zusammenhang zwischen dem Schultyp und dem Antisemitismus in der Form, dass dieser an Regelschulen stärker ausgeprägt war als an Gymnasien. Bei Einbezug des Autoritarismus verlor der Schultyp jedoch seine Bedeutung. Es ist wohl eher eine bei den SchülerInnen der Regelschulen stärker ausgeprägte Orientierung an Autoritäten, der als Risikofaktor für den Antisemitismus fungierte als andere mit dem Schultyp einhergehende Merkmale.

Ein Teil der interindividuellen Unterschiede hinsichtlich des Grades des Antisemitismus ließ sich also durch Wissen und den Gerechte-Welt-Glauben erklären. Ob nun Wissen vor Antisemitismus schützt oder ob mit einem geringeren Antisemitismus eine intensivere Beschäftigung mit Juden, Judentum und Israel einhergeht, lässt sich hier nicht beantworten. Die erste Interpretationsmöglichkeit legt eine verstärkte Vermittlung von Wissen nahe, die zweite führt zur Frage nach den Möglichkeiten des Umgangs mit Abwehrhaltungen von SchülerInnen bei der Beschäftigung mit den Themen Juden, Judentum und Israel. Hierauf soll später eingegangen werden. Dass sich Zusammenhänge des allgemeinen Gerechte-Welt-Glaubens mit zwei der drei betrachteten Formen des Antisemitismus zeigten, bestätigt die Annahme, dass Antisemitismus als eine Strategie der kognitiven Wiederherstellung des Glaubens an eine gerechte Welt betrachtet werden kann. Die Abwehr einer historischen Verantwortung ist möglicherweise kein Ausdruck des Motivs, an eine gerechte Welt zu glauben und diesen Glauben zu schützen. Möglicherweise ist diese Abwehr kein oder lediglich ein sehr subtiles Abbild einer Abwertung von Opfern oder eines Selbstverschuldungsvorwurfes gegenüber diesen. Der persönliche Gerechte-Welt-Glaube als Indikator eines impliziten Strebens nach Gerechtigkeit kann als ein möglicher Schutzfaktor gegen Antisemitismus in Form direkter Ausgrenzung betrachtet werden. Für den Fall der subtilen Formen des Antisemitismus (Abwertung historischer Verantwortung sowie Antisemitismus in Zusammenhang mit Israelkritik), die jeweils auf Umwegen kommuniziert werden (Bergmann & Erb, 1991), scheint dies nicht der Fall zu sein.

Interessant für die pädagogische Praxis dürfte auch ein genauerer Blick auf das vorhandene Wissen über Juden, Judentum und Israel sein. An der Verteilung der Beantwortung des Multiple-Choice-Fragebogens lässt sich deutlich erkennen, wie sehr jüdische Kultur als fern und fremd von SchülerInnen wahrgenommen wird. Bei einer maximalen Punktzahl von 5 in den Subtests fiel insbesondere das geringe Wissensniveau zum Thema Israel und dem Wissen zu Juden in Deutschland (jeweils $M = 1.7$, $SD = 1.2$) auf. Gerade in den tagespolitischen Themen stellte sich ein großer inhaltlicher Förderbedarf dar. Im Bereich des historischen Wissens und Wissens über jüdische Religion und Kultur gestaltete sich ebenfalls ein wenig gutes Bild (jeweils $M = 2.2$, $SD = 1.3$). Dies ist zum einen die Konsequenz der Zerstörung jüdischen Lebens und jüdischer Kultur in Europa, zum anderen aber auch ein Spiegelbild Jahrhunderte langer Ausgrenzung von Juden seitens der Mehrheitsgesellschaft, die bestenfalls eine Assimilation der Minderheit zuließ. Einige Beispiele seien im Folgenden angeführt.

Der überwiegende Teil der SchülerInnen sah als Ursprung der europäischen Kultursprache *Jiddisch*, die im Gegensatz zum Hebräischen von den meisten europäischen Juden gesprochen wurde, das Polnische (41%) oder Russische (28%) und nicht (wie es richtig gewesen wäre) das Deutsche (27%) an. 47% der SchülerInnen wussten nicht von der Existenz einer jüdischen Gemeinde in ihrem Wohnort vor 1933 und nur 30% der SchülerInnen, die aus einem Ort kamen, in dem heute wieder eine jüdische Gemeinde existiert, wussten von dieser. Im Gegensatz hierzu wurde der Anteil der Juden an der deutschen Bevölkerung von 63% der SchülerInnen stark überschätzt. Dies ist, wie auch bei der Schätzung des AusländerInnenanteils (Lebhart & Münz, 2000), ein typisches Phänomen: Die Größe von Minderheitengruppen wird von Mitgliedern der Mehrheitsgruppe überschätzt.

Darüber hinaus war das Wissen als fragmentarisch und von stereotypen Vorstellungen geprägt zu bezeichnen. Der überwiegende Teil der SchülerInnen benannte Jitzhak Rabin als israelischen Ministerpräsidenten und Daniel Cohn-Bendit als Vorsitzenden des Zentralrats der Juden in Deutschland. Rabin war einst Ministerpräsident. Über ihn und seine Ermordung im Jahre 1994 wurde vielfach auch in den audio-visuellen Medien berichtet. So ist der Name Rabin zwar repräsentiert, jedoch nicht klar inhaltlich eingeordnet. Der Name „Cohn" in Cohn-Bendit dürfte wohl, nicht zuletzt aufgrund der Langzeitwirkungen antisemitischer Propaganda der Nationalsozialisten, als Symbol für *Juden* verinnerlicht worden sein.

Warum, obgleich eine Fülle öffentlicher Weiterbildungs- und Diskussionsangebote zur Geschichte der Vernichtung der europäischen Juden und der Juden in Europa besteht, derlei Ergebnisse eines Wissenstests möglich sind, sollte in weiteren Studien zur Rezeption dieser Angebote durch SchülerInnen, untersucht werden. Eine von der Universität München durchgeführte Pilotstudie zum Erleben des Themas Holocaust durch LehrerInnen und SchülerInnen (Kühner, Langer & Siegel, 2008) gibt hierüber ersten Aufschluss. So sind SchülerInnen häufig der Beschäftigung mit dem Holocaust aufgrund des Erlebens negativer Gefühle überdrüssig. Zudem sind es familiale Mythen, die die Auseinandersetzung mit dem Thema erschweren. Wenn SchülerInnen beispielsweise Familienangehörige nach deren Rolle in den Jahren der Shoah fragen, laufen sie Gefahr, in Loyalitätskonflikte zu geraten. Einerseits wollen sie den Geschichten ihrer (Ur-)Großeltern Glauben schenken, die vielfach das „Nicht-Wissen" der Zivilbevölkerung über die Verbrechen betonen, andererseits werden sie mit Inhalten konfrontiert, die dies unglaubwürdig erscheinen lassen.

Insgesamt stehen Ergebnisse der Untersuchungen von Schäfer und Dalbert (2010) wie auch der Untersuchung von Dalbert et al. (2010) mit den theoretischen Überlegungen im Einklang, aber die Ergebnisse dürfen nicht kausal überinterpretiert werden. Alle bisher vorliegenden Befunde sind querschnittlich, so dass die potentielle Wirkrichtung nicht eindeutig bestimmt werden kann. Allerdings wurde in beiden Untersuchungen eine Fülle anderer möglicher Erklärungsfaktoren kontrolliert. So wurden bei Schäfer und Dalbert (2010) Stereotype, Autoritarismus oder Wissen kontrolliert. Bei Dalbert et al. (2010) blieben zumindest die Zusammenhänge des Antisemitismus mit dem allgemeinen Gerechte-Welt-Glauben nach Kontrolle des soziodemographischen Hintergrunds sowie der Krisenbetroffenheit erhalten. Insgesamt darf also mit einer gewissen Berechtigung davon ausgegangen werden, dass es sich tatsächlich um spezifische Effekte des allgemeinen Gerechte-Welt-Glaubens handelt.

Die Zusammenhänge zwischen dem Antisemitismus unter Jugendlichen und dem Glauben an eine gerechte Welt verdeutlichen die Notwendigkeit eines Paradigmenwechsels im Umgang mit der Shoah. Die Konfrontation mit dem Leid von Millionen Menschen mit dem

Ziel, Mitgefühl zu erzeugen und prosoziales Handeln zu befördern („Betroffenheitspädagogik"), scheint für SchülerInnen eine Überforderung und eine Bedrohung ihres Glaubens an eine gerechte Welt zu sein. Sollten wir nun aufhören, uns mit dem Holocaust zu beschäftigen, um unsere Vorstellung von einer gerechten Welt zu bewahren oder doch nach Wegen der Auseinandersetzung suchen, die eine erträgliche Annäherung an die Shoah möglich machen?

3. Konsequenzen der Antisemitismusforschung für den Umgang mit dem Holocaust in der Schule

Was kann nun im schulischen Kontext getan werden, um die Entstehung von Antisemitismus zu verhindern und Antisemitismus zu begegnen? Im Rahmen dieses Kapitels kann diese Frage sicher nicht hinreichend beantwortet werden. Es sollen auf Basis der Ergebnisse von Schäfer und Dalbert (2010) und der aktuellen Diskussion zur Gedenkstättenpädagogik Vorschläge formuliert werden, deren empirische Überprüfung in Zukunft noch erfolgen muss.

Imhoff und Banse (2009) stellten in ihrem Experiment fest, dass die Betonung der Folgen der Shoah für die Überlebenden zu einer Erhöhung der Vorurteile gegenüber den Opfern führte. Dies zeigt deutlich, dass die bloße Konfrontation mit Leid als universelles *Humanisierungs-Instrument* (Knigge & Frei, 2002) völlig unbrauchbar ist. Mit Ungerechtigkeit zu konfrontieren birgt darüber hinaus, wie Schäfer und Dalbert (2010) zeigten, die Gefahr der Abwertung der Opfer.

Viele LehrerInnen investieren viel Energie in die Vorbereitung und Durchführung von Unterrichtseinheiten zum Nationalsozialismus und Holocaust (Langer, 2008). Mithilfe des Einsatzes von (fiktionalen) Filmen und insbesondere dem Besuch von Gedenkstätten und Museen erhoffen sich LehrerInnen die Vermittlung von Werten und die Entstehung von empathischen Haltungen gegenüber den Opfern. LehrerInnen und SchülerInnen haben hohe Erwartungen an die Vermittlung der Unterrichtseinheit Nationalsozialismus. LehrerInnen wollen SchülerInnen *erreichen*, SchülerInnen wollen *verstehen*. Nicht selten gehen mit hohen Erwartungen der LehrerInnen Zweifel an der Effizienz und Nachhaltigkeit der Vermittlungsbemühungen einher. Bemühungen, zu beeindrucken, schockieren und betroffen zu machen, bieten LehrerInnen zumindest kurzfristig das Gefühl der Wirksamkeit ihres Unterrichtens, sind jedoch mangels Handlungsmöglichkeiten der SchülerInnen zum Umgang mit der wahrgenommenen Ungerechtigkeit als Risiko hinsichtlich der Entwicklung des Antisemitismus zu bezeichnen. Einschränkend ist jedoch zu sagen, dass es vor dem Hintergrund der bisherigen Befundlage nicht auszuschließen ist, dass ein ausgeprägter Antisemitismus zu einem stärkeren allgemeinen Gerechte-Welt-Glauben führt. Zur Klärung der Wirkrichtung sollten zukünftig Längsschnittstudien durchgeführt werden.

Durch die Konfrontation mit dem Leid kann es zu einer Verstärkung des Antisemitismus kommen (vgl. Imhoff & Banse, 2009). Zudem besteht die Gefahr, dass LehrerInnen hierbei schnell das Gefühl bekommen, gescheitert zu sein, weil ihnen Reaktionen der SchülerInnen (Lachen etc.) inadäquat scheinen. Damit die Konfrontation mit der Shoah nicht zu einer Verstärkung des Antisemitismus führt, müssen mit den SchülerInnen Möglichkeiten des Verstehens erarbeitet werden. Verstehen basiert auf Wissen, aber hierbei reicht nicht das Wissen über die historischen Fakten, sondern es muss das Wissen über die Motive der TäterInnen, MitläuferInnen und ZuschauerInnen hinzu treten.

Dabei ist die quellengestützte Auseinandersetzung mit der Shoah, dem Thema Juden, Judentum und Israel unerlässlich. Entgegen dieser läuft die ausschließliche Nutzung der Erzählungen von Zeit- und Augenzeugen Gefahr, Mythen zu reproduzieren. Inhalte mittels verschiedener Quellen (z. B. museumspädagogisch aufbereitet in Ausstellungen oder zugehörigenden Ausstellungskatalogen) bereit zu halten, kann die Wahrscheinlichkeit eines erfolgreichen Wissenserwerbs erhöhen und somit Antisemitismus verhindern. Um auch bei Vorbehalten, Ängsten und abweichenden Haltungen der SchülerInnen einen Wissenserwerb zu ermöglichen, müssen die Fachkräfte im Blick haben, dass sie den SchülerInnen Möglichkeiten des Verstehens eröffnen müssen anstatt allein Betroffenheit herzustellen oder reines Faktenwissen zu vermitteln. Das setzt pädagogisches Fingerspitzengefühl voraus.

Wenn SchülerInnen eigene Wege des Umgangs mit dem millionenfachen Leid finden dürfen und hierfür Anregungen bekommen, kann sich bei ihnen das Gefühl von Selbstwirksamkeit einstellen. Anders als beispielsweise eine verordnete Schweigeminute für die Opfer der Shoah könnten von SchülerInnen initiierte oder zumindest akzeptierte Gedenkrituale eher als symbolisches Wiederherstellen von Gerechtigkeit empfunden und somit ein Abwerten der Opfer vermeiden helfen. So nähern sie sich den Opfern an und finden dabei Wege, mit Gefühlen wie Angst, Trauer und Wut umzugehen. Erst dieser Umgang im Sinne einer individuellen und aktiven Annäherung lässt eine Ablösung vom Thema zu. Dagegen erzeugt ein sich nicht lösen können eine emotionale Überforderungssituation, die eine Bedrohung des allgemeinen Gerechte-Welt-Glaubens darstellen kann. Wie gezeigt wurde, begünstigt diese wiederum eine Menschenfeindlichkeit in Form des Antisemitismus. Individuelle Wege für den Umgang mit den durch die Konfrontation mit der Shoah entstandenen Gefühlen zeigen sich beispielsweise in der Arbeit des *Vereins Jugend für Dora e.V.* (www. jfd-ev.org). Es kann angenommen werden, dass gerade bei einer starken emotionalen Beteiligung der SchülerInnen die Einbeziehung ihrer Vorstellungen zum Umgang mit dem historischen Ereignis der Shoah wichtiger ist als ein Mitfühlen der SchülerInnen mit den Opfern erzwingen zu wollen. Gerade auf diesem Weg könnten Widerstände im Umgang mit dem Thema vermieden werden.

Da der Besuch von Orten der NS-Verbrechen und der hierzu gehörigen musealen Einrichtungen (Gedenkstätten, Gedenkorte, Mahnmale etc.) in einigen Bundesländern von vielen LehrerInnen als integraler Bestandteil ihres Unterrichts betrachtet wird stellt sich die Frage nach dem Wert dieser Besuche. Insbesondere diese Besuche sind für die LehrerInnen und SchülerInnen mit hohen Erwartungen, jedoch auch Ängsten verbunden. Die Ziele dieser Besuche sind meist vielfältig (Kühner, Langer & Siegel, 2008) und der Erfolg daher schwierig zu ermitteln. Gedenkstätten verstehen sich heute als Lern- und Gedenkorte, in denen es gilt, individuelle Wege zu finden, historisch-politische Bildung und Gedenken zu ermöglichen. Im Rahmen von Gedenkstättenbesuchen besteht für SchülerInnen die Möglichkeit zur quellengestützten Auseinandersetzung und sie haben die Möglichkeit sich individuell der Shoah zu nähern und einen persönlichen Umgang mit den NS-Verbrechen zu erproben. Ein- oder mehrtägige Projektveranstaltungen bieten hierfür einen besseren Rahmen als Führungen von zwei bis fünf Stunden Dauer.

Wie dies begleitend von LehrerInnen vor- und nachbereitet werden kann, wird derzeit unter Gedenkstättenpädagogen diskutiert. Die *Task Force For International Cooperation On Holocaust Education, Rememberance, and Research* (www.holocausttaskforce.org) hält Ideen für die Unterrichtsgestaltung und die Vorbereitung von Gedenkstättenbesuchen bereit, welche LehrerInnen Anregungen für die Unterrichtsgestaltung zum Thema Nationalsozialismus und Holocaust sowie zur Vorbereitung von Gedenkstättenbesuchen geben können. Obgleich Ansätze der Integration des Demokratielernens in Gedenkstätten in Form von Pilotprojekten integriert werden (Kößler, Thimm & Ulrich, 2010), scheinen auch Gedenkstättenbesuche kein alleiniges und universelles Mittel des Erlernens demokratischer Prinzipien zu sein. Sich dem Thema der Shoah anzunähern und dies mit dem Besuch von Gedenkstätten zu tun, setzt voraus, die Möglichkeit zur Annäherung zu bekommen. Ein Klima der Offenheit für Fragen und Diskussionen fernab vom Lehrbuchtext scheint für diese Annäherung eine unbedingte Voraussetzung zu sein. Sich dem historischen Ort anzunähern, um Wissen zu erwerben und die Chance für eine symbolische Wiederherstellung von Gerechtigkeit zu haben, setzt wiederum die Möglichkeit eines Loslassens voraus, um den eigenen Glauben an eine gerechte Welt nicht zu gefährden.

Einen Ort und seine Geschichte verlassen zu können und hierbei über einen eigenen Weg des *Gedenkens* entscheiden zu dürfen, könnte schließlich Abwehrhaltungen und Antisemitismus vermindern ohne dabei eine *produktive Selbstverunsicherung* hinsichtlich der aktuellen zivilisatorischen Sicherheit zu verhindern. Erst in diesem Wechselspiel von Annäherung und Loslösung kann Wissen erworben und der Glaube an eine gerechte Welt geschützt werden.

Literatur

Adorno, T.W., Frenkel-Brunswik, E., Levinson, D.J. & Sanford, R.N. (1950). *The authoritarian personality.* New York: Harper.

Bègue, L. & Muller, D. (2006). Belief in a just world as moderator of hostile attributional bias. *British Journal of Social Psychology, 45,* 117-126.

Beland, H. (2004). Psychoanalytische Antisemitismustheorien im Vergleich. In W. Bergmann & M. Körte, *Antisemitismusforschung in den Wissenschaften* (S.187-218). Berlin: Metropol

Benz, W. (2004). *Was ist Antisemitismus?* Berlin: Bundeszentrale für politische Bildung.

Bergmann, W. (2006). *Geschichte des Antisemitismus.* München: C.H. Beck.

Bergmann, W. & Erb, R. (1991). *Antisemitismus in der Bundesrepublik Deutschland. Ergebnisse der empirischen Forschung von 1946 – 1989.* Opladen: Leske+Budrich.

Bierhoff, H. W. (1994). Verantwortung und altruistische Persönlichkeit. *Zeitschrift für Sozialpsychologie, 25,* 217-226.

Bundesministerium des Inneren (2006). *Der Verfassungsschutzbericht.* Berlin: Bundesministerium des Inneren.

Correia, I. & Vala, J. (2004). Belief in a just world, subjective well-being and trust of young adults. In C. Dalbert & H. Sallay (Eds.), *The justice motive in adolescence and young adulthood: Origins and consequences* (pp. 85-100). London, UK: Routledge.

Dalbert, C. (1996). *Über den Umgang mit Ungerechtigkeit. Eine psychologische Analyse.* München: Huber.

Dalbert, C. (1999). The world is more just for me than generally: About the Personal Belief in a Just World Scale's validity. *Social Justice Research, 12,* 79-98.

Dalbert, C. (2001). *The justice motive as a personal resource: Dealing with challenges and critical life events.* New York: Plenum Press.

Dalbert, C. (2002). Beliefs in a just world as a buffer against anger. *Social Justice Research, 15,* 123-145.

Dalbert, C., Montada, L., & Schmitt, M. (1987). Glaube an eine gerechte Welt als Motiv: Validierungskorrelate zweier Skalen. *Psychologische Beiträge, 29,* 596-615.

Dalbert, C., Zick, A. & Krause, D. (2010). Die Leute bekommen, was ihnen zusteht. Der Glaube an die gerechte Welt und die Gruppenbezogene Menschenfeindlichkeit. In W. Heitmeyer (Hrsg.), *Deutsche Zustände* (Folge 8; S. 87-106). Frankfurt: Suhrkamp.

Decker, O. & Brähler, E. (2006). *Vom Rand zur Mitte.* Berlin: Friedrich-Ebert-Stiftung, Forum Berlin.

Devine, P.G. (1989). Stereotypes and prejudice: Their automatic and controlled components. *Journal of Personality and Social Psychology, 56,* 5-18.

Diner, D. (1988). *Zivilisationsbruch. Denken nach Auschwitz.* Frankfurt am Main: Fischer Verlag.

Hafer, C. (2002). Why do we reject innocent victims. In M. Ross & D.T. Miller (Eds.), *The justice motive in everyday life* (pp. 109-126). Cambridge: Cambridge University Press.

Heitmeyer, W. (Hrsg.). (2004). *Deutsche Zustände, Folge 3.* Frankfurt am Main: Suhrkamp Verlag.

Heitmeyer, W. (Hrsg.). (2007). *Deutsche Zustände. Folge 5.* Frankfurt am Main: Suhrkamp Verlag.

Held, J, Horn, H.-W. & Marvakis, A. (1996). *Gespaltene Jugend. Politische Orientierungen jugendlicher ArbeitnehmerInnen.* Opladen: Leske + Budrich

Heyder, A. & Iser, J. (2005). Criticism of Israel or Anti-semitism. A representative study in Germany. In A. Heyder, *Vorurteile gegenüber Minderheiten in Deutschland – ausgewählte Erklärungsansätze und empirische Analysen repräsentativer Daten* (S. 92-109). Gießen: Dissertation, Universität Gießen, http://geb.uni-giessen.de/geb/volltexte/2006/3598/pdf/HeyderAribert-2006-08-30.pdf

Hilberg, R. (1990). *Die Vernichtung der europäischen Juden.* Frankfurt am Main: Fischer.

Imhoff, R., & Banse, R. (2009). Ongoing Victim Suffering Increases Prejudice: The Case of Secondary Antisemitism. Psychological Science, 20, 1443-1447.

Klauer, K.C. (2008). Soziale Kategorisierung und Stereotypisierung. In B. Six und L.-E. Petersen (Hrsg.), *Stereotype, Vorurteile und soziale Diskriminierung* (S. 23-33). Weinheim: Beltz.

Knigge, V. & Frei, N. (Hrsg.) (2002). *Verbrechen erinnern.* München: C.H. Beck.

Kößler, G., Thimm, B. & Ulrich, S. (2010). Produktive Verunsicherung. In Stiftung Topographie des Terrors (Hrsg.), *Gedenkstättenrundbrief, 153,* 3-8.

Kühner, A., Langer, P.C., & Sigel, R. (2008). Ausgewählte Studienergebnisse. In Bayerische Landeszentrale für politische Bildungsarbeit (Hrsg.), *Einsichten und Perspektiven Themenheft 1/08* (S. 76-82).

Langer, P.C. (2008). Fünf Thesen zum schulischen Besuch von KZ-Gedenkstätten. In Bayerische Landeszentrale für politische Bildungsarbeit (Hrsg.), *Einsichten und Perspektiven Themenheft 1/08* (S. 66-74).

Lebhart, G. & Münz, R. (2000). Einstellungen zu Ausländern und zum Thema Migration in Deutschland und Österreich. *Journal für Konflikt- und Gewaltforschung, 2,* 147-162.

Lerner, M.J. (1965). Evaluation of performance as a function of performer's reward and attractiveness. *Journal of Personality and Social Psychology, 1,* 355-360.

Lerner, M. J. (1977). The justice motive: Some hypotheses as to its origins and forms. *Journal of Personality, 45,* 1-52.

Lerner, M. J. & Simmons, C. H. (1966). The observer's reaction to the „innocent victim": Compassion or rejection? *Journal of Personality and Social Psychology, 4,* 203-210.

Lipkus, I. M., Dalbert, C. & Siegler, I. C. (1996). The importance of distinguishing the belief in a just world for self versus for others: Implications for psychological well-being. *Personality and Social Psychology Bulletin, 22,* 666-677.

Reichle, B. & Schmitt, M. (2002). Helping and rationalization as alternative strategies for restoring the belief in a just world: Evidence from longitudinal change analysis. In M. Ross & D.T. Miller (Hrsg.), *The justice motive in everyday life* (S. 127-148). Cambridge: Cambridge University Press.

Rubin, Z. & Peplau, L.A. (1973). Belief in a just world and reactions to another lot: A study of participants in the national draft lottery. *Journal of Social Issues, 29(4),* 73-79.

Ryan, R.M. & Deci, E.L. (2000). Self-determination Theory and the facilitation of intrinsic motivation, social development, and well-being. *American Psychologist, 55,* 68-78.

Schäfer, F. & Dalbert, C. (2010). Antisemitismus – Für Jugendliche eine Möglichkeit der kognitiven Wiederherstellung von Gerechtigkeit nach dem Holocaust? Halle: Martin-Luther-Universität, AB Pädagogische Psychologie, unveröffentlichtes Manuskript.

Sturzbecher, D. & Freytag, R. (2000). *Antisemitismus unter Jugendlichen*. Göttingen: Hogrefe.

Thüringer Institut für Lehrerfortbildung, Lehrplanentwicklung und Medien (2007, November). Lehrpläne und Lehrplanmaterialien. Abgerufen am 01.11.2007 http://www.thillm.de/thillm/ start_service_lp.html.

Welzer, H. (2005). *Das kommunikative Gedächtnis. Eine Theorie der Erinnerung*. München: Beck.

Zuckerman, M., & Gerbasi, K. C. (1977). Belief in a just world and trust. Journal of Research in Personality, 11, 306-317.

Die Bedeutung des Gerechtigkeitserlebens für das Exklusionsempfinden

Sören Umlauft / Claudia Dalbert / Stefan Schröpper

Dieses Kapitel thematisiert die Frage nach dem Empfinden von SchülerInnen, mehr oder weniger exkludiert zu sein, also nicht dazu zu gehören, wobei wir uns auf das Exklusions-empfinden im Allgemeinen, also gegenüber der Gesellschaft, und auf das schulische Exklusi-onsempfinden, also gegenüber der Schule, beziehen. Es wird erläutert und untersucht, inwie-fern individuelles Gerechtigkeitserleben, insbesondere individuelles Gerechtigkeitserleben in der Schule, in der Familie und im Freundeskreis das Exklusionsempfinden erklären kann.

Ausgangspunkt ist der Begriff der sozialen Exklusion. Soziale Exklusion spielt insbeson-dere für zwei wichtige, soziologische Thesen (vgl. Bude & Lantermann, 2006), nämlich für die These zunehmender Polarisierung zwischen privilegierten und benachteiligten Gruppen moderner Gesellschaften (Polarisierungsthese) sowie für die These zunehmender sozialer Entkopplung moderner Gesellschaften (Diffusionsthese), eine zentrale Rolle. Kerngedanke ist, dass ganze gesellschaftliche Gruppen zunehmend systematisch benachteiligt werden, in-sofern sie geringere Zugehörigkeits- und Teilhabechancen haben und somit gesellschaftlich exkludiert werden. Neben den drei zentralen Parametern Bildung, Beruf und Einkommen werden dabei in jüngerer Zeit noch weitere Indikatoren wie familiäre Einbindung, sozialer Kontakt und institutionelle Anbindung berücksichtigt. Soziale Exklusion wird also immer mehr als komplexes, multifaktorielles Phänomen begriffen, dessen definitorischen Kern die gesellschaftlichen Zugehörigkeits- und Teilhabechancen darstellen.

Bude und Lantermann (2006) entwickelten ein Modell, das einen entscheidenden Schritt weiter geht. Sie nehmen an, dass zwischen objektiver Exklusion, also objektiven Zugehörig-keits- und Teilhabechancen, und dem subjektiven Empfinden sozialer Exklusion unterschieden werden muss. Ihre Überlegung ist relativ einfach, nämlich dass Menschen ihre Perspektiven in der Gesellschaft subjektiv bewerten, wobei sie zum Einen ihre aktuelle Lage und zum An-deren ihre zukünftige Lage einschätzen. Beide Einschätzungen sollen in das subjektive Ex-klusionsempfinden einfließen. In ihren empirischen Untersuchungen konnten Bude und Lan-termann (2006) u. a. zeigen, dass objektive Exklusion und subjektives Exklusionsempfinden zwar miteinander zusammenhängende, aber tatsächlich sehr verschiedene Phänomene sind. Die entscheidende Schlussfolgerung ist, dass beide auch ganz verschiedene Wirkungen ent-falten könnten. Mit anderen Worten: Objektiv exkludiert zu sein, beeinflusst das Leben ganz anders als sich subjektiv exkludiert zu fühlen. Mehr noch, für die tatsächlichen Zugehörig-keits- und Teilhabechancen eines Menschen ist das subjektive Exklusionsempfinden möglicherweise das Bedeutsamere, denn mit objektiver Exklusion kann man im besten Fall konstruktiv umgehen. Subjektives Exklusionsempfinden ist dem eigenen Erleben inhärent und damit direkt verhaltenswirksam, was sehr wahrscheinlich dazu führt, dass man auch selber zum eigenen Ausgeschlossen Sein beiträgt. Es gibt einige psychologische Ansätze und Befunde, die zeigen, inwiefern subjektives Exklusionsempfinden bedeutsam sein könnte. Diese werden im folgenden Abschnitt skizziert, wobei im Hinblick auf das Anliegen dieses Kapitels auf das Exklusionsempfinden von SchülerInnen fokussiert wird.

1. Exklusionsempfinden bei SchülerInnen

Für die Frage nach der Bedeutung des Exklusionsempfindens lässt sich zunächst auf die ganz grundlegende Bedeutung des Zugehörigkeitsgefühls und positiver, zwischenmenschlicher Interaktionen in einer Gruppe oder Gemeinschaft verweisen. Zugehörigkeit oder auch Relatedness sind menschliche Grundbedürfnisse, von deren Befriedigung zentrale adaptive Funktionen und das allgemeine Wohlbefinden abhängen. Im Rahmen der Selbstbestimmungstheorie (vgl. Deci & Ryan, 2002) wird darüber hinaus angenommen, dass die Befriedigung dieser Bedürfnisse zur Entwicklung der Persönlichkeit beiträgt, insbesondere zur Internalisierung gesellschaftlicher Regeln, Werte und Normen und zur widerspruchsfreien Integration selbiger in das eigene Selbst. Es verwundert somit nicht, dass eine Vielzahl von Befunden mit SchülerInnen günstige Zusammenhänge zu psychischen, sozialen und akademischen Variablen belegen. SchülerInnen, die sich in der Schule zugehörig fühlen, haben positivere Gefühle im Schulalltag, fühlen sich den schulischen Anforderungen besser gewachsen, sind bei akademischen oder sozialen Aktivitäten weniger mit selbstbezogenen Ängsten beschäftigt und haben deutlich bessere Leistungen (vgl. Roeser, Midgley & Urdan, 1996). Einige Bildungsforscher haben deshalb dafür plädiert, dass Schulen möglichst so funktionieren sollten, dass sie von allen beteiligten Personen, insbesondere aber von den SchülerInnen, als Gemeinschaft (community) erlebt werden können (z.B. Battistich & Hom, 1997). Darunter verstehen sie eine Umgebung, in der fürsorgliche und unterstützende Beziehungen vorherrschen, in der vielfältige Möglichkeiten zur Mitgestaltung (Partizipation) von Schulaktivitäten und Entscheidungen bestehen und in der bestimmte Normen und Werte geteilt werden. Umfangreiche empirische Untersuchungen an amerikanischen Grundschulen kamen zu dem beeindruckenden Ergebnis, dass SchülerInnen, die ihre Schule als Gemeinschaft erleben, Spaß am Unterricht haben, ihre Schule mögen, intrinsisch lernmotiviert sind und positive Bildungserwartungen haben (Battistich, Solomon, Kim, Watson & Schaps, 1995). Diese Zusammenhänge galten prinzipiell in allen Schulen, erwiesen sich aber für Schulen mit ökonomisch benachteiligten SchülerInnen als besonders ausgeprägt. Neben diesen günstigen individuellen Effekten erlebter Schulgemeinschaft fand man, dass sich ein starkes Gemeinschaftsgefühl in Schulen auch im Sozialverhalten bemerkbar macht und beispielsweise Problemverhalten älterer SchülerInnen wie Drogenkonsum, Gewalt und Kriminalität reduziert. Battistich und Hom (1997) konnten belegen, dass die genannten Probleme tatsächlich umso weniger auftreten, umso mehr Schulen als Gemeinschaft funktionieren.

Für die Bedeutung des Zugehörigkeitsgefühls gerade in Schulen ist außerdem zu berücksichtigen, dass Schule die erste und vermutlich bedeutsamste institutionelle Sozialisationsinstanz für junge Menschen darstellt. Emler und Reicher (1987) konnten beispielsweise zeigen, dass die Einstellung gegenüber institutionellen Autoritäten in der Schule erworben wird, aber weit über den schulischen Kontext hinaus erhalten bleibt und somit ähnliche Einstellungen zu anderen institutionellen Autoritäten, insbesondere Polizei und Rechtssystem, erklärt. Wer also negative Einstellungen zur Institution Schule sowie zu der dort ausgeübten Autorität durch LehrerInnen, Schulregeln und Administration entwickelt, wird ähnlich problematische Einstellungen auch in anderen institutionellen Kontexten bzw. gegenüber der Gesellschaft im Allgemeinen zeigen. In einer aktuelleren Publikation (Emler & Reicher, 2005) erweitern und differenzieren diese Autoren ihre Auffassung und besprechen ausführlich die Bedeutung subjektiver, sozialer Exklusion für die Entstehung von Jugenddelinquenz. Trotz der insgesamt sehr komplexen Zusammenhänge, betonen sie letztlich die Struktur der Beziehung zwischen SchülerInnen und der Institution Schule. Wesentlich scheint somit, ganz ähnlich wie von den Gemeinschaftsbefürwortern vorgeschlagen, die Integration und Inklusion aller SchülerInnen durch fürsorgliche und unterstützende Lehr- und Erziehungsaktivität. Zu vermeiden ist, dass SchülerInnen sich ungleich behandelt oder benachteiligt fühlen, ihr akademisches Versagen als vorgezeichnet erleben, das Vertrauen in die Legitimität schulischer Autorität verlieren und letztlich ihre Verbundenheit mit der Schule (commitment) aufgeben.

Schließlich sei hier noch ein Ansatz erwähnt, der die dargestellten Zusammenhänge auf andere Art erhellt und zudem hohe praktische Plausibilität hat. Osborne und Jones (2011) vermuten, dass ein wesentlicher Prozess die Identifikation mit dem in der Schule hauptsächlich angestrebten Erwerb akademischer Fähigkeiten ist. Kumulierte Erfahrungen in der Schule könnten bei manchen SchülerInnen dazu führen, dass sie sich allmählich immer weniger mit akademischen Fähigkeiten identifizieren, also deren Bedeutung abwerten (Disidentifikation). Um aber einen positiven Selbstwert aufrechterhalten zu können, geht dieser Prozess mit einer zunehmenden Identifikation mit anderen Lebensbereichen einher, also der Aufwertung außerschulischer, teilweise destruktiver Aktivitäten. Die Autoren konnten zeigen, dass die Disidentifikation mit akademischen Fähigkeiten den sichtbaren Entwicklungen, z. B. dem Nachlassen der Lernmotivation und schulischen Leistung, vorausgeht. Es ist wohl nicht vermessen anzunehmen, dass Disidentifikation bezüglich akademischer Fähigkeiten, womit ja der Hauptzweck schulischen Lernens und von Schule an sich in Frage gestellt wird, eine Art aktive Selbstexklusion darstellt und eng mit dem Verlust des Zugehörigkeitsgefühls zur Schule zusammenhängt. Mit anderen Worten: Erst geschieht die innere Abkehr von akademischen Fähigkeiten und damit verbunden auch eine innere Abkehr von der Institution Schule und dann zeigen sich motivationale Probleme, schwächere Lernleistungen und vermutlich auch destruktives Sozialverhalten.

Insgesamt ist zu konstatieren, dass das Exklusionsempfinden in der Schule eine Schlüsselrolle für die Sozialisation junger Menschen spielen könnte. Alles was man bisher für die Bedeutung des Zugehörigkeitsgefühls und positiver, zwischenmenschlicher Interaktionen in einer Gruppe oder Gemeinschaft, insbesondere in der Schule theoretisch annimmt und empirisch untersucht hat, deutet darauf hin, dass das Exklusionsempfinden entscheidend für ungünstige akademische und soziale Entwicklungen sein könnte. Damit soll aber keineswegs gesagt sein, dass dieses Thema umfassend und zufriedenstellend erforscht wäre. Im Gegenteil, es handelt sich um ein relativ vernachlässigtes Thema. Zudem bleiben viele offene Fragen, beispielsweise bezüglich der Bedeutung des Exklusionsempfindens im Entwicklungsverlauf oder bezüglich potentieller Unterschiede zwischen Mädchen und Jungen. Wichtig wäre auch, mehr über verschiedene Umwelten, einschließlich verschiedener Schulformen, die vor allem für Interventionsmaßnahmen oder politische Entscheidungen bedeutsam wären, zu erfahren.

Eine Kernfrage ist die, worauf sich die Zugehörigkeit eigentlich bezieht. Die psychologische Theoriebildung geht mit Begriffen wie Zugehörigkeit (Affiliation) und Relatedness zunächst vom zwischenmenschlichen Bereich aus, also dem Beziehungs- und Interaktionserleben im engeren Sinne. Etwas weiter gefasst, könnte man die Zugehörigkeit auf informelle Gruppen oder Cliquen anwenden, was dem Exklusionsbegriff ebenfalls noch nicht gerecht wird. Mit Exklusionsempfinden ist das mehr oder weniger stark ausgeprägte Empfinden von Nichtzugehörigkeit zu und mangelnder Teilhabe an einer institutionalisierten oder jedenfalls irgendwie verfassten, sozialen Entität gemeint. In Anlehnung an den soziologischen Ursprung des Begriffs sozialer Exklusion kann man das zunächst auf die Gesellschaft im Allgemeinen beziehen. Zur Bedeutung dieses Exklusionsempfindens gibt es bislang unseres Wissens gar keine Forschung. Wir unterscheiden außerdem das mehr oder weniger stark ausgeprägte Empfinden von Nichtzugehörigkeit zu und mangelnder Teilhabe an einer Institution, beispielsweise einer Schule, einer Organisation oder einem Unternehmen. Die bislang verfügbaren Befunde zur Schule wurden ja schon vorgestellt.

Von dem angesprochenen Verständnis des Exklusionsempfindens, nämlich dem Empfinden von Nichtzugehörigkeit zu und mangelnder Teilhabe an einer institutionalisierten bzw. irgendwie verfassten, sozialen Entität, sind aber nicht nur Fragen zur Bedeutung des Exklusionsempfindens betroffen, sondern insbesondere auch Fragen nach dem Zustandekommen dieses Phänomens. Nach unserer Auffassung ist Exklusionsempfinden entscheidend vom subjektiven (Un-)Gerechtigkeitserleben beeinflusst und dies liegt im Kern gerade darin begründet, dass sich die Exkludiertheit auf eine soziale Entität bezieht und nicht auf zwischenmenschliche Beziehungen im Allgemeinen.

2. (Un-)Gerechtigkeitserleben und Exklusionsempfinden

Gerechtigkeitstheorien stimmen weitgehend darin überein, dass Gerechtigkeit deshalb von großer Bedeutung ist, weil sie das Verhältnis des Einzelindividuums zur Gesellschaft bzw. Gemeinschaft betrifft. Rawls (1975), der einen der bedeutendsten philosophischen Beiträge zum Thema Gerechtigkeit im 20. Jahrhundert leistete, sieht den Menschen als Gemeinschaftswesen, der grundsätzlich von der Gemeinschaft profitiert und insofern direkt vom Wohlergehen der Gemeinschaft abhängt. Gerechtigkeit verkörpert dann eine ideelle Regelung, die einerseits das Wohlergehen der ganzen Gemeinschaft ermöglicht und andererseits größtmögliche individuelle Rechte, Bedürfnisbefriedigung und Freiheit einräumt. Rawls thematisiert u. a. auch die Frage, unter welchen Bedingungen eine bestehende Gesellschaft von einzelnen Mitgliedern in Frage gestellt werden kann, nämlich wenn gravierende Ungerechtigkeiten bestehen. Dann sei auch ziviler Ungehorsam legitim, weil damit für die Wiederherstellung einer gerechten Ordnung an die Gemeinschaft appelliert würde. Auch wenn psychologische Theorien andere Schwerpunkte setzten – Gerechtigkeit wird übereinstimmend als der Dreh- und Angelpunkt harmonischen Miteinanders in sozialen Gruppen, Gemeinschaften und Gesellschaften verstanden (z. B. Deutsch, 1975; Piaget, 1954).

Wenn Gerechtigkeit so zentral für das soziale Miteinander ist, dann sollte sie auch eine wichtige individuelle Erlebensdimension sein und sich langfristig als kumulierte (Un-)Gerechtigkeitserfahrung in der Persönlichkeit niederschlagen und das Verhältnis des Individuums zum jeweiligen sozialen Umfeld prägen. Vor allem wird plausibel, dass (Un-)Gerechtigkeitserfahrungen eng mit dem Exklusionsempfinden zusammenhängen könnten, denn aus der Sicht des (heranwachsenden) Individuums wird offenbare Ungerechtigkeit zunächst nicht die soziale Ordnung in Frage stellen, sondern eher die eigene Zugehörigkeit oder Bedeutung im jeweiligen sozialen Kontext. Genau dies wird deshalb auch innerhalb einer der wichtigsten psychologischen Gerechtigkeitstheorien angenommen. Nach der Group Value Theory (Lind & Tyler, 1988; Tyler, 1998) signalisiert Gerechtigkeit dem Individuum, ein wertvolles und respektiertes Mitglied der Gruppe zu sein, was umgekehrt eben auch bedeutet, dass Ungerechtigkeit dem Individuum signalisiert, kein Mitglied der Gruppe zu sein. Gruppe ist in diesem Kontext ein Begriff, der universell zu verstehen ist und verschiedenste soziale Entitäten einschließt (z. B. auch Familie, Freundeskreise, Arbeitsgruppen, soziale Gruppen usw.). Der Gedanke ist, dass das Verhalten in Gruppen immer irgendwie auch an Strukturen angelehnt ist und nicht ausschließlich auf persönlichen Beziehungen beruhen kann, beispielsweise durch spezifische Rollen, Hierarchien, formelle oder informelle Regeln und Normen u. v. m. Wenn man davon ausgeht, dass die jeweiligen Strukturen nur innerhalb der Gruppe gelten, also nur für wertvolle und wertgeschätzte „Mitglieder" (im weitesten Sinne) und nicht für Außenstehende, dann wird klar, dass subjektive Ungerechtigkeiten, also subjektive Verletzungen allgemeingültiger oder gruppenspezifischer Verhaltensmaßstäbe, geringe Wertschätzung signalisieren und die Zugehörigkeit zur Gruppe in Frage stellen. Diese Überlegungen können nun auch auf das Exklusionsempfinden bezüglich der Gesellschaft im Allgemeinen oder konkreten Institutionen wie der Schule angewandt werden. Dort ist die faktische Mitgliedschaft natürlich formell geregelt durch die offizielle Staatsangehörigkeit oder einen Vertrag, aber das subjektive Exklusionsempfinden könnte eher auf den beschriebenen, psychologisch erklärbaren Prozessen beruhen. Insgesamt wäre also zu erwarten, dass man sich umso mehr exkludiert fühlt, je mehr Ungerechtigkeitserfahrungen man gemacht hat.

Nun ist es nach unserem Verständnis nicht so, dass Ungerechtigkeit objektiv geschieht und dann zum Exklusionsempfinden beiträgt. Wie im Einführungskapitel ausführlich beschrieben wird, versteht die Psychologie (Un-)Gerechtigkeitserfahrungen als etwas Subjektives. Ein Ereignis kann von einer Person als ungerecht empfunden werden, von einer anderen Person dagegen nicht, weil die das Ereignis beispielsweise als selbstverschuldet interpretiert. Allgemein gesagt, geht die Psychologie davon aus, dass Menschen durch ihre Persönlichkeit jeweils spezifische Dispositionen für ihr Erleben und Verhalten haben, d. h. sie sucht nach

Persönlichkeitsmerkmalen, die beispielsweise erklären können, warum jemand in vielen Situationen dazu neigt, Ereignisse als eher gerecht zu erleben. Das diesbezüglich relevante Persönlichkeitsmerkmal ist bisherigen Erkenntnissen nach der persönliche Gerechte-Welt-Glaube (GWG). Darunter ist der Glaube zu verstehen, dass einem selbst im Allgemeinen Gerechtigkeit widerfährt. Der persönliche GWG kann insofern als Disposition verstanden werden, als er Teil einer erfahrungsbasierten und relativ stabilen kognitiven Struktur (basales Schema) jedes Individuums ist. Haben sich diese Strukturen erst einmal in ihrer spezifischen Ausprägung entwickelt und stabilisiert, wirken sie u. a. als kognitive Filter und assimilieren Ereignisse im eigenen Leben. Je mehr Menschen also aufgrund früher, vor allem familiärer Sozialisation zu der Überzeugung gelangt sind, dass es in ihrer Welt gerecht zugeht, desto weniger neigen sie später dazu, Ungerechtigkeiten zu erleben. Daraus wäre zu schlussfolgern, dass der persönliche GWG auch mit dem Exklusionsempfinden zusammenhängt, denn je ausgeprägter der persönliche GWG ist, desto weniger Ungerechtigkeiten werden erlebt, was dazu führen könnte, dass man sich weniger exkludiert fühlt.

3. Allgemeines und schulisches Exklusionsempfinden Jugendlicher

Aufgrund der potentiell großen Bedeutung des Exklusionsempfindens haben wir dazu Studien an deutschen Schulen durchgeführt und uns so dem Exklusionsempfinden in einem kritischen Lebensabschnitt, nämlich der späten Adoleszenz bzw. dem frühen Erwachsenenalter erstmalig empirisch genähert. Die Untersuchungen basieren auf zwei Forschungstraditionen, zum Einen auf der schon erwähnten, stark soziologisch geprägten Herangehensweise von Bude und Lantermann (2006) und zum Anderen auf der psychologisch geprägten Herangehensweise der Gerechtigkeitspsychologie.

Bude und Lantermann (2006) führen Exklusionsempfinden auf die individuelle Bewältigung objektiver Exklusion zurück, wobei unter objektiver Exklusion die Teilhabechancen am gesellschaftlichen Leben im Sinne materiellen, edukativen und kulturellen Kapitals verstanden wird. Diese wiederum wird unmittelbar von personalen Ressourcen (Persönlichkeit) und externen Ressourcen (z. B. Geschlecht, partnerschaftliche Bindung, beruflicher Status, Einkommen, Bildung, etc.) bestimmt. Aus gerechtigkeitspsychologischer Sicht sollten vor allem die Persönlichkeit, insbesondere der persönliche GWG, sowie (Un-)Gerechtigkeitserfahrungen das Exklusionsempfinden erklären. Ziel der angesprochenen Studien war, die gerechtigkeitspsychologische Erklärung des Exklusionsempfindens zu überprüfen. Gleichzeitig sollten die wesentlichen potentiellen Einflussgrößen im Sinne objektiver Exklusion sowie externer Ressourcen kontrolliert werden.

3.1 Stichprobe

Zur Überprüfung unserer theoretischen Überlegungen haben wir Fragebogen-Studien an deutschen Schulen durchgeführt. Der wesentliche Hintergrund für die Wahl des Alters bzw. der Klassenstufe war, dass sich die SchülerInnen in einer Lebensphase befinden sollten, in der sie intensiv mit der Planung ihres beruflichen Bildungsweges befasst sind. Wir nahmen an, dass für die Bewältigung dieser Entwicklungsaufgabe das Bewusstsein bezüglich der eigenen Perspektiven in der Gesellschaft zunimmt, was insbesondere für die Untersuchung des allgemeinen Exklusionsempfindens (bezüglich der Gesellschaft im Allgemeinen) günstige Voraussetzungen schafft und trotzdem noch die Untersuchung des schulischen Exklusionsempfindens erlaubt. Da diesbezüglich nicht primär das Alter, sondern die Nähe zum qualifizierenden Schulabschluss bedeutsam ist, befragten wir SchülerInnen verschiedener Schulformen jeweils im letzten Schuljahr. In der ersten Studie wurden 142 SchülerInnen an Gymnasien befragt (90 Mädchen und 52 Jungen), die zwischen 17 und 21 Jahren alt waren ($M = 18.25$, $SD = 0.77$). Es handelte sich dabei um einen Jahrgang, in dem das Abitur sowohl in der 12. als auch in der 13. Klasse abgelegt wurde, was die relativ breite Altersspanne begründet. In der zweiten Studie[1] wurden 154 SchülerInnen verschiedener Realschulen befragt (74 Mädchen und 78 Jungen), die zwischen 15 und 19 Jahren alt waren ($M = 15.75$, $SD = 0.83$) und sich zum Teil im Hauptschulgang (17 SchülerInnen) bzw. in einem speziell handwerklich ausgerichteten, berufsvorbereiteten Sondergang, dem Produktiven Lernen (11 SchülerInnen), befanden. Insgesamt wurden also $N = 296$ SchülerInnen, $n = 164$ Mädchen und $n = 132$ Jungen, befragt.

3.2 Fragebogen und Instrumente

Die Befragung wurde jeweils in der Schule während einer regulären Unterrichtsstunde und im Beisein einer psychologisch qualifizierten UntersuchungsleiterIn sowie einer Lehrkraft durchgeführt. Der Fragebogen war so aufgebaut, dass er eine umfassende Erhebung der wichtigsten, im Modell von Bude und Lantermann (2006) vorgesehenen Ebenen erlaubte, nämlich der externalen Ressourcen und der objektiven Exklusion, aber auch der gerechtigkeitspsychologisch wichtigen Größen, nämlich des persönlichen Gerechte-Welt-Glaubens sowie der (Un-)Gerechtigkeitserfahrungen.

Externe Ressourcen

Als *externe Ressourcen* wurden in Anlehnung an Bude und Lantermann (2006) solche Variablen aufgefasst, die den sozialen, ökonomischen und Bildungshintergrund der SchülerInnen beschreiben, was aufgrund der Lebenssituation von SchülerInnen das Elternhaus und die Konstellation der Familie betrifft. Erfasst wurden der Erwerbsstatus der Eltern, der sozio-ökonomische Status der Eltern, die schulische und berufliche Bildung der Eltern sowie der Familienstand und die Anwesenheit von Geschwistern. Das verwendete Instrumentarium lehnte sich dabei stark an Fragebögen der internationalen Pisa-Erhebungen (Kunter et al., 2003; Ramm, Prenzel & Baumert, 2006) an und erlaubte eine Codierung der wesentlichen Variablen, die auch internationalen Vergleichen zugrunde liegt.

Der *Erwerbsstatus* der Eltern wurde anhand der Angaben zum Beschäftigungsstatus beider Eltern bestimmt und so codiert, dass diese Variable zwischen Familien differenzier-

---

1   Wir danken Dipl.-Psych. Jacqueline Schmidt für die Erhebung der Daten für die zweite Studie.

te, in denen das Problem der Arbeitslosigkeit präsent war und solchen, in denen dies nicht der Fall war. Der *sozioökonomische Status* der Eltern wurde anhand der Angaben zur aktuellen Erwerbstätigkeit beider Eltern bestimmt und mithilfe des International Socio-Economic Index (ISEI) codiert, wobei letztlich der höchste Wert in der Familie verwendet wurde. Dies hatte den Hintergrund, dass der sozioökonomische Status einer Familie bzw. eines Haushaltes in der Regel besser durch den Status der HauptverdienerIn beschrieben wird als beispielsweise durch einen Mittelwert aus dem Status beider Eltern. Zur Bestimmung des *Bildungsstatus* der Eltern wurden sowohl deren Angaben zur Schulbildung als auch zu allen weiterführenden Bildungswegen genutzt. Die schulische und berufliche Bildung der Eltern wurde anhand des International Standard Classification of Education der UNESCO codiert. Für die Auswertung wurde der jeweils höchste Wert in der Familie berücksichtigt, wiederum mit dem Hintergrund, dass sich das Bildungsniveau einer Familie als Ressource für ein heranwachsendes Kind eher am höchsten Bildungsstatus in der Familie festmacht als am Mittelwert beider Eltern. Schließlich wurden noch Angaben zur Wohnsituation im Haushalt der SchülerInnen erfragt, aus denen sich schließen ließ, ob die SchülerIn mit beiden leiblichen Eltern, also in einer intakten *Kernfamilie*, oder in einer anderen Konstellation lebt. Zusammen mit der Codierung für *Einzelkind* oder *Nicht-Einzelkind* (Anwesenheit von mindestens einem Geschwister) wurden somit wesentliche Unterschiede im familiären Hintergrund der SchülerInnen erfasst.

Objektive Exklusion

Objektive Exklusion wurde ebenfalls in Anlehnung an Bude und Lantermann (2006) über Variablen erfasst, die zum Einen den Wohlstand und die Ausstattung der Familie und zum Anderen die Teilhabe bzw. Teilhabechancen am gesellschaftlichen Leben, also kulturelle Teilhabe und soziale Netzwerke, der SchülerInnen betreffen. Es wurden die Variablen Ausstattung mit materiellen Gütern, Ausstattung mit Bildungsgütern, kulturelles Kapital, kulturelle Teilhabe (mittels Veranstaltungsbesuchen) bzw. als Mitgliedschaften (in Gruppen/Vereinen), Anzahl der Freunde (gleichgeschlechtlich und gegengeschlechtlich) und zusätzlich ein Index für die Schulleistung gebildet. Das Instrumentarium lehnte sich wiederum weitgehend an Fragebögen der internationalen Pisa-Erhebungen (Kunter et al., 2003; Ramm et al., 2006) an.

Die Ausstattung mit *materiellen Gütern* wurde anhand von acht Angaben zum Vorhandensein oder der Anzahl hochwertiger Konsumgüter oder anderer Ausstattungselemente (z. B. Vorhandensein einer Geschirrspülmaschine, Anzahl der Autos) erfasst und letztlich nach z-Standardisierung der Einzelitems in einem Mittelwert abgebildet. Die Ausstattung mit *Bildungsgütern* wurde auf die gleiche Weise erfasst und verrechnet, nur anhand von vier Ausstattungselementen, die Lernmittel für die SchülerIn darstellen (Vorhandensein eines ruhigen Platzes zum Lernen, Vorhandensein eines eigenen Schreibtisches, Vorhandensein eines Wörterbuches, Vorhandensein von Büchern zum Arbeiten für die Schule). Das *kulturelle Kapital* der Familie wurde ebenfalls anhand des Vorhandenseins bzw. der Anzahl von vier Ausstattungselementen erfasst, die künstlerisches und kulturelles Wissen betreffen (Vorhandensein von klassischer Literatur, Vorhandensein von Büchern mit Gedichten, Vorhandensein von Kunstwerken, Gesamtzahl der Bücher im Haushalt). Unter *kultureller Teilhabe* wird hier die Teilnahme der SchülerInnen am außerschulischen, gesellschaftlichen Leben verstanden. Zur Erfassung der kulturellen Teilhabe wurde nach der Häufigkeit gefragt, mit der bestimmte öffentliche Ereignisse oder Institutionen besucht werden (Konzert, Theater, Oper, Kino, Sportveranstaltung, Museum/Ausstellung). Die Häufigkeit war jeweils fünffach gestuft und es wurde der Mittelwert über diese Stufen gebildet. Zusätzlich dazu wurde kulturelle Teilhabe noch anhand einer Auswahl typischer Vereine oder Jugendgruppen erfasst (z. B. kirchliche Jugendgruppe, Gesangsverein, Sportverein). Diese Variable wurde so codiert, dass zwischen SchülerInnen differenziert werden konnte, die keinerlei solcher *Mitgliedschaften* hatten und solchen, die mindestens in einem entsprechenden Verein oder in einer entsprechenden Gruppe eingebunden waren. Unterschiede in den sozialen Netzwerken wurden anhand der *Anzahl gleichgeschlechtlicher und gegengeschlechtlicher Freunde* erfasst, wobei eine vierfache Abstufung vorgegeben war. In die Auswertung ging der jeweilige Zahlenwert der Abstufung ein. Schließlich wurde noch die *Schulleistung* erfasst und zwar anhand der letzten Zeugnisnoten in den Kernfächern Mathematik, Deutsch und erste Fremdsprache. Die jeweiligen Bewertungssysteme wurden in ein sechsfach gestuftes Notensystem überführt, welches im Interesse internationaler Vergleichbarkeit umgegehrt gepolt wurde (beste Note 6 und schlechteste Note 1). Die Schulleistung wurde als Mittelwert aus den genannten Kernfächern in die Auswertung einbezogen.

Gerechtigkeitsvariablen

Der *persönliche Gerechte-Welt-Glaube* wurde mithilfe der Persönlichen Gerechte-Welt-Skala (Dalbert, 1999) erfasst, die über insgesamt sieben Items (z. B. „Mein Leben verläuft im Großen und Ganzen gerecht") erfragt, wie gerecht es im eigenen Leben zugeht. Gefragt wurde nach der Zustimmung bzw. Ablehnung auf einer sechsstufigen Ratingskala (1 = „stimmt genau" bis 6 = „stimmt überhaupt nicht").

Bei den (Un-)Gerechtigkeitserfahrungen wurden drei Skalen verwendet, die nach den entsprechenden Erfahrungen mit wichtigen Personengruppen der SchülerInnen fragen. Diese Vorgehensweise ist der Erkenntnis aus der Gerechtigkeitsforschung geschuldet, dass persönlich bedeutsame (Un-)Gerechtigkeitserfahrungen vor allem im direkten Umgang mit anderen Menschen gemacht werden (vgl. Fan & Chan, 1999; Mikula, Petri & Tanzer, 1990). Daraus leitet sich beispielsweise ab, dass schulische (Un-)Gerechtigkeitserfahrungen am besten erschlossen werden können, in dem nach der (Un-)Gerechtigkeit des LehrerInnenverhaltens gefragt wird. LehrerInnen repräsentieren die Institution Schule, sind an allen wesentlichen Prozessen in der Schule entscheidend beteiligt und für SchülerInnen die direkten Interaktionspartner. Ganz ähnlich kann für die Frage nach (Un-)Gerechtigkeitserfahrungen in der Familie argumentiert werden. Hier sind es die Eltern, die diese Lebensdomäne am stärksten prägen. Gerade für Jugendliche und junge Erwachsene ist zudem zu berücksichtigen, dass sie sich zunehmend eine eigene Lebenswelt aufbauen und von Elternhaus und Schule emanzipieren. In dieser Lebensdomäne spielen vor allem gleichaltrige Freunde (Peers) eine wichtige Rolle. Insgesamt sollte deshalb die Erfassung von (Un-)Gerechtigkeitserfahrungen mit

LehrerInnen, Eltern und Peers eine effektive und sparsame Methode sein, die vielfältigen (Un-)Gerechtigkeitserfahrungen von SchülerInnen relativ umfassend einbeziehen zu können. Konkret wurde die *LehrerInnengerechtigkeitsskala* (Dalbert & Stöber, 2002) eingesetzt, die aus 10 Items besteht und anhand globaler Einschätzungen (z. B. „Meine LehrerInnen behandeln mich im Großen und Ganzen gerecht") oder schulbezogener Aktivitäten (z. B. „Meine LehrerInnen bewerten mich häufig ungerecht") ermittelt, inwieweit sich SchülerInnen von ihren LehrerInnen gerecht behandelt fühlten. Weiterhin wurde die *Elterngerechtigkeitsskala* (Dalbert, 2002) eingesetzt, die aus acht Items besteht und überwiegend anhand globaler Einschätzungen des Elternverhaltens (z. B. „Ungerechtigkeiten sind bei meinen Eltern eher die Ausnahme als die Regel") ermittelt, inwieweit sich die SchülerInnen von ihren Eltern gerecht behandelt fühlten. Schließlich wurde die *Peergerechtigkeitsskala* (Correia & Dalbert, 2007) eingesetzt, die anhand sechs globaler Einschätzungen (z. B. „Mir geschieht durch meine Freunde oft Unrecht") erfragt, inwieweit sich die SchülerInnen von ihren Freunden gerecht behandelt fühlten.

Exklusionsempfinden

Das *allgemeine Exklusionsempfinden* wurde anhand von sechs Items nach Bude und Lantermann (2006) erfasst, wobei Aussagen wie „Ich habe das Gefühl, gar nicht richtig zur Gesellschaft zu gehören" mehr oder weniger zu zustimmen war (1 = „stimmt genau" bis 6 = „stimmt überhaupt nicht"). Das *schulische Exklusionsempfinden* wurde in Anlehnung an das allgemeine Exklusionsempfinden mit ganz ähnlichen, aber eben auf den Kontext Schule bezogenen Aussagen, erfasst (Schröpper, 2007). Die Skala umfasst drei Items, wie z. B. „Die Schule ist ein Ort, an dem ich mich fehl am Platze fühle", denen ebenfalls mehr oder weniger zu zustimmen war.

3.3 Auswertung und Ergebnisse

Zur Auswertung wurden die Zusammenhänge zwischen den potentiell erklärenden Variablen einerseits und dem allgemeinen bzw. schulischen Exklusionsempfinden andererseits betrachtet. Dazu wurden multiple Regressionsanalysen durchgeführt, mit deren Hilfe die Zusammenhänge vieler erklärender Variablen mit einer zu erklärenden Variablen simultan betrachtet werden können. In diese Analysen wurden lediglich diejenigen Variablen einbezogen, die bivariat mit dem allgemeinen bzw. dem schulischen Exklusionsempfinden korrelierten. In einem ersten Schritt wurden nur die *externalen Ressourcen* (1. Modell) berücksichtigt. In einem zweiten, dritten und vierten Schritt wurden jeweils zusätzlich die *objektive Exklusion* (2. Modell), der *persönliche Gerechte-Welt-Glaube* (3. Modell) und schließlich auch die *(Un-) Gerechtigkeitserfahrungen* (4. Modell) berücksichtigt. Die Ergebnisse dieser Analysen sind in Tabelle 1 getrennt nach allgemeinem und schulischem Exklusionsempfinden dargestellt.

Prinzipiell wäre es möglich, junge GymnasiastInnen und RealschülerInnen getrennt zu analysieren, aber die in Tabelle 1 dargestellten Ergebnisse beziehen sich auf alle untersuchten SchülerInnen, basieren also auf beiden Stichproben. Wir haben uns für diese Darstellung entschieden, weil auf diese Weise die gesamte Bandbreite sozialer Schichten in Deutschland besser repräsentiert werden kann – beide Stichproben unterscheiden sich gerade in einigen wichtigen Variablen (z. B. im sozioökonomischen Status und Bildungshintergrund der Eltern, in der kulturellen Teilhabe, im kulturellen Kapital) systematisch voneinander (vgl. Umlauft, et al., in Vorbereitung). Vor allem aber konnte gezeigt werden, dass sich die Zusammenhänge für GymnasiastInnen und RealschülerInnen sehr ähneln, d. h. strukturell vergleichbar sind, und sich das Exklusionsempfinden selbst nicht zwischen den SchülerInnengruppen unterschied (vgl. Umlauft, et al., in Vorbereitung).

Tabelle 1: Multiple Regressionen zur Erklärung beider Dimensionen des Exklusionsempfindens durch externale Ressourcen (1. Modell), objektive Exklusion (2. Modell), den persönlichen Gerechte-Welt-Glauben (3. Modell) und (Un-)Gerechtigkeitserfahrungen (4. Modell)

Variable	r	1. Modell	2. Modell	3. Modell	4. Modell
Allgemeines Exklusionsempfinden					
Externale Ressource					
Kernfamilie	-.13*	-.13*	-.12*	-.07	-.03
Objektive Exklusion					
Ausstattung mit Bildungsgütern	-.15*		-.15*	-.08	-.05
Freunde (gleichgeschlechtlich)	-.12*		-.13*	-.12*	-.07
Freunde (gegengeschlechtlich)	-.13*				
Persönlichkeit					
Persönlicher GWG	-.39***			-.36***	-.17**
Gerechtigkeitserfahrungen					
Elterngerechtigkeit	-.38***				-.17**
LehrerInnengerechtigkeit	-.19**				
Peergerechtigkeit	-.47***				-.32***
R^2		.01	.04	.16	.29
Schulisches Exklusionsempfinden					
Objektive Exklusion					
Kulturelle Teilhabe	-.12*				
Schulleistung	-.18**		-.18**	-.13*	-.10*
Persönlichkeit					
Persönlicher GWG	-.39***			-.37***	-.14*
Gerechtigkeitserfahrungen					
Elterngerechtigkeit	-.28***				
LehrerInnengerechtigkeit	-.46***				-.30***
Peergerechtigkeit	-.42***				-.28***
R^2			.03	.16	.32

Die Analysen für das allgemeine Exklusionsempfinden zeigen, dass von den externen Ressourcen lediglich die Kernfamilie von Bedeutung war (1. Modell). SchülerInnen, die mit ihren biologischen Eltern zusammenlebten, fühlten sich geringfügig weniger exkludiert als SchülerInnen, die in anderen Familienkonstellationen lebten. Werden zusätzlich die Variablen der objektiven Exklusion berücksichtigt, dann kommen die Ausstattung mit Bildungsgütern und die Anzahl gleichgeschlechtlicher Freunde als Erklärungsfaktoren hinzu (2. Modell). Theoriekonform war das Exklusionsempfinden umso geringer, je besser die Ausstattung mit Bildungsgütern war und je mehr Freunde die SchülerInnen hatten. Der Befund bis dahin ist trotzdem extrem überraschend, denn er bedeutet, dass das allgemeine Exklusionsempfinden von SchülerInnen nur zu einem ganz geringen Anteil (4% Varianzaufklärung, siehe R^2 des 2. Modells) durch die externen Ressourcen und die objektive Exklusion erklärt wurde. Weder der sozioökonomische Status noch der Bildungshintergrund der Eltern oder die materielle Ausstattung noch die kulturelle Teilhabe und auch nicht die Schulleistung (!) – keiner der genannten Faktoren erklärte, ob und in welchem Ausmaß sich die SchülerInnen von der Gesellschaft exkludiert fühlten. Umso spannender ist, dass unter Berücksichtigung des persönlichen Gerechte-Welt-Glaubens (3. Modell) und der (Un-)Gerechtigkeitserfahrungen (4. Modell) bis zu 29% der Varianz erklärt werden konnten (siehe R^2). Wenn alle von uns erfassten und potentiell relevanten Faktoren berücksichtigt sind (4. Modell), sieht man, dass die Peergerechtigkeit den größten Erklärungsbeitrag leistete, d. h. je gerechter sich die SchülerInnen von ihre Freunden behandelt fühlten, desto weniger fühlten sie sich von der Gesellschaft exkludiert. Zweitstärkste Erklärungsfaktoren waren die Elterngerechtigkeit und der persönliche Gerechte-Welt-Glaube. Für alle anderen Faktoren (also Familienstand, Ausstattung mit Bildungsgütern, Anzahl gleichgeschlechtlicher Freunde) fanden sich dann nur noch minimale und nicht mehr statistisch abzusichernde Effekte.

Für das schulische Exklusionsempfinden ergibt sich ein ganz ähnliches, aber bezüglich der Bedeutung externaler Ressourcen und objektiver Exklusion fast noch dramatischeres Bild. Eine einzige dieser Variablen erwies sich als bedeutsam für das schulische Exklusionsempfinden, nämlich die Schulleistung. Erwartungsgemäß fühlten sich SchülerInnen umso weniger schulisch exkludiert, je leistungsstärker sie waren, was aber nur 3% der Varianz erklärte (siehe R^2 des 2. Modells). Unter Berücksichtigung des persönlichen Gerechte-Welt-Glaubens (3. Modell) und der (Un-)Gerechtigkeitserfahrungen (4. Modell) können dagegen wiederum bis zu 32% Varianz des schulischen Exklusionsempfindens erklärt werden (siehe R^2). Dabei sind aber mehrere Aspekte interessant. Erstens, im Unterschied zum allgemeinen Exklusionsempfinden erwiesen sich hier die LehrerInnengerechtigkeit und die Peergerechtigkeit als Erklärungsfaktoren, wobei beide etwa gleiche Erklärungsbeiträge leisteten. Zweitens, genau wie beim allgemeinen Exklusionsempfinden erwies sich auch der persönliche Gerechte-Welt-Glaube als Erklärungsfaktor. Drittens, die Schulleistung blieb auch nach Berücksichtigung der gerechtigkeitspsychologischen Variablen ein signifikanter Erklärungsfaktor.

Bei beiden Dimensionen des Exklusionsempfindens zeigt das Befundmuster Auffälligkeiten, die für die gerechtigkeitspsychologische Erklärung des Exklusionsempfindens wichtig sind. Jeweils im 3. Modell fanden wir einen sehr substantiellen Effekt des persönlichen Gerechte-Welt-Glaubens (-.36 bzw. -.37), der im jeweils 4. Modell, also unter Berücksichtigung der (Un-)Gerechtigkeitserfahrungen, deutlich zurückging (Betrag der standardisierten Regressionskoeffizienten sank auf .17 bzw. .14). Genau dieser Rückgang war zu erwarten, da der persönliche Gerechte-Welt-Glaube als Persönlichkeitsmerkmal teilweise dafür mitverantwortlich ist, ob und wie häufig jemand Ungerechtigkeitserfahrungen macht. Die gesamte Bedeutung des persönlichen Gerechte-Welt-Glaubens für das Exklusionsempfinden ist am besten in den jeweils 3. Modellen erkennbar, wird dann aber in den 4. Modellen teilweise über die Effekte der (Un-)Gerechtigkeitserfahrungen ausgedrückt. Insofern bestätigen diese Analysen die von uns angenommene und aus der Forschung bekannte Assimilationsfunktion des persönlichen Gerechte-Welt-Glaubens. Darüber hinaus gab es aber einen enormen Sprung in der Varianzaufklärung von den 3. Modellen zum jeweils 4. Modell. Das heißt, dass durch die Berücksichtigung der subjektiven (Un-)Gerechtigkeitserfahrungen noch einmal zusätzlich fast so viel Varianz im Exklusionsempfinden erklärt werden konnte (13% bzw. 16%), wie durch alle anderen Erklärungsfaktoren, einschließlich des persönlichen Gerechte-Welt-Glaubens, zusammen. Folgerichtig erwiesen sich die (Un-)Gerechtigkeitserfahrungen in den 4. Modellen, in denen alle wichtigen Variablen simultan analysiert wurden, immer als stärkste Einflussfaktoren, auch deutlich vor dem persönlichen Gerechte-Welt-Glaube. Mit anderen Worten: Es scheinen tatsächlich die subjektiven Erfahrungen mit den Freunden, LehrerInnen und Eltern zu sein, die für das Exklusionsempfinden der SchülerInnen relevant sind und zwar insbesondere, ob und wie häufig sie Gerechtigkeit oder Ungerechtigkeit erleben.

4. Diskussion

Uns hat die Frage bewegt, wie erklärt werden kann, dass sich SchülerInnen exkludiert fühlen und zwar zum Einen bezüglich der Gesellschaft insgesamt und zum Anderen bezüglich der Schule. Wir haben dazu junge Erwachsene, nämlich SchülerInnen im jeweils letzten Jahr ihrer schulischen Ausbildung, befragt und konnten dabei ein breites Spektrum sozialer Hintergründe und Milieus einbeziehen. Für alle diese SchülerInnen standen zum Zeitpunkt der Befragung Entscheidungen bezüglich des beruflichen Werdeganges an, was eine Beschäftigung mit den eigenen Perspektiven in der Gesellschaft sehr wahrscheinlich macht.

   Der erste wichtige Befund ist, dass sich die beiden Stichproben (GymnasiastInnen, RealschülerInnen) hinsichtlich des Exklusionsempfindens nicht unterschieden. Dies war für das schulische Exklusionsempfinden noch zu erwarten, weil Gymnasien und Realschulen sicherlich gleichermaßen geeignet sind, günstige oder ungünstige Bedingungen für eine schulische Gemeinschaft zu etablieren, also keine schulformbedingten Unterschiede im mittleren Exklusionsempfinden auftreten sollten. Für das allgemeine Exklusionsempfinden ist der Befund dagegen schon überraschend, denn bekanntermaßen ist das Gymnasium die angesehenere Schulform. Zum Einen eröffnet es den Schulabgängern die weitaus besseren beruflichen und ökonomischen Perspektiven und zum Anderen unterscheiden sich GymnasiastInnen und RealschülerInnen systematisch bezüglich ihrer sozialen Herkunft. Letzteres bestätigten unsere Analysen für so wichtige Variablen wie den sozioökonomischen Status und das Bildungsniveau der Eltern (vgl. Umlauft et al., in Vorbereitung). Nach dem Modell von Bude und Lantermann (2006) sollten sich die beiden Schulformen somit im allgemeinen Exklusionsempfinden unterscheiden. Dass sie dies nicht taten, passt allerdings zu den oben dargestellten Befunden. Offenbar erklären solche objektiven Unterschiede im sozialen Status der Familie, den materiellen Möglichkeiten und dem Bildungsniveau, egal ob man sie als externe Ressource auffasst oder schon als objektive Exklusion selbst, kaum das subjektive Exklusionsempfinden von SchülerInnen und zwar weder das allgemeine noch das schulische. Mindestens genauso überraschend ist, dass auch andere Aspekte der objektiven Exklusion, wie kulturelle Teilhabe, soziale Netzwerke und Schulleistung entweder gar keinen oder nur einen sehr geringen Zusammenhang zum Exklusionsempfinden der SchülerInnen aufwiesen. Bei Berücksichtigung des persönlichen GWG und der (Un-)Gerechtigkeitserfahrungen kann selbst die Schulleistung nur noch einen geringfügigen Erklärungsbeitrag und nur für das schulische Exklusionsempfinden leisten, was gemessen an der gesellschaftlichen Bedeutung der Schulnoten allein schon ein herausragendes Ergebnis ist. Insgesamt stehen die berichteten Ergebnisse viel mehr als von uns erwartet mit einer gerechtigkeitspsychologischen Erklärung des Exklusionsempfindens im Einklang als mit dem ursprünglichen Modell der Bewältigung objektiver Exklusion.

Zunächst passen die Ergebnisse zu der Annahme, dass der persönliche GWG wichtige adaptive Funktionen bei SchülerInnen erfüllt und dadurch auch das Exklusionsempfinden erklären kann. Da die Effekte des persönlichen GWG bei beiden Dimensionen des Exklusionsempfindens etwa gleichermaßen auftreten, vermuten wir, dass dieses Persönlichkeitsmerkmal über sehr grundlegende, psychische Prozesse bedeutsam wird, die dann ihren Niederschlag in ganz verschiedenen Lebensfeldern oder Kontexten finden. Offenbar ist für das Exklusionsempfinden gerade die Assimilationsfunktion des persönlichen GWG zentral, denn dessen Bedeutung vermittelt sich über (Un-)Gerechtigkeitserfahrungen mit wichtigen Personengruppen. Je mehr die SchülerInnen an eine für sie persönlich gerechte Welt glauben, desto weniger neigen sie dazu, Ereignisse in ihrem Leben als Ungerechtigkeit zu interpretieren, also Ungerechtigkeitserfahrungen zu machen, und umso weniger fühlen sie sich exkludiert.

Die Tatsache allerdings, dass bei beiden Dimensionen des Exklusionsempfindens auch bei Berücksichtigung der (Un-)Gerechtigkeitserfahrungen immer noch ein substantieller Effekt des persönlichen GWG bestehen bleibt, wirft die Frage auf, welche weiteren Prozesse hier zugrunde liegen. Denkbar wäre, dass wichtige Personengruppen, mit denen (Un-)Gerechtigkeitserfahrungen gemacht werden, nicht oder nicht vollständig erfasst wurden. Beispielsweise fragt die Skala zur Peergerechtigkeit nach (Un-)Gerechtigkeitserfahrungen mit Freunden, was in aller Regel keine vollständige Beschreibung der für junge Erwachsene relevanten Personengruppen neben Eltern und LehrerInnen darstellt. Gerade die weniger angenehmen, belastenden Erfahrungen könnten mit Personen gemacht werden, die man nicht zu seinen Freunden zählt, beispielsweise mit MitschülerInnen, anderen Personen im häuslichen Umfeld oder Mitgliedern anderer Cliquen. Ebenfalls nicht berücksichtigt sind (Un-)Gerechtigkeitserfahrungen mit intimen Partnern. Denkbar wäre aber auch, dass Prozesse eine Rolle spielen, die mit den anderen Funktionen des persönlichen GWG zusammenhängen. Der persönliche GWG hat neben der Assimilationsfunktion auch eine Vertrauens- und eine Motivfunktion. Die Vertrauensfunktion könnte beispielsweise eine Rolle spielen, weil sie dazu beiträgt, dass man zwischenmenschliche Beziehungen eingehen und aufrechterhalten kann. Wir haben zwar keine bedeutsamen Effekte für die Anzahl gleich- oder gegengeschlechtlicher Freunde gefunden, aber möglicherweise ist für das Exklusionsempfinden eher die Qualität der Beziehungen von Bedeutung, die nicht kontrolliert wurde. Die Vertrauensfunktion könnte auch eine Rolle spielen, weil sie dazu beiträgt, Leistungsanforderungen eher als Herausforderung, denn als Belastung zu erleben, was das Stresserleben in vielen Lebensbereichen reduzieren sollte (Tomaka & Blaskovich, 1994). Die überragende Bedeutung des Stresserlebens für die psychische Gesundheit und das Wohlbefinden im Allgemeinen ist mittlerweile unstrittig und könnte eben auch Zusammenhänge zum Exklusionsempfinden begründen.

Die Betonung der wichtigen Rolle des persönlichen GWG sollte nicht den Eindruck erwecken, dass das (Un-)Gerechtigkeitserleben gänzlich dem subjektiven Erleben zuzuschreiben ist. Die Gerechtigkeitspsychologie hat vielfältig gezeigt, dass sehr wohl objektiv beschreibbare Kriterien und Prinzipien existieren, deren Verletzung mit Ungerechtigkeitserleben assoziiert ist. Insofern könnte die relativ große Bedeutung der (Un-)Gerechtigkeitserfahrungen mit Freunden, LehrerInnen und Eltern für das Exklusionsempfinden zu großen Teilen auch auf objektiv sehr unterschiedliche Erfahrungen mit den entsprechenden Personengruppen zurückgehen. Diese Überlegung hat unter anderem eine entscheidende Implikation, nämlich dass elterliche Erziehungs- und Lebenspraktiken existieren, die Ungerechtigkeitserleben begünstigen, genauso wie es Verhalten unter Freunden, Bedingungen in Schulen und Verhaltensweisen von LehrerInnen gibt, die Ungerechtigkeitserleben wahrscheinlich machen. Insofern wird verständlich, warum das allgemeine Exklusionsempfinden am stärksten durch die Peergerechtigkeit und die Elterngerechtigkeit erklärt wird, während das schulische Exklusionsempfinden durch LehrerInnengerechtigkeit und Peergerechtigkeit erklärt wird. LehrerInnen und Peers (Freunde) sind die im Schulkontext anwesenden und einflussreichen Personengruppen, während Eltern und Peers (Freunde) die individuell nahen und wichtigen Personengruppen darstellen, so dass sich die Erfahrungen mit diesen Personen weniger kontextspezifisch, sondern eher kontextübergreifend auswirken. Von der Gesellschaft im Allgemeinen exkludiert fühlt sich also vor allem, wer in Familie und Freundeskreis ungerecht behandelt wird bzw. sich ungerecht behandelt fühlt. Die Erkenntnis ist keineswegs trivial und umso bedeutsamer, als wir viele andere denkbare Einflussfaktoren des Exklusionsempfindens kontrolliert haben.

Zur angemessenen Einordnung der Ergebnisse ist aber auch wichtig, auf die Grenzen der bisherigen Studien bzw. der verwendeten Forschungsmethoden zu verweisen. Eine Grenze ergibt sich aus der querschnittlichen Datenerhebung, also der Tatsache, dass wir die potentiell erklärenden und die zu erklärenden Variablen gleichzeitig erfasst haben. Die von uns angenommene und theoretisch gut begründete Wirkrichtung ist somit zwar gut mit den Ergebnissen vereinbar, aber nicht empirisch nachgewiesen. Ob beispielsweise eine Zunahme von Ungerechtigkeitserfahrungen tatsächlich auch eine Verstärkung des Exklusionsempfindens nach sich zieht, kann nur über längere Zeiträume und mehrere Messungen untersucht werden. Eine zweite Beschränkung ergibt sich aus der notwendigerweise begrenzten Anzahl kontrollierter Variablen. Beispielsweise können wir aus unseren Ergebnissen nicht sicher schlussfolgern, dass externale Ressourcen und objektive Exklusion für das Exklusionsempfinden zu vernachlässigen sind. Externale Ressourcen kann es noch sehr viel mehr geben und objektive Exklusion ist ein komplexes soziales Phänomen, das mit einigen wenigen Indikatoren vielleicht nur sehr unzureichend beschrieben ist. Wir können aber sehr wohl schlussfolgern, dass die von uns mithilfe international verwendeter Instrumentarien und Codierungsvorschriften sehr sorgfältig erfassten externalen Ressourcen und objektiven Exklusionsfaktoren bei jungen Erwachsenen insgesamt kaum von Bedeutung für das Exklusionsempfinden sind.

Schließlich soll noch auf einen letzten Aspekt verwiesen werden, nämlich die Varianzaufklärung von etwa 30% bei beiden Formen des Exklusionsempfindens. Der zwar relativ substantielle, aber doch weit von 100% entfernte Prozentsatz zeigt, dass die individuellen Unterschiede im Exklusionsempfinden der SchülerInnen noch von anderen Faktoren beeinflusst werden, die wir nicht im Blick hatten. Einen solchen Hinweis auf andere Prozesse haben wir in einer der erwähnten Studien erhalten. Es zeigte sich nämlich, dass neben dem persönlichen GWG auch die emotionale Stabilität von SchülerInnen (Neurotizismus) als relativ stabiles Persönlichkeitsmerkmal ein Erklärungsfaktor des Exklusionsempfindens war und zwar sowohl des allgemeinen als auch des schulischen (vgl. Umlauft et al., in Vorbereitung). Demnach fühlten sich SchülerInnen umso weniger exkludiert, je emotional stabiler sie waren. Der Hinweis ist nicht nur interessant, weil er auf die Bedeutung dieses Persönlichkeitsmerkmals und damit zusammenhängender psychologischer Prozesse schließen lässt, sondern auch, weil die gerechtigkeitspsychologische Erklärungen des Exklusionsempfindens auch dann noch galt, wenn die Unterschiede in der emotionalen Stabilität der SchülerInnen schon berücksichtigt wurden.

5. Ausblick

Wie im Verlauf des Kapitels deutlich geworden sein dürfte, gibt es bislang wenig Forschung zum Exklusionsempfinden, so wie wir es verstehen. Die vorgestellten Befunde unserer Studien legen nahe, dass das Exklusionsempfinden vor allem ein psychologisch zu erklärendes Phänomen ist, was wichtige Implikationen hat. Zum Einen scheint das Exklusionsempfinden eine Frage der Persönlichkeit (persönlicher GWG, Neurotizismus) zu sein. Will man diesbezüglich förderliche Maßnahmen in den Blick nehmen, wäre vor allem an frühe Sozialisationserfahrungen in Familie und Gesellschaft zu denken. Zum Anderen scheinen (Un-)Gerechtigkeitserfahrungen eine Rolle zu spielen, was sich vermutlich mehr (oder jedenfalls auch) auf das gegenwärtige Geschehen im jeweiligen Kontext bezieht. Fördermaßnahmen könnten sich beispielsweise mit den Rahmenbedingungen von Bildungseinrichtungen sowie deren Strukturen und pädagogischen Konzeptionen beschäftigen. Was unsere Forschung allerdings bisher noch nicht zeigen konnte, ist, welche Bedingungen beispielsweise in Schulen geschaffen werden müssen, sodass das Exklusionsempfinden insgesamt viel geringer ausfällt und auch einzelne Extreme vermieden werden können. Wir können aber mit Verweis auf die vorgestellten Studien begründet vermuten, dass (Un-)Gerechtigkeitserfahrungen und deren Bewältigung eine zentrale Rolle dabei spielen.

Literatur

Battistich, V. & Hom, A. (1997). The relationship between students' sense of their school as a community and their involvement in problem behaviors. *American Journal of Public Health, 87,* 1997-2001.

Battistich, V., Solomon, D., Kim, D., Watson, M. & Schaps, S. (1995). Schools as communities, poverty levels of student populations, and students' attitudes, motives, and performance: a multilevel analysis. *American Educational Research Journal, 32,* 627-658.

Bude, H. & Lantermann, E.-L. (2006). Soziale Exklusion und Exklusionsempfinden. *Kölner Zeitschrift für Soziologie und Sozialpsychologie, 58,* 233-252.

Correia, I. & Dalbert, C. (2007). Belief in a just world, justice concerns, and well-being at Portuguese schools. *European Journal of Psychology of Education, 22,* 421-437.

Dalbert, C. (2001). *The justice motive as a personal resource: Dealing with challenges and critical life events.* New York: Plenum Press.

Dalbert, C. (2002). Gerechtes Familienklima, Mutter und Vater. In J. Stöber (Ed.), *Skalendokumentation „Persönliche Ziele von SchülerInnen" (Hallesche Berichte zur Pädagogischen Psychologie Nr. 3) (S. 32-34).* Halle (Saale): Martin-Luther-Universität, Institut für Pädagogik.

Dalbert, C. & Stöber, J. (2002). Gerechtes Schulklima. In J. Stöber (Ed.), *Skalendokumentation „Persönliche Ziele von SchülerInnen" (Hallesche Berichte zur Pädagogischen Psychologie Nr. 3) (S. 34-35).* Halle (Saale): Martin-Luther-Universität, Institut für Pädagogik.

Dalbert, C. & Stoeber, J. (2005). Belief in a just world and distress at school. *Social Psychology of Education, 8,* 123-135.

Deci, E.L. & Ryan, R.M. (2002) *Handbook of self-determination research,* Rochester, NY: University Press Rochester.

Deutsch, M. (1975). Equity, equality, and need: What determines which value will be used as the basis of distributive justice? *Journal of Social Issues, 31,* 137-149.

Emler, N. & Reicher, S. (1987). Orientations to institutional authority in adolescence. *Journal of Moral Education, 16,* 108-116.

Emler, N. & Reicher, S. (2005). Delinquency: Cause or consequence of social exclusion? In D. Abrams, J. Marques & M. Hogg (Eds), *The social psychology of inclusion and exclusion* (pp. 211-241). Philadelphia, PA: Psychology Press.

Fan, R. M. & Chan, S. C. N. (1999). Students' perceptions of just and unjust experiences in school. *Educational and Child Psychology, 16,* 32-50.

Kunter, M., Schümer, G., Artelt, C., Baumert, J., Klieme, E., Neubrand, M. Prenzel, M., Schiefele, U., Schneider, W., Stanat, P., Tillmann, K.-J. & Weiß, M. (2003). *Pisa 2000 – Dokumentation der Erhebungsinstrumente.* Berlin: MPI für Bildungsforschung.

Lind, E. A. & Tyler, T. R. (1988). *The social psychology of procedural justice.* New York: Plenum.

Mikula, G., Petri, B. & Tanzer, N. (1990). What people regard as unjust: Types and structures of everyday experiences of injustice. *European Journal of Social Psychology, 20,* 133-149.

Osborne, J.W. & Jones, B.D. (2011). Identification with academics and motivation to achieve in school: How the structure of the self influences academic outcomes. *Educational Psychology Review, 23,* 131-158.

Piaget, J. (1954). *Das moralische Urteil beim Kinde.* Zürich: Rascher.

Ramm, G., Prenzel, M. & Baumert, J. (2006). *Pisa 2003: Dokumentation der Erhebungsinstrumente.* Münster: Waxmann.

Rawls, J. (1975). *Eine Theorie der Gerechtigkeit.* Frankfurt: Suhrkamp.

Roeser, R.W., Midgley, U. & Urdan, T.C. (1996). Perceptions of the school psychological environment and early adolescents' psychological and behavioral functioning in school: The mediating role of goals and belonging. *Journal of Educational Psychology, 88,* 408-422.

Schröpper, S. (2007). Das Empfinden sozialer Exklusion und Gerechtigkeit bei Jugendlichen. *Unveröffentlichte Diplomarbeit,* Halle(Saale): Martin-Luther-Universität, Institut für Pädagogik.

Tomaka, J. & Blaskovich, J. (1994). Effects of justice beliefs on cognitive, psychological and behavioral responces to potential stress. *Journal of Personality and Social Psychology, 67,* 732-740.

Tyler, T. R. (1984). The role of perceived injustice in defendants' evaluations of their courtroom experience. *Law & Society Review, 18,* 51-74.

Umlauft, S., Dalbert, C. & Schröpper, S. (in Vorbereitung). *Feeling of social exclusion in adolescence.*

Die Bedeutung schulischen Gerechtigkeitserlebens für das subjektive Wohlbefinden in der Schule

Claudia Dalbert

In diesem Kapitel steht das subjektive Wohlbefinden der SchülerInnen im Zentrum. Vor dem Hintergrund der Forschung zum Zusammenhang zwischen Gerechte-Welt-Glaube und subjektivem Wohlbefinden wird aufgezeigt, dass die subjektiv erlebte LehrerInnengerechtigkeit zur Erklärung des subjektiven Wohlbefindens der SchülerInnen und hier insbesondere zum schulischen Belastungserleben beitragen kann.

1. Subjektives Wohlbefinden

Allenthalben herrscht Einigkeit darüber, dass ein gutes subjektives Wohlbefinden ein wünschenswerter Zustand ist. So wird Wohlbefinden etwa als Kriterium erfolgreichen Alterns (z. B. Ryff, 1989) oder als zentrales Kriterium in der Arbeitspsychologie (z. B. Neuberger & Allerbeck, 1978) untersucht. Weniger Einigkeit herrscht hingegen über die Bedeutung des subjektiven Wohlbefindens. In manchen Arbeiten werden positive und negative emotionale Zustände wie zum Beispiel Freude oder Trauer zur Beschreibung des subjektiven Wohlbefindens genutzt, in anderen werden eher kognitive Komponenten wie die Lebenszufriedenheit betrachtet. Unklarheit herrscht häufig auch darüber, ob eher eine aktuelle Komponente des subjektiven Wohlbefindens erfasst werden soll, oder ob eher ein überdauernder Zustand gemeint ist (Trait-State-Unterscheidung; Cattel & Scheier, 1961).

In Anlehnung an Diener (1984) hat Dalbert (1992) ein theoretisches Strukturmodell des subjektiven Wohlbefindens vorgelegt und empirisch erhärtet (siehe Abbildung 1). Hierbei wird zwischen dem habituellen (Trait) und dem aktuellen (State) subjektiven Wohlbefinden unterschieden, die jeweils eine emotionale und eine kognitive Komponenten umfassen. Subjektives Wohlbefinden umfasst nach diesem Modell, wie es einem Menschen im Allgemeinen geht (Stimmungsniveau) und inwieweit er mit seinem Leben im Allgemeinen zufrieden ist (habituelle Lebenszufriedenheit), wie es ihm zurzeit geht (Stimmung) und wie zufrieden er im Moment ist (aktuelle Lebenszufriedenheit). Weitere Differenzierungen in einerseits positive versus negative Stimmung (Bradburn, 1969) sowie andererseits Zufriedenheit in unterschiedlichen Lebensbereichen (Fahrenberg, Myrtek, Wilk & Kreutel, 1986) sind ebenfalls möglich.

In der Forschung haben sich Teile dieses Modells besonders durchgesetzt. Auf der habituellen Seite des subjektiven Wohlbefindens werden häufig die allgemeine Lebenszufriedenheit und das Stimmungsniveau untersucht, im Fokus des aktuellen subjektiven Wohlbefindens

Abbildung 1:   Theoretisches Modell des subjektiven Wohlbefindens (nach Dalbert, 1992)

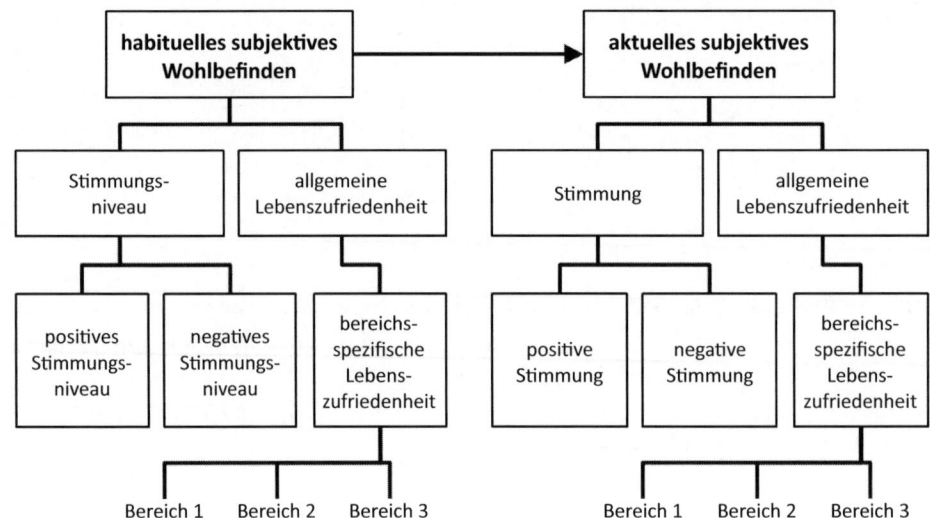

stehen in der Regel die aktuelle positive und negative Stimmung. In den Erhebungsinstrumenten lassen sich die Dimensionen über die Instruktion oder den Itemwortlaut zuordnen: Bei Instrumenten zur Beschreibung der habituellen Seite findet keine zeitliche Einschränkung statt, sondern es wird danach gefragt, wie es sich im Allgemeinen verhält. Bei der Erfassung des aktuellen subjektiven Wohlbefindens findet sich immer in der Instruktion und/ oder den Items eine zeitliche Präzisierung, die von „im Moment" (Dalbert, 1992) bis zu „in der letzten Woche" (Hautzinger & Bailer, 1993) reichen kann. In der Schulforschung wird häufig das schulische Belastungserleben untersucht. Dieses wurde in den unten beschriebenen Untersuchungen ohne zeitliche Präzisierung erfasst und ist deshalb dem habituellen bereichsspezifischen negativen Befinden zuzuordnen.

Wenn es darum geht zu erklären, wie sich Menschen zu einem bestimmten Zeitpunkt fühlen oder warum es ihnen im Allgemeinen besser oder schlechter geht, stellt die Psychologie zahlreiche Erklärungsansätze zur Verfügung. In unserem Zusammenhang hier geht es darum zu erörtern, inwieweit der Glaube an eine gerechte Welt und das subjektive Gerechtigkeitserleben in der Schule zur Erklärung des subjektiven Wohlbefindens beitragen können. Dazu betrachten wir zunächst die Forschung zum Gerechte-Welt-Glauben und seiner Erklärungsfunktion für das subjektive Wohlbefinden. Vor diesem Hintergrund untersuchen wir dann die mögliche Bedeutung schulischer Gerechtigkeitserfahrungen – und hier insbesondere die Bedeutung der subjektiv und individuell erlebten Gerechtigkeit im Handeln der LehrerInnen den SchülerInnen gegenüber – für die Erklärung des schulischen und des allgemeinen Wohlbefindens von SchülerInnen. •

2. Gerechte-Welt-Glaube und subjektives Wohlbefinden

Der Gerechte-Welt-Glaube bietet einen Rahmen für die Interpretation der Ereignisse im eigenen Leben (Assimilationsfunktion) und bedient eine Reihe adaptiver Funktionen wie die Bereitschaft selbst gerecht zu handeln (Motivfunktion) und in die Gerechtigkeit anderer zu vertrauen (Vertrauensfunktion). Wie in den verschiedenen Buchkapiteln gezeigt wird, sehen sich Menschen mit einem ausgeprägten Gerechte-Welt-Glauben im Allgemeinen und SchülerInnen im Besonderen eher als gerecht behandelt und als wertvolles Mitglied einer gerechten sozialen Gruppe. Sie fühlen sich verpflichtet, auch selber durch eigenes gerechtes Verhalten zur Aufrechterhaltung der Gerechtigkeit in ihrer sozialen Gruppe beizutragen, indem sie sich eher an Regeln halten, andere gerecht behandeln und die eigenen Ziele mit fairen Mitteln zu erreichen suchen. Im Gegenzug vertrauen sie auf Gerechtigkeit im Handeln anderer inklusive gesellschaftlicher Institutionen, dass sie bekommen, was ihnen zusteht, und an sie gestellte Anforderungen gerecht sind. Weil es sich lohnt, strengen sie sich mehr an, wollen mehr lernen, investieren eher in langfristige Ziele und erreichen am Ende mehr.

Sich inkludiert und nicht ausgeschlossen zu fühlen, keine Angst zu haben, Opfer von Ungerechtigkeiten zu werden, persönliche Ziele und gute Leistungen zu erreichen – all das sind gute Gründe, warum es Menschen mit einem ausgeprägten Gerechte-Welt-Glauben besser gehen sollte als Menschen, die nicht an eine gerechte Welt glauben. Dabei zeigen verschiedene Studien, dass der persönliche Gerechte-Welt-Glaube (Dalbert, 1999), also der Glaube daran, dass die Dinge im eigenen Leben im Großen und Ganzen gerecht sind, zur Erklärung des subjektiven Wohlbefindens wichtiger ist als der allgemeine Gerechte-Welt-Glaube, dass also die Dinge in der Welt im Allgemeinen gerecht sind (Dalbert, 1999; Lipkus, Dalbert & Soegler, 1996; Otto, Boos, Dalbert, Schöps & Hoyer, 2005; Sutton & Douglas, 2005).

Wir erwarten daher, dass der (persönliche) Gerechte-Welt-Glaube direkt wie auch vermittelt über die oben beschriebenen Funktionen in adaptiver Beziehung zum subjektiven Wohlbefinden steht. Hierbei können generell zwei Pfade unterschieden werden. Die relativ stabile personale Disposition Gerechte-Welt-Glaube kann Menschen einerseits bei der Bewältigung ihrer Alltagsanforderungen helfen, andererseits aber auch beim Umgang mit kritischen Lebensereignissen. In der Allgemeinbevölkerung oder in nicht spezifisch belasteten Personengruppen sollte sich ersteres so äußern, dass ein positiver Zusammenhang zwischen dem (persönlichen) Gerechte-Welt-Glauben und den verschiedenen Dimensionen des subjektiven Wohlbefindens zu beobachten ist. Ein etwas anderer psychischer Funktionspfad ist für die Opfer von Ungerechtigkeit anzunehmen. Da die Aufrechterhaltung des Gerechte-Welt-Glaubens für Menschen wichtig ist, sind sie motiviert ihn zu verteidigen, wenn er durch Ungerechtigkeit bedroht wird. Auch kritische Lebensereignisse können als ungerechte Widerfährnisse und damit als Bedrohung des Gerechte-Welt-Glaubens interpretiert werden. Je ausgeprägter der Gerechte-Welt-Glaube ist, desto stärker sollten die Opfer kritischer Lebensereignisse zu geeigneten Bewältigungsmaßnamen greifen, um diese Bedrohung abzuwenden. Insgesamt ist damit anzunehmen, dass der Gerechte-Welt-Glaube für Opfer ebenso wie für nicht von herausragenden Ungerechtigkeiten betroffenen Menschen eine positive

Beziehung zum subjektiven Wohlbefinden aufweist, wobei die psychischen Vermittlungsprozesse unterschiedlich sein können.

2.1 Subjektives Wohlbefinden bei unbelasteten Personen

Eine der ersten Untersuchungen der erwachsenen Normalbevölkerung wurde von Ritter, Benson und Snyder (1990) durchgeführt. An einer repräsentativen Stichprobe irischer Erwachsener beobachteten sie eine negative Beziehung zwischen dem Gerechte-Welt-Glauben und
dem Auftreten depressiver Symptome als einer Dimension des aktuellen emotionalen Befindens. Dieser Effekt war auch dann stabil, wenn die ökonomische Situation der Erwachsenen
oder ihre internale Kontrollüberzeugung (d. h. die Überzeugung, dass sie selbst ihr eigenes
Schicksal kontrollieren können) berücksichtigt wurden. In einer repräsentativen deutschen
Stichprobe Erwachsener beobachteten Schmitt und Maes (2000) ebenfalls eine negative Beziehung zwischen dem Gerechte-Welt-Glauben und depressiven Symptomen. Andere Dimensionen des subjektiven Wohlbefindens wurden bei Untersuchungen an unbelasteten Erwachsenen nicht betrachtet. Insgesamt zeigte sich also: Je stärker die Erwachsenen an eine
gerechte Welt glaubten, desto geringer war die Wahrscheinlichkeit depressiver Symptome.

Dalbert und Dzuka (2004) untersuchten 379 slowakische und 203 deutsche Jugendliche im Alter von 14 bis 20 Jahren und konnten zeigen, dass insbesondere die Lebenszufriedenheit als der kognitiven Dimension des habituellen Wohlbefindens in beiden Stichproben
durch den persönlichen Gerechte-Welt-Glauben erklärt werden konnte Dies galt bei Kontrolle von Neurotizismus und Extraversion. Zur Erklärung des positiven und negativen Af-
fekts war das Ergebnisbild allerdings uneinheitlich.

Hinzu kommen verschiedene Untersuchungen mit StudentInnen. So fanden Lipkus et al.
(1996) bei nordamerikanischen Studierenden ebenfalls eine bedeutsame Beziehung zwischen
Gerechte-Welt-Glaube und depressiven Symptomen sowie Lebenszufriedenheit, und dies galt
auch hier bei Kontrolle von Neurotizismus und Extraversion. Bei verschiedenen Stichproben deutscher StudentInnen konnte Dalbert (1998) insbesondere die positive Beziehung des
Gerechte-Welt-Glaubens zur Lebenszufriedenheit belegen, darüber hinaus zeigten sich ver-
einzelt adaptive Beziehungen zum Stimmungsniveau und der aktuellen negativen Stimmung
der StudentInnen an. In zwei Stichproben portugiesischer StudentInnen konnten Correia und
Vala (2004) den positiven Zusammenhang zwischen Gerechte-Welt-Glauben und Lebenszufriedenheit bei Kontrolle von Optimismus und internaler Kontrollüberzeugung bestätigen. In
einer anderen Studie mit portugiesischen StudentInnen konnten Correia und Dalbert (2007)
ebenfalls eine adaptive Beziehung zwischen dem Gerechte-Welt-Glauben und der Lebenszufriedenheit belegen. Diese galt bei Kontrolle von Selbstwert, Selbstwirksamkeitserwartung
und allgemeinem interpersonalen Vertrauen. Bei den StudentInnen galt damit das Hauptau-
genmerk der bisherigen Untersuchungen der Lebenszufriedenheit als kognitiver Dimension
des habituellen Wohlbefindens: Je ausgeprägter der Gerechte-Welt-Glaube der StudentInnen
war, desto zufriedener waren sie mit ihrem Leben.

Alte Menschen nahmen schließlich Dzuka und Dalbert (2006) in den Blick und beobachteten bei 65 bis 91 Jahre alten slowakischen SeniorInnen adaptive Zusammenhänge des

Gerechte-Welt-Glaubens mit der Lebenszufriedenheit sowie positivem und negativem Affekt. Dies galt bei Kontrolle der subjektiven Gesundheit und der Anzahl der sozialen Kontakte. Je stärker die SeniorInnen an eine für sie persönlich gerechte Welt glaubten, desto besser war insgesamt ihr habituelles Wohlbefinden, nämlich desto zufriedener waren sie mit ihrem Leben, desto häufiger erlebten sie positive und umso seltener erlebten sie negative Affekte.

Eine typischerweise mit Ungerechtigkeit einhergehende Emotion ist Ärger (Scherer, 1997; Smith & Ellsworth, 1985). In zwei Stimmungsinduktionsexperimenten konnte Dalbert (2002) zeigen, dass der Gerechte-Welt-Glaube in eigentlich Ärger auslösenden Situationen das Erleben von Ärgergefühlen dämpft. Darüber hinaus scheint der Gerechte-Welt-Glaube einen konstruktiven Umgang mit Ärger zu begünstigen und das gesundheitsschädliche „Ärger in sich hinein fressen" (Anger-In, Schenkmezger, 1997) oder das unsoziale Ausagieren von Ärger (Anger-Out) zu reduzieren (Dalbert, 2002; Dalbert & Filke, 2007; Otto & Dalbert, 2005).

2.2 Subjektives Wohlbefinden bei belasteten Personen

Neben diesen Untersuchungen an nicht spezifisch belasteten Personen gibt es eine Reihe von Untersuchungen an Personengruppen, die unter einem aversiven, aber in der Regel nicht selbstverschuldeten Schicksal leiden. Auch bei ihnen sollte ein adaptiver Zusammenhang zwischen Gerechte-Welt-Glaube und subjektivem Wohlbefinden zu beobachten sein, von dem wir annehmen, dass er insbesondere durch Bewältigungsreaktionen zum Schutz des Gerechte-Welt-Glaubens (zum Überblick über solche Bewältigungsreaktionen siehe, Dalbert, 2010) vermittelt ist.

Eine der ersten Studien zu diesem Themenkomplex stammt von Bulman und Wortman (1977). Sie untersuchten nordamerikanische Unfallopfer mit Rückenmarksverletzungen und entdeckten eine positive Beziehung zwischen dem momentanen Wohlbefinden und dem Gerechte-Welt-Glauben. Eine Studie an indischen Herzinfarktpatienten belegte eine positive Beziehung zwischen Gerechte-Welt-Glaube und Gesundung (Agrawal & Dalal, 1993), allerdings galt dies nur für die Zeit direkt nach dem Herzinfarkt und nicht einen Monat später. Gar keine Beziehung zwischen Gerechte-Welt-Glaube und emotionalem Befinden oder anderen Heilungshinweisen fanden Kiecolt-Glaser und Williams (1987) an Verbrennungsopfern. Dalbert (1998) untersuchte verschiedene Dimensionen des subjektiven Wohlbefindens an deutschen Müttern behinderter Kinder sowie bei arbeitslosen Frauen. Übereinstimmend zeigten sich adaptive Beziehungen zu den beiden untersuchten Dimensionen des habituellen Wohlbefindens, der Lebenszufriedenheit und dem Stimmungsniveau, während es nur schwache Zusammenhänge zur aktuellen Stimmung und keine Zusammenhänge zu depressiven Symptomen gab. Fatima und Suhail (2010) untersuchten pakistanische Mütter mit Down Syndrom-Kindern und bestätigten eine adaptive Beziehung des Gerechte-Welt-Glaubens mit Lebenszufriedenheit, Stimmungsniveau und depressiven Symptomen. Swickert, DeRoma und Saylor (2004) untersuchten StudentInnen direkt nach dem 11. September 2001 und konnten zeigen, dass diese umso weniger Traumasymptome entwickelt hatten, je stärker ihr Gerechte-Welt-Glaube war. Fischer und Holz (2010) belegten bei Opfern sexueller Belästigung eine adaptive Beziehung zwischen dem Gerechte-Welt-Glauben und verschiedenen Dimensionen des subjektiven Wohlbefindens. McParland und Knussen (2010) beobachteten bei britischen chronischen SchmerzpatientInnen eine negative Beziehung des Gerechte-Welt-Glaubens zu Schmerzintensität, Behinderung und psychologischem Belastungserleben.

Dzuka und Dalbert (2001) untersuchten in zwei Fragebogenstudien insgesamt 369 arbeitslose slowakische Jugendliche und StudentInnen. Hierbei zeigte sich, dass der persönliche Gerechte-Welt-Glaube die Lebenszufriedenheit gleichermaßen bei den StudentInnen wie auch bei den kürzer als ein Jahr arbeitslosen Jugendlichen erklären konnte. Bei den langzeitarbeitslosen Jugendlichen hingegen konnte der Gerechte-Welt-Glaube nicht zur Aufklärung beitragen; nicht aufklären konnte der Gerechte-Welt-Glaube auch den negativen Affekt. Sallay (2004) untersuchte 216 ungarische UniversitätsabsolventInnen, von denen 148 noch auf Jobsuche waren und 68 AbsolventInnen bereits einen Job gefunden hatten. Neben vielen anderen Dimensionen wurde auch die depressive Stimmung betrachtet, zu deren Erklärung der persönliche Gerechte-Welt-Glaube in beiden Gruppen beitragen konnte.

Otto, Boos, Dalbert, Schöps und Hoyer (2005) bestätigten die adaptive Bedeutung des Gerechte-Welt-Glaubens bei deutschen Flutopfern für unterschiedliche Dimensionen des subjektiven Wohlbefindens wie Depression, Angst und psychische Symptome. Xie, Liu und Gan (2011) untersuchten StudentInnen, die das schwere Wenchuan-Erdbeben erlebt hatten, und konnten ebenfalls eine adaptive Beziehung zwischen dem Gerechte-Welt-Glauben und verminderter Depression und Angst beobachteten. Dalbert und Filke (2007) untersuchten schließlich das positive und negative aktuelle Befinden bei erwachsenen Strafgefangenen und konnten adaptive Beziehungen zwischen dem Gerechte-Welt-Gauben und dem aktuellen Befinden belegen, wobei hier anzumerken ist, dass die Inhaftierung ein selbst-verschuldetes aversives Schicksal darstellt.

Mit Ausnahme der Untersuchung von Kiecolt-Glaser und Williams (1987), die keinen Zusammenhang zwischen Gerechte-Welt-Glaube und Wohlbefinden fanden, sowie Agrawal und Dalal (1993), die einen solchen nur direkt nach Ereigniseintritt beobachteten, fanden alle anderen Studien an in unterschiedlicher Weise belasteten Personen einen adaptiven Zusammenhang. Dies weist einerseits darauf hin, dass die in den neueren Studien untersuchte Beziehung zwischen Wohlbefinden und persönlichem Gerechte-Welt-Glaube robuster ist als jene zum allgemeinen Gerechte-Welt-Glauben, die in den älteren Studien von Kiecolt-Glaser und Williams sowie Agrawal und Dalal betrachtet wurde. Der fehlende Zusammenhang des Gerechte-Welt-Glaubens zu den depressiven Symptomen bei Dalbert (1998) und zum negativen Affekt bei Dzuka und Dalbert (2002) kann andererseits daran liegen, dass solche Beziehungen zwischen Gerechte-Welt-Glaube und negativem Befinden stark durch die vermittelnden Copingreaktionen bestimmt und daher ohne explizite Berücksichtigung derselben nur unvollständig zu beschreiben sind.

2.3 Gerechte-Welt-Glaube: Ressource oder Puffer?

Die bis hierher vorgestellten Untersuchungen haben adaptive Beziehungen zwischen Gerechte-Welt-Glaube und subjektivem Wohlbefinden belegt, aber sie haben noch nicht die Frage beantwortet, ob der Gerechte-Welt-Glaube eher eine Ressource oder ein Puffer ist. Eine persönliche Ressource kann als personale Disposition definiert werden, die Menschen im All-

tag ebenso hilft, mit ihren Erfahrungen zurechtzukommen, wie auch in besonders belastenden Situationen: Je ausgeprägter die Ressource, desto besser sind die Menschen ausgestattet,
mit allem zurechtzukommen. Insofern impliziert eine Ressource eine Haupteffekthypothese.
Eine solche Hypothese lässt erwarten, dass sich immer ein adaptiver Zusammenhang zwischen Gerechte-Welt-Glaube und subjektivem Wohlbefinden zeigt, ganz unabhängig von der
Lebenssituation der befragten Personen. Im Gegensatz dazu impliziert ein persönlicher Puffer eine personale Disposition, die nur unter bestimmten aversiven Bedingungen eine Wirkung entfaltet. Ein Puffer impliziert also eine Interaktionshypothese: Der Puffer moderiert
die Beziehung zwischen Belastung und Ergebnis. Eine solche Hypothese lässt erwarten, dass
sich ein adaptiver Zusammenhang zwischen Gerechte-Welt-Glaube und subjektivem Wohlbefinden nur in einer ganz bestimmten Lebenssituation zeigt, wenn also die befragten Personen beispielsweise ein kritisches Lebensereignis wie eine Naturkatastrophe oder eine Ge-
walterfahrung zu bewältigen haben.

Auf die Frage, ob der Gerechte-Welt-Glaube eher als Puffer oder eher als Ressource zu
betrachten ist, können nur Vergleichsuntersuchungen eine Antwort geben. Eine der wenigen
direkten Vergleichsstudien von belasteten und nicht belasteten Personen stammt von Benson
und Ritter (1990). Bei einem Vergleich arbeitsloser und beschäftigter Iren konnte der adaptive negative Zusammenhang zwischen Gerechte-Welt-Glaube und depressiven Symptomen
nur für die arbeitende Teilstichprobe erhärtet werden. Zur Erhärtung einer Pufferhypothese
müsste aber vor allem die Beziehung zwischen Gerechte-Welt-Glaube und Wohlbefinden unter
Belastung besonders eng sein, also bei Benson und Ritter (1990) hätte die Beziehung besonders eng für die arbeitslosen Iren sein müssen. Insofern sprechen die Ergebnisse von Benson
undRitter (1990) eher für den Gerechte-Welt-Glaube als Ressource. Im Gegensatz zu Benson
und Ritter (1990) konnten Dzuka und Dalbert (2007) einen Puffereffekt des Gerechte-Welt-
Glaubens belegen: Nur bei LehrerInnen mit einem schwachen Gerechte-Welt-Glauben gingen
Gewalterfahrungen mit ihren SchülerInnen mit einer Zunahme negativer Affekte einher, Gewalterfahrungen standen jedoch für die LehrerInnen mit einem ausgeprägten Gerechte-Welt-
Glauben in keiner Beziehung zu negativen Affekten. Oder anders gesagt, hier pufferte ein
ausgeprägter Gerechte-Welt-Glaube negative Auswirkungen des Gerechte-Welt-Glaubens auf
das Wohlbefinden der LehreInnen ab. Valiente, Espinosa, Vázquez, Cantero und Fuentenebro (2010) untersuchten paranoide PatientInnen und gesunde Vergleichspersonen und konnten
zeigen, dass der Gerechte-Welt-Glaube zwar bei den PatientInnen schwächer ausgeprägt war
als bei den Kontrollpersonen, dass aber der Gerechte-Welt-Glaube in beiden Gruppen gleich-
chermaßen dazu beitragen konnte, Lebenszufriedenheit und Depression zu erklären. Dieses
Ergebnisbild spricht eher für die Interpretation des Gerechte-Welt-Glaubens als Ressource.

Insgesamt spricht die Befundlage dafür, den Gerechte-Welt-Gauben als persönliche Ressource zu betrachten, die die Bewältigung von Alltagsanforderungen ebenso erleichtert wie
die Bewältigung von kritischen Lebensereignissen und somit zur Aufrechterhaltung eines
positiven habituellen Wohlbefindens beitragen kann. Um die Bedeutung des Gerechte-Welt-
Glaubens als Puffer zur Aufrecherhaltung des aktuellen Befindens sowie angesichts besonderer Belastungen weiter auszuloten, sollten in zukünftigen Studien stärker die vermittelnden Bewältigungsreaktionen in den Blick genommen werden.

3. Gerechte-Welt-Glaube und die subjektiv erlebte LehrerInnengerechtigkeit

Für den schulischen Kontext ist die subjektiv und individuell erlebte Gerechtigkeit im Handeln von LehrerInnen von besonderer Bedeutung (siehe Peter und Dalbert, in diesem Band). Da Menschen ihren Gerechte-Welt-Glauben zu schützen suchen, sollten sie ihre Erfahrungen tendenziell im Einklang mit ihrem Gerechte-Welt-Glauben interpretieren. In der Folge sollten sie ihre Erfahrungen als umso gerechter erleben, je ausgeprägter ihr Gerechte-Welt-Glaube ist (Assimilationsfunktion). Dies sollte auch für den schulischen Kontext im Allgemeinen sowie die Erfahrungen mit dem LehrerInnenhandeln im Speziellen gelten. Erwartungsgemäß fanden zahlreiche Untersuchungen einen positiven Zusammenhang zwischen dem persönlichen Gerechte-Welt-Glauben und der individuell und subjektiv erlebten Gerechtigkeit des LehrerInnenhandelns (z. B. Correia & Dalbert, 2007; Dalbert, 2000; Dalbert & Maes, 2002; Dalbert & Stoeber, 2005; Itembeispiel: „Meine LehrerInnen behandeln mich im Großen und Ganzen gerecht"). Die bivariaten Zusammenhänge zwischen dem Gerechte-Welt-Glauben und der individuell und subjektiv erlebten Gerechtigkeit des LehrerInnenhandelns sind in der Regel mit etwa 20 Prozent gemeinsamem Varianzanteil von mittlerer Höhe. Die mäßige Höhe des Zusammenhangs unterstreicht, dass es sich beim Gerechte-Welt-Glauben und der subjektiv und individuell erlebten Gerechtigkeit im Handeln der LehrerInnen um zwei deutlich unterscheidbare Konstrukte handelt.

Bei den in Querschnittsuntersuchungen beobachteten Zusammenhängen bleibt allerdings unklar, welche psychologische Wirkrichtung für den Zusammenhang verantwortlich gemacht werden muss. Die Assimilationsfunktion des Gerechte-Welt-Glaubens unterstellt zwar, dass die persönliche Ressource Gerechte-Welt-Glaube die Wahrnehmung und Bewertung von Realität leitet. Aber es wäre auch ein umgekehrter Wirkmechanismus in dem Sinne denkbar, dass Gerechtigkeitserfahrungen zu einer Stärkung und Ungerechtigkeitserfahrungen zu einer Schwächung des Gerechte-Welt-Glaubens beitragen. Um die Wirkrichtung zu bestimmen, bedarf es Längsschnittstudien, in denen zu mindestens zwei Zeitpunkten sowohl der Gerechte-Welt-Glaube als auch die (Un-)Gerechtigkeitserfahrungen betrachtet werden. Eine solche haben Dalbert und Stoeber (2006) vorgelegt. Über sechs Monate untersuchten sie 215 vierzehn- bis neunzehnjährige GymnasiastInnen und konnten belegen, dass in der Tat der Gerechte-Welt-Glaube die Bewertung des LehrerInnenhandelns als gerecht begünstigte, wenngleich auch umgekehrt solche Gerechtigkeitserfahrungen den Gerechte-Welt-Glauben modifizierten. Dieses Ergebnismuster zeigt auf, dass es zwei psychologische Prozesse gibt: Einerseits die Modifizierung des Gerechte-Welt-Glaubens durch die Realität und andererseits eben auch die Assimilation der Realität an den Gerechte-Welt-Glauben. Gerade letzteres unterstreicht noch einmal die Subjektivität der erlebten LehrerInnengerechtigkeit: Das Handeln der LehrerInnen und vielleicht auch die Reaktionen der anderen SchülerInnen auf dieses Handeln – also die vermeintliche Realität – werden vermutlich ebenso zu der subjektiv erlebten LehrerInnengerechtigkeit beitragen wie der persönliche Gerechte-Welt-Glaube der SchülerInnen.

4. Die Bedeutung der subjektiv erlebten LehrerInnengerechtigkeit

Gerechtigkeitserfahrungen im Allgemeinen und schulische Gerechtigkeitserfahrungen im Besonderen sollten das Gefühl vermitteln, ein wertvolles Mitglied einer gerechten sozialen Gruppe wie zum Beispiel der Schulklasse zu sein (Lind & Tyler, 1988). Eine zentrale Facette schulischer Gerechtigkeitserfahrungen ist die subjektiv erlebte LehrerInnengerechtigkeit. Subjektive Gerechtigkeitserfahrungen transportieren also zwei Informationen.

Die eine Information besagt, dass man ein wichtiges Mitglied ist, und dies sollte das Inklusionsempfinden stärken. Für den schulischen Kontext wurde diese Hypothese von Umlauft, Schroepper und Dalbert (2008; siehe auch Umlauft & Schroepper, in diesem Band) erstmals direkt überprüft. In Anlehnung an Bude und Lantermann (2006) wurden unter anderem Ressourcen (z. B. der sozio-ökonomische Status der Eltern, Bildungsniveau der Eltern, Arbeitssituation der Eltern) und objektive Prekarität (z. B. Zugang zu materiellen Gütern, Bildungsgütern und kulturelle Partizipation) neben den subjektiven Gerechtigkeitserfahrungen als eher objektive Erklärungsfaktoren des Exklusionsempfindens untersucht. Die Gerechtigkeitserfahrungen mit den LehrerInnen erklärten erwartungskonform das schulische Exklusionsempfinden (Umlauft et al., 2008). Dieser Befund ist insbesondere deshalb bedeutsam, weil weder die Ressourcen noch die objektive Prekarität substanziell zur Erklärung des schulischen Exklusionsempfindens beitrugen.

Die andere Information, die mit einer solchen Gerechtigkeitserfahrungen wie der durch die SchülerInnen individuell und subjektiv erlebten Gerechtigkeit des LehrerInnenhandelns transportiert wird, besagt, dass die Schulklasse eine gerechte soziale Gemeinschaft ist. In einer gerechten Gemeinschaft, wie hier der Schulklasse, können die Mitglieder darauf vertrauen, dass ihnen Gerechtigkeit widerfährt. SchülerInnen, die sich von ihren LehrerInnen gerecht behandelt fühlen, sollten also darauf vertrauen können, dass die Leistungsanforderung fair sind, Noten, Lob und Strafe gerecht vergeben werden und alle Mitglieder um einen fairen Umgang miteinander bemüht sind. Umgekehrt erwächst aus dieser Zugehörigkeit zu einer gerechten Gemeinschaft auch die Verpflichtung, selber zur Aufrechterhaltung dieser gerechten Gemeinschaft beizutragen. Daher sollten solche Gerechtigkeitserfahrungen die Motivation stärken, in Übereinstimmung mit den Interessen der Schulgemeinschaft zu handeln und beispielsweise Regeln einzuhalten.

Eine erste Untersuchung zur Frage, ob spezifische Gerechtigkeitserfahrungen den Effekt des Gerechte-Welt-Glaubens auf das subjektive Wohlbefinden vermitteln, haben Dalbert und Filke (2007) vorgelegt. Sie befragten 100 deutsche Strafgefangene nach drei Facetten ihrer subjektiven Gerechtigkeitserfahrungen – der subjektiv erlebten Gerechtigkeit während des Strafprozesses, der Gerechtigkeit der Anstaltsleitung sowie der interpersonalen Gerechtigkeit der Vollzugsbeamten – und konnten zeigen, dass die interpersonale Gerechtigkeit den Effekt des Gerechte-Welt-Glaubens auf sowohl die positive als auch die negative Stimmung der letzten zwei Wochen vermittelte: Je stärker sich die Gefangenen durch die Vollzugsbeamten respektiert fühlten, desto besser war ihre Stimmung in den letzten beiden Wochen vor der Befragung.

5. Subjektiv erlebte LehrerInnengerechtigkeit und subjektives Wohlbefinden

Inklusionserleben, Vertrauen auf gerechte Behandlung, eigenes gerechtes Verhalten sowie eine gute Leistungsbilanz sind alles gute Gründe anzunehmen, dass die subjektiv erlebte Gerechtigkeit im LehrerInnenhandeln einem persönlich gegenüber zur Erklärung des subjektiven Wohlbefinden beitragen kann, dass also die von Dalbert und Filke (2007) beobachten Zusammenhänge auf die Schule übertragbar sind. Besonderes Augenmerk galt hier dem schulischen Belastungserleben, welches häufig mit der Skala Schulunlust von Wieczerkowski, Nickel, Janowski, Fittkau und Rauer (1974), in der 6-Item-Fassung von Baumert, Gruehn, Heyn, Köller und Schnabel (1997; siehe Anhang) gemessen wurde.

Dalbert und Stoeber (2005) untersuchten den Zusammenhang zwischen der durch die SchülerInnen subjektiv erlebten Gerechtigkeit des LehrerInnenhandelns und dem schulischen Belastungserleben in zwei Fragebogenstudien mit insgesamt mehr als 2.400 SchülerInnen aus Sekundarschulen und Gymnasien der siebten bis dreizehnten Klassenstufe. Hierbei wurde auch nach den Schulnoten in den drei Kernfächern Deutsch, Mathematik und erste Fremdsprache (in der Regel Englisch) auf dem letzten Zeugnis gefragt. Im Gegensatz zu der nahe liegenden Vorstellung, dass vor allem diese Schulnoten das schulische Belastungserleben bestimmten, zeigte sich in beiden Studien übereinstimmend, dass die durch die SchülerInnen subjektiv erlebte Gerechtigkeit des LehrerInnenhandelns das schulische Belastungserleben besser erklären konnte als dies die Schulnoten konnten. Dies galt für alle Klassenstufen, für Jungen und Mädchen sowie SekundarschülerInnen und GymnasiastInnenen gleichermaßen: Je gerechter sich die SchülerInnen durch ihre LehrerInnen persönlich behandelt fühlten, desto weniger erlebten sie die Schule als belastend.

Gerechtigkeitserfahrungen machen die SchülerInnen in der Schule nicht nur mit ihren LehrerInnen, sondern auch mit ihren FreundInnen bzw. KlassenkameradInnen. Hier stellt sich die Frage, ob nicht auch diese subjektiv erlebte Peergerechtigkeit zum emotionalen Erleben in der Schule beitragen kann. Correia und Dalbert (2007) gingen dieser Frage in zwei portugiesischen Studien mit insgesamt 678 SchülerInnen der siebten bis zwölften Klassenstufe nach. Sie kontrastierten die subjektiv erlebte Gerechtigkeit des LehrerInnenhandelns mit der subjektiv erlebten Peergerechtigkeit bei der Erklärung des schulischen Belastungserlebens. In keiner der beiden Untersuchungen erwies sich die Peergerechtigkeit als bedeutsam. In einer der beiden Schulstudien erwies sich allerdings wieder die durch die SchülerInnen subjektiv erlebte Gerechtigkeit des LehrerInnenhandelns als wichtiger Faktor zur Erklärung des schulischen Belastungserlebens. In der anderen Schulstudie erwies sich die subjektiv erlebte Gerechtigkeit der Schulnoten als bedeutsamer als die subjektiv erlebte LehrerInnengerechtigkeit. Das Befundmuster von Correia und Dalbert (2007) galt bei Kontrolle des Geschlechts, des Gerechte-Welt-Glaubens, der Selbstwirksamkeitserwartung, des Selbstwertes sowie des allgemeinen interpersonalen Vertrauens.

Die Bedeutung der subjektiv erlebten LehrerInnengerechtigkeit konnte auch durch eine Mehrebenenanalyse an zwei Stichproben von insgesamt mehr als 800 SchülerInnen aus 61 Sekundarschul- und Gymnasialklassen untermauert werden, die zusätzlich klassenspezifische Unterschiede im schulischen Belastungserleben kontrollierte (Peter, Dalbert, Kloeckner & Radant, 2012). Auch hier standen die Befunde mit der Annahme in Einklang, dass die durch die SchülerInnen subjektiv erlebte Gerechtigkeit des LehrerInnenhandelns mit einem geringeren schulischen Belastungserleben einhergeht.

Die Befundlage verändert sich, wenn statt des schulspezifischen Belastungserlebens domänen*un*spezifische Dimensionen des subjektiven Wohlbefindens betrachtet werden. So untersuchten Correia und Dalbert (2007) neben dem schulischen Belastungserleben die allgemeine Lebenszufriedenheit. Obwohl in beiden Studien der Gerechte-Welt-Glaube zur Erklärung der Lebenszufriedenheit beitrug, erwies sich die durch die SchülerInnen subjektiv erlebte Gerechtigkeit des LehrerInnenhandelns in keiner der beiden Untersuchungen zur Erklärung der Lebenszufriedenheit als bedeutsam.

In ihrer Längsschnittstudie über sechs Monate mit 215 vierzehn- bis neunzehnjährigen GymnasiastInnen untersuchten Dalbert und Stoeber (2006) auch die depressiven Symptome in der letzten Woche vor der Befragung. Zur Erklärung der depressiven Symptome erwies sich die im elterlichen Handeln subjektiv erlebte Gerechtigkeit, aber nicht die durch die SchülerInnen subjektiv erlebte Gerechtigkeit des LehrerInnenhandelns als bedeutsam: Je gerechter sich die Jugendlichen durch ihre Eltern behandelt fühlten, desto mehr nahmen die aktuell vorhandenen depressiven Symptome im Verlauf eines halben Jahres ab. Diese Befundlage wirft natürlich die Frage auf, ob nicht auch das schulische Belastungserleben teilweise durch die elterliche Gerechtigkeit erklärt werden kann.

Dieser Frage gingen Kamble und Dalbert (2012) bei 178 vierzehn- bis siebzehnjährigen indischen SchülerInnen nach. Hier zeigte sich im Gegensatz zu Dalbert und Stoeber (2006), dass die aktuellen depressiven Symptome sowohl durch die subjektiv erlebte elterliche Gerechtigkeit als auch durch die subjektiv erlebte Gerechtigkeit des LehrerInnenhandelns erklärt werden konnten. Das Belastungserleben in der Schule konnte jedoch auch hier nur durch die subjektiv erlebte Gerechtigkeit des LehrerInnenhandelns erklärt werden, die subjektiv erlebte Elterngerechtigkeit konnte zur Erklärung des schulischen Belastungserlebens hingegen nicht beitragen. Diese Zusammenhänge galten bei Kontrolle der Klassenzugehörigkeit und des Gerechte-Welt-Glaubens. Allerdings handelte es sich bei der Untersuchung von Kamble und Dalbert (2010) nur um eine Querschnittsuntersuchung, eine längsschnittliche Erhärtung der Annahme, dass die LehrerInnengerechtigkeit zusätzlich zur subjektiv erlebten Elterngerechtigkeit zur Erklärung der depressiven Symptome beitragen kann, steht noch aus.

Es lässt sich klar zusammenfassen, dass über unterschiedliche Länder, Klassenstufen und Schultypen hinweg sehr konsistent die durch die SchülerInnen subjektiv erlebte Gerechtigkeit des LehrerInnenhandelns eigenständig zur Erklärung des schulischen Belastungserleben beitragen konnte: Je gerechter sich die SchülerInnen persönlich durch ihre LehrerInnen behandelt fühlten, desto weniger erlebten sie die Schule als belastend. Andere Gerechtigkeitserfahrungen, wie die mit den MitschülerInnen oder auch die subjektiv erlebte Gerechtigkeit der Noten, scheinen demgegenüber weniger bedeutsam zu sein. Hier kann nur spekuliert werden, warum dies so ist. Die Notengerechtigkeit stellt offensichtlich nur einen sehr spezifischen Aspekt der LeherInnengerechtigkeit dar. In der Regel kann die subjektiv erlebte Notengerechtigkeit nämlich nicht mehr als 10% der Varianz in der durch die Schüler subjektiv erlebten Gerechtigkeit des Lehrerhandelns erklären (Dalbert & Stoeber, 2005; Correia &

Dalbert, 2007). Insofern spricht das Ergebnisbild dafür, dass weniger solche einzelnen Aspekte der Gerechtigkeit des LehrerInnenhandelns für das schulische Belastungserleben bedeutsam sind, sondern dass vielmehr der Gesamteindruck, durch die LehrerInnen gerecht behandelt zu werden, ausschlaggebend ist und hierzu gehören eben nicht nur Aspekte distributiver Gerechtigkeit, sondern ebenso Aspekte der prozeduralen und interpersonalen Gerechtigkeit (siehe Peter, Donat, Umlauft & Dalbert, in diesem Band). Für das Ergebnis, dass die Peergerechtigkeit keine bedeutende Rolle bei der Erklärung des schulischen Belastungserlebens spielt, gibt es mindestens zwei Erklärungen. In den bisherigen Untersuchungen wurde zumeist nach der erlebten Gerechtigkeit mit den FreundInnen gefragt. FreundInnen gibt es nun in der Regel innerhalb der Schulklasse, aber eben auch außerhalb. In zukünftigen Untersuchungen sollte daher deutlicher zwischen der erlebten Gerechtigkeit der MitschülerInnen und der erlebten Gerechtigkeit der FreundnInnen unterschieden werden. Möglicherweise kann eine solche Trennung aufzeigen, dass die Gerechtigkeit der MitschülerInnen sehr wohl zur Erklärung des schulischen Belastungserleben beitragen kann. Zum anderen kann es aber auch tatsächlich so sein, dass der schulische Lebenskontext nicht zuletzt durch das dort herrschende Machtgefälle zwischen LehrerInnen und SchülerInnen so stark durch das Handeln der LehrerInnen geprägt wird, dass in der Tat der subjektiv und individuell durch die Schülerinnen erlebten LehrerInnengerechtigkeit eine herausragende Bedeutung bei der Erklärung des schulischen Belastungserleben der SchülerInnen zukommt.

Sehr klar zeigte sich der adaptive Effekt der LehrerInnengerechtigkeit auf das schulische Belastungserleben. Unklar ist allerdings, inwieweit dieser positive Effekt der LehrerInnengerechtigkeit auf andere kontextunabhängigere Dimensionen des subjektiven Wohlbefindens generalisiert. Bei Kamble und Dalbert (2010) korrelierte das schulische Belastungserleben mit den aktuellen depressiven Symptomen zu $r = .19$ und bei Correia und Dalbert (2007) mit der habituellen Lebenszufriedenheit ebenfalls zu $r = -.19$ bzw. $-.23$. Dieses Befundmuster kann so gedeutet werden, dass es sich bei dem eher überdauernden schulischen Belastungserleben um eine spezifische Facette des subjektiven Wohlbefindens handelt und nicht von einer einfachen Generalisierung vom Erleben in einem Lebenskontext auf das allgemeine kontextübergreifende Wohlbefinden ausgegangen werden darf.

Für den zuverlässig beobachteten Zusammenhang zwischen der subjektiv erlebten LehrerInnengerechtigkeit und dem schulischen Belastungserleben sind vermutlich vor allem schulische Vermittlungsprozesse bedeutsam. Hierfür kommen viele der im vorliegenden Buch betrachteten psychologischen Prozesse in Betracht. Schülerinnen, die sich von ihren LehrerInnen gerecht behandelt fühlen, erleben auch das Lern- und Klassenklima positiver, erhalten bessere Schulnoten und zeigen ein angemessenes Sozialverhalten, und im Ergebnis erleben sie dann die Schule als weniger belastend.

Es spricht viel dafür, dass zur Erklärung der aktuellen depressiven Symptome Gerechtigkeitserfahrungen in anderen Lebensdomänen wie der Familie bedeutsam sind (Dalbert & Stoeber, 2006; Kamble & Dalbert, 2010). Möglicherweise in Abhängigkeit vom Alter könnte auch die Bedeutung von Gerechtigkeitserfahrungen in unterschiedlichen Lebenskontexten wie der Familie oder im Freundeskreis zur Erklärung des subjektiven Wohlbefindens variieren.

Als Dimension des allgemeinen habituellen subjektiven Wohlbefindens wurde bislang lediglich die allgemeine Lebenszufriedenheit betrachtet (Correia & Dalbert, 2007). Obwohl die allgemeine Lebenszufriedenheit konsistent hier wie auch in anderen Studien mit dem Gerechte-Welt-Glauben assoziiert war (Dalbert & Dzuka, 2004), konnten keine Zusammenhänge mit der durch die SchülerInnen subjektiv erlebten Gerechtigkeit des LehrerInnenhandelns beobachtet werden. Dies könnte darauf hinweisen, dass das habituelle subjektive Wohlbefinden unabhängig von spezifischen Gerechtigkeitserfahrungen variiert, und dass andere psychologische Prozesse wie zum Beispiel generelle Assimilationsprozesse den Effekt des Gerechte-Welt-Glaubens auf die Lebenszufriedenheit vermitteln.

6. Schlussfolgerungen

Die Forschungsergebnisse stehen klar mit der Hypothese in Einklang, dass der Gerechte-Welt-Glaube als Ressource betrachtet werden darf, die zur Aufrecherhaltung des subjektiven Wohlbefindens beitragen kann. Dies galt sowohl für Menschen ohne spezifische Belastungen als auch für Opfer kritischer Lebensereignisse, für Menschen aus unterschiedlichen Kulturen und unterschiedlichen Alters inklusive des Jugendalters. Hier war von besonderem Interesse, ob bei SchülerInnen die subjektiv erlebte Gerechtigkeit des LehrerInnenhandelns den SchülerInnen persönlich gegenüber als Vermittler dieser adaptiven Beziehung dienen kann. Diese Frage ist insofern wichtig, da die LehrerInnen mehr Kontrolle über die mögliche Gerechtigkeit ihres eigenen Handelns haben als über die Persönlichkeit ihrer SchülerInnen einschließlich deren Gerechte-Welt-Glauben. Die Befundlage zeigt sehr klar über verschiedene Schulformen, Klassenstufen und Kulturen hinweg, dass in der Tat die subjektiv erlebte LehrerInnengerechtigkeit zur Erklärung des schulischen Belastungserlebens beitragen kann. Je gerechter sich die SchülerInnen durch ihre LehrerInnen behandelt fühlen, desto geringer ist ihr schulisches Belastungserleben: Sie werden nicht schon morgens missmutig, wenn sie an die Schule denken, sondern gehen im Gegenteil gerne in die Schule.

Die hohe Bedeutsamkeit der subjektiv und individuell erlebten Gerechtigkeit im Handeln der LehrerInnen den einzelnen SchülerInnen persönlich gegenüber zur Erklärung des schulischen Belastungserlebens geht vermutlich auf mindestens vier Prozesse zurück. Die subjektiv erlebte LehrerInnengerechtigkeit befördert eine gute Leistungsbilanz, sie stärkt das Dazugehörigkeitsgefühl der SchülerInnen, sie reduziert die Wahrscheinlichkeit normverletzenden Verhaltens und sie unterstützt die Zuversicht der SchülerInnen etwas erreichen zu können. All dies macht die Schule zu einem mit positiven Empfindungen assoziierten Lernort. Kurzum: Die SchülerInnen, die sich von ihren LehrerInnen gerecht behandelt fühlen, kommen mit der Lebenswelt Schule alles in allem besser zurecht und erleben demzufolge die Schule als weniger belastend. Und umgekehrt werden SchülerInnen, die gerne zur Schule gehen, mit mehr Selbstwirksamkeitserwartung und Lernfreude den schulischen Alltag zu bewältigen suchen. Insgesamt unterstreicht der Zusammenhang der subjektiv erlebten LehrerInnengerechtigkeit zum schulischen Belastungserleben einmal mehr die Wichtigkeit der Gerechtigkeit im Handeln von LehrerInnen. LehrerInnen, die die Schule als Ort der Lernfreude für ihre SchülerInnen gestalten wollen und verhindern wollen, dass SchülerInnen am liebsten die Lebenswelt Schule aus ihrem Alltag streichen würden, haben mit dem Bemühen um Gerechtigkeit dazu in ihrem eigenen Handeln einen Schlüssel in der Hand.

Literatur

Agrawal, M. & Dalal, A. K. (1993). Beliefs about the world and recovery from myocardial infarction. *The Journal of Social Psychology, 133*, 385-394.

Baumert, J., Gruehn, S., Heyn, S., Köller, O. & Schnabel, K.-U. (1997). *Bildungsverläufe und psychosoziale Entwicklung im Jugendalter* (BIJU), Dokumentation – Band 1: Skalen Längsschnitt 1, Welle 1-4. Berlin: Max-Planck-Institut für Bildungsforschung, Forschungsbereich „Erziehungswissenschaft und Bildungssysteme".

Benson, D. E. & Ritter, C. (1990). Belief in a just world, job loss, and depression. *Sociological Focus, 23,* 49-63.

Bradburn, N. M. (1969). *The structure of psychological well-being.* Chicago: Aldine.

Bude, H. & Lantermann, E.-L. (2006). Soziale Exklusion und Exklusionsempfinden. *Kölner Zeitschrift für Soziologie und Sozialpsychologie, 58*, 233-252.

Bulman, R. J. & Wortman, C. B. (1977). Attributions of blame and coping in the „real world": Severe accident victims react to their lot. *Journal of Personality and Social Psychology, 35,* 351-363.

Cattel, R. B. & Scheier, I. H. (1961). *The meaning and measurement of neuroticism and anxiety.* New York: Ronald press.

Correia, I. & Vala, J. (2004). Belief in a just world, subjective well-being and trust of young adults. In C. Dalbert & H. Sallay (Eds.), *The justice motive in adolescence and young adulthood: Origins and consequences* (pp. 85-100). London, UK: Routledge.

Correia, I. & Dalbert, C. (2007). Belief in a just world, justice concerns, and well-being at Portuguese schools. *European Journal of Psychology of Education, 22*, 421-437.

Dalbert, C. (1992). Subjektives Wohlbefinden junger Erwachsener: Theoretische und empirische Analysen der Struktur und Stabilität. *Zeitschrift für Differentielle und Diagnostische Psychologie, 13*, 207-220.

Dalbert, C. (1998). Belief in a just world, well-being, and coping with a unjust fate. In L. Montada & M.J. Lerner (Eds.), *Responses to victimizations and belief in a just world* (pp. 87-105). New York: Plenum Press.

Dalbert, C. (1999). The world is more just for me than generally: About the Personal Belief in a Just World Scale's validity. *Social Justice Research, 12,* 79-98.

Dalbert, C. (2000). Gerechtigkeitskognitionen in der Schule. In C. Dalbert & E.J. Brunner (Hrsg.), *Handlungsleitende Kognitionen in der pädagogischen Praxis* (pp. 3-21). Hohengehren: Schneider.

Dalbert, C. (2002). Beliefs in a just world as a buffer against anger. *Social Justice Research, 15,* 123-145.

Dalbert, C. (2010). Glaube in einer (un-)gerechten Welt. In G. Grözinger & W. Matiaske (Hrsg.), *Ökonomie und Gesellschaft Jahrbuch 22: Religion@Gesellschaft* (S. 111-128). Marburg: Metropolis-Verlag.

Dalbert, C. & Dzuka, J. (2004). Belief in a just world, personality, and well-being of adolescents. In C. Dalbert & H. Sallay (Eds.), *The justice motive in adolescence and young adulthood: Origins and consequences* (pp. 101-116). London, UK: Routledge.

Dalbert, C. & Filke, E. (2007). Belief in a just world, justice judgments, and their functions for prisoners. *Criminal Justice and Behavior, 34,* 1516-1527.

Dalbert, C. & Macs, J. (2002). Belief in a just world as personal resource in school. In M. Ross & D.T. Miller (Eds.), *The justice motive in everyday life* (pp. 365-381).

Dalbert, C. & Stoeber, J. (2005). The Belief in a just world and distress at school. *Social Psychology of Education, 8*, 123-135.

Dalbert, C. & Stoeber, J. (2006). The personal belief in a just world and domain-specific beliefs about at school and in the family: A longituadinal study with adolescents. *International Journal of Behavioral Development, 30*, 200-207.

Diener, E. (1984). Subjective well-being. *Psychological Bulletin, 95,* 542-575.

Dzuka, J. & Dalbert, C. (2002). Mental health and personality of Slovak unemployed adolescents: About the beliefs in a just world's impact. *Journal of Applied Social Psychology, 4,*732-757.

Dzuka, J. & Dalbert, C. (2006). The belief in a just world's impact on subjective well-being in old age. *Aging and Mental Health, 10,* 439-444.

Dzuka, J. & Dalbert, C. (2007). Student violence against teachers: teachers' well-being and the belief in a just world. *European Psychologist, 12,* 253-260.

Fahrenberg, J., Myrtek, M., Wilk, D. & Kreutel K. (1986). Multimodale Erfassung der Lebenszufriedenheit. Eine Untersuchung an Koronarkranken. *Psychotherapie Psychosomatik Medizinische Psychologie, 36,* 347-354.

Fatima, I. & Suhail, K. (2010). Belief in a just world and subjective well-being: Mothers of normal and Down syndrome children. *International Journal of Psychology, 45,* 461-468.

Fischer, A. R. & Holz, K. B. (2010). Testing a model of women's personal sense of justice, control, well-being, and distress in the context of sexist discrimination. *Psychology of Women Quarterly, 34,* 297-310.

Hautzinger, M. & Bailer, M. (1993). *Allgemeine Depressionsskala (ADS).* Weinheim: Beltz-Test.

Kamble, S. V. & Dalbert, C. (2012). Belief in a just world and wellbeing in Indian schools. International Journal of Psychology, 47, 269-278.

Kiecolt-Glaser, J. K. & Williams, D. A. (1987). Self-blame, compliance, and distress among burn patients. *Journal of Personality and Social Psychology, 53,* 187-193.

Lind, E. A. & Tyler, T.R. (1988). *The social psychology of procedural justice.* New York: Plenum Press.

Lipkus, I. M., Dalbert, C. & Siegler, I. C. (1996). The importance of distinguishing the belief in a just world for self versus for others: Implications for psychological well-being. *Personality and Social Psychology Bulletin, 22,* 666-677.

McParland, J., & Knussen, C. (2010). Just world beliefs moderate the relationship of pain intensity and disability with psychological distress in chronic pain support group members. *European Journal of Pain, 14,* 71-76.

Neuberger, O. & Allerbeck, M. (1978). *Messung und Analyse von Arbeitszufriedenheit: Erfahrungen mit dem „Arbeitsbeschreibungsbogen".* Bern, Stuttgart, Wien: Huber.

Otto, K. & Dalbert, C. (2005). Belief in a just world and its functions for young prisoners. *Journal of Research in Personality, 39,* 559-573.

Otto, K., Boos, A., Dalbert, C., Schöps, D. & Hoyer, J. (2005, July). *Posttraumatic symptoms, depression, and anxiety of flood victims: The impact of the belief in a just world.* Paper presented at the 26th International Conference of the Stress and Anxiety Research Society, Halle/Saale, Germany.

Peter, F., Dalbert, C., Kloeckner, N., & Radant, M. (2012). Personal belief in a just world, experience of teacher justice, and school distress in different class contexts. European Journal of Psychology of Education. DOI 10.1007/s10212-012-0163-0

Ritter, C., Benson, D. E. & Snyder, C. (1990). Belief in a just world and depression. *Sociological Perspectives, 33,* 235-252.

Ryff, C. D. (1989). Happiness is everything, or is it? Explorations on the meaning of psychological well-being. *Journal of Personality and Social Psychology, 57,* 1069 – 1081.

Sallay, H. (2004). Entering the job market: Belief in a just world, fairness and well-being of graduating students. In C. Dalbert & H. Sallay, *The justice motive in adolescence and young adulthood: Origins and consequences* (pp. 215-231). London: Routledge.

Scherer, K. R. (1997). The role of culture in emotion-antecedent appraisal. *Journal of Personality and Social Psychology, 73,* 902-922.

Schill, T., Beyler, J. & Morales, J. (1992). The role of just world belief and anger issues in self-defeating personality. *Psychological Reports, 70,* 595-598.

Schmitt, M. & Maes, J. (2000). Vorschlag zur Vereinfachung des Beck-Depressions-Inventars (BDI). *Diagnostica, 46,* 38-46.

Schwenkmezger, P. (1997). Ärger, Ärgerausdruck und Gesundheit. In R. Schwarzer (Hrsg.), *Gesundheitspsychologie* (S. 299-317). Göttingen: Hogrefe.

Smith, C. A. & Ellsworth, P. C. (1985). Patterns of cognitive appraisal in emotion. *Journal of Personality and Social Psychology, 48,* 813-838.

Sutton, R. M. & Douglas, K. M. (2005). Justice for all, or just for me? More evidence of the importance of the self-other distinction in just-world beliefs. *Personality and Individual Differences, 39,* 637-645.

Swickert, R., DeRoma, V. M., & Saylor, C. F. (2004). The relationship between gender and trauma symptoms: A proposed mediational model. *Individual Differences Research, 2,* 203-213.

Umlauft, S., Schroepper, S. & Dalbert, C. (2008, August). *Justice and the feelings of social exclusion in adolescence.* Paper for the 12th Biennial Conference of the International Society of Justice Research, Adelaide, Australia.

Valiente, C., Espinosa, R., Vázquez, C., Cantero, D. & Fuentenebro, F. (2010). World assumptions in psychosis: Do paranoid patients believe in a just world? *Journal of Nervous & Mental Disease. 198,* 802-806.

Wieczerkowski, W., Nickel, H., Janowski, A., Fittkau, B. & Rauer, W. (1974). *Angstfragebogen für Schüler (AFS).* Braunschweig: Westermann.

Xie X., Liu, H. & Gan, Y. (2011). Belief in a just world when encountering the 5/12 Wenchuan earthquake. *Environment and Behavior, 43,* 566-586.

Anhang

Items der Skale Schulunlust von Wieczerkowski, Nickel, Janowski, Fittkau & Rauer (1974), in der 6-Item-Fassung von Baumert, Gruehn, Heyn, Köller & Schnabel (1997)

- Ich bin doch recht froh, dass ich noch zur Schule gehen kann. (R)
- Schon der Gedanke an die Schule macht mich morgens missmutig.
- Es wäre schön, wenn ich nicht mehr zur Schule zu gehen bräuchte.
- Ich gehe gern zur Schule. (R)
- Es gibt in der Schule eigentlich nur wenige Dinge, die mir wirklich Spaß machen.
- Es ist doch schön, wieder zur Schule gehen zu können, auch wenn die Ferien noch so angenehm waren. (R)

Anmerkung. (R) bedeutet, dass das Item muss vor der Skalenbildung umcodiert werden.

Schlussfolgerungen für das Handeln von LehrerInnen

Claudia Dalbert

In diesem Kapitel werden die zentralen Erkenntnisse der in den vorangegangenen Kapiteln vorgestellten Forschung zusammengestellt und daraus werden Überlegungen abgeleitet, wie LehrerInnen durch eine stärkere Gerechtigkeitsorientierung ihres Handelns zu einem besseren Erfolg ihrer schulischen Bildungs- und Erziehungsbemühungen beitragen können.

Das vorliegende Abschlusskapitel gliedert sich in zwei Teile. Im ersten Teil fasse ich die zentralen psychologischen Prozesse zusammen, die mit einem von den SchülerInnen als gerecht erlebten LehrerInnenhandeln einhergehen. Diese Zusammenfassung unterstreicht die Bedeutung gerechten LehrerInnenhandelns. In einem zweiten Teil werde ich Überlegungen zusammentragen, wie LehrerInnen dazu beitragen können, dass ihr Handeln als gerecht erlebt wird.

1. Die psychologische Bedeutung gerechten LehrerInnenhandelns

Im Kern der durch die SchülerInnen subjektiv und individuell erlebten LehrerInnengerechtigkeit steht die Botschaft, dass man selbst ein wertvolles Mitglied einer Klassengemeinschaft ist, in der es gerecht zugeht. Ungerechtes Handeln würde den SchülerInnen umgekehrt das Gefühl vermitteln, dass sie es offensichtlich nicht wert sind, gerecht behandelt zu werden, und dass es in ihrer Klasse offensichtlich nicht gerecht zugeht. Dieses Erleben eines Dazugehörigkeitsgefühls zu einer gerechten Gemeinschaft initiiert und verstärkt zwei psychologische Prozesse. Wer sich selbst als Mitglied einer gerechten Gemeinschaft erlebt, wird auch darauf vertrauen, in Zukunft gerecht behandelt zu werden. Und dieses Vertrauen auf Gerechtigkeit sollte sich sowohl auf die LehrerInnen als auch auf die MitschülerInnen beziehen. Weil das Erlebnis, Mitglied einer gerechten Gemeinschaft zu sein, viele adaptive Konsequenzen hat, erwächst aus diesem Erlebnis das Bedürfnis, zur Aufrechterhaltung der gerechten Gemeinschaft beizutragen. Ein zentrales Element ist hier die Gerechtigkeit des eigenen Handelns. Die subjektiv erlebte Gerechtigkeit des LehrerInnenhandelns befördert also das Vertrauen auf gerechte Behandlung und verstärkt zugleich die Verpflichtung zu eigenem gerechten Handeln. Diesen beiden Prozessen lassen sich eine Reihe adaptiver schulischer Konsequenzen zuordnen, wobei die Zuordnung zu einem der beiden Prozesse in manchen Fällen arbiträr ist.

Weil die LehrerInnengerechtigkeit das Vertrauen auf Gerechtigkeit und Dazugehörigkeitsgefühl der SchülerInnen stärkt (siehe Umlauft, Dalbert & Schröpper, in diesem Band), geht sie mit einem geringeren schulischen Belastungserleben (siehe Dalbert, in diesem Band) und einer geringeren Neigung zur Arbeitsvermeidung, jedoch einem besseren Lernklima, einem besseren schulischen Selbstkonzept sowie besseren Schulnoten (siehe Peter, Kahileh & Dalbert, in diesem Band) einher. Das Vertrauen auf Gerechtigkeit begünstigt also ein positives emotionales Erleben und gute Lernergebnisse. Durch die subjektiv erlebte LehrerInnengerechtigkeit wird zugleich die Verpflichtung zu eigenem gerechtem Handeln bestärkt und aus diesem Grund geht die LehrerInnengerechtigkeit mit weniger Bullying, weniger Rivalitäten der SchülerInnen untereinander, weniger Störverhalten während des Unterrichts, weniger Mogeln und insgesamt einer besseren Klassengemeinschaft einher (siehe Donat, Herrmann & Umlauft, in diesem Band; Peter & Dalbert, 2010). Schließlich weist unsere Untersuchung zum Antisemitismus Jugendlicher weit über die Schule hinaus und zeigt auf, dass Antisemitismus als eine zentrale Facette der gruppenbezogenen Menschenfeindlichkeit als zum Teil gerechtigkeitspsychologisch auszudeutender Prozess verstanden werden muss (siehe Schäfer & Dalbert, in diesem Band). Die Verpflichtung zu eigener Gerechtigkeit, wie sie durch den persönlichen Gerechte-Welt-Glauben indiziert wird, begünstigt also ein positives Sozialverhalten.

So klar diese vielfältigen positiven Konsequenzen mit der subjektiv erlebten LehrerInnengerechtigkeit in Zusammenhang gebracht wurden, so wenig klar ist bisher die Frage beantwortet worden, ob die in der Schule beobachteten positiven Konsequenzen erlebter Gerechtigkeit auch auf Erfahrungen außerhalb der Schule generalisieren. Es ist plausibel anzunehmen, dass junge Menschen, die in der Schule auf Gerechtigkeit vertrauen und sich in der Schule um eigenes gerechtes Verhalten bemühen, dies auch außerhalb der Schule tun werden. Dies ist zum einen anzunehmen, weil die Schule die erste gesellschaftliche Institution ist, mit der in unserer Gesellschaft junge Menschen konfrontiert werden, und was sie dort über unsere Gesellschaft lernen, bildet eine wichtige Grundlage zur Beurteilung anderer gesellschaftlicher Umfelder und Institutionen. Und dies ist zum anderen anzunehmen, weil sie in einer gerechten Schule mit ihrem um Gerechtigkeit bemühten Verhaltensstil und ihrem Vertrauen in Gerechtigkeit in der Regel bisher gute Erfahrungen gemacht haben werden. Die wenigen bisher hierzu vorliegenden Untersuchungen verweisen durchaus auf positive Effekte der subjektiv erlebten LehrerInnengerechtigkeit auch auf außerschulisches Verhalten und Erleben. Je gerechter SchülerInnen das Verhalten ihrer LehrerInnen ihnen persönlich gegenüber erleben, desto mehr fühlen sie sich nicht nur als Mitglied der schulischen Gemeinschaft, sondern sie fühlen sich auch weniger von der Gesellschaft im Allgemeinen an den Rand gedrängt (siehe Umlauft, Dalbert & Schröpper, in diesem Band) und zeigen auch umgekehrt mehr Toleranz gegenüber Fremden (Gniewosz & Noack, 2008); sie vertrauen nicht nur auf mehr Gerechtigkeit in der Schule, sondern zeigen auch mehr Vertrauen in die Gerechtigkeit gesellschaftlicher Institutionen (Gouveia-Pereira, Vala, Palmonari & Rubini, 2004); nicht nur in der Schule, sondern auch außerhalb neigen sie zu weniger Regelbrüchen, wie durch die geringere Delinquenz belegt wird (siehe Donat, Herrmann & Umlauft, in diesem Band). Um die gesellschaftliche Bedeutung der subjektiv erlebten Gerechtigkeit im Handeln der LehrerInnen einem persönlich gegenüber besser verstehen zu können, ist jedoch weitere systematische Forschung dringend geboten.

Abbildung 1: Bedeutung der subjektiv erlebten LehrerInnengerechtigkeit für die
schulische und außerschulische Entwicklung Jugendlicher

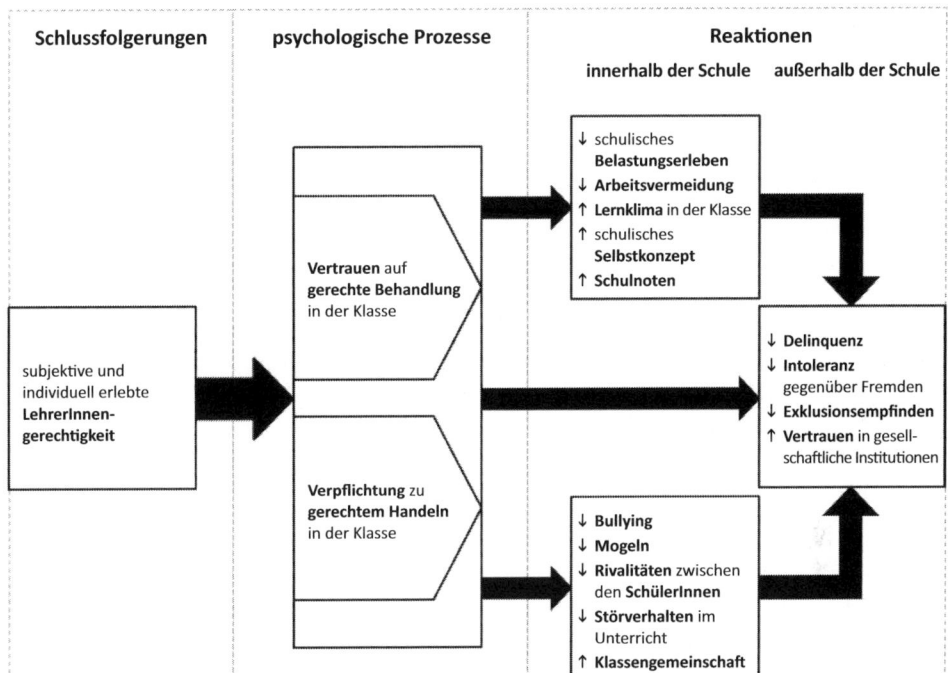

Die hier skizzierte psychologische Bedeutung der subjektiv erlebten LehrerInnengerechtigkeit für die schulische und außerschulische Entwicklung junger Menschen ist in Abbildung 1 zusammengefasst. Dabei haben wir uns auf die LehrerInnengerechtigkeit konzentriert. Es soll aber an dieser Stelle nicht verschwiegen werden, dass es auch Effekte des Gerechte-Welt-Glaubens, also des intuitiven Strebens nach Gerechtigkeit gibt, die nicht durch die LehrerInnengerechtigkeit vermittelt werden. Hier sind insbesondere zwei Punkte zu nennen.

In der Untersuchung zum Zusammenhang von Gerechte-Welt-Glauben und Antisemitismus wurde die LehrerInnengerechtigkeit nicht mit untersucht, so dass hier keine empirischen Aussagen möglich sind. Die Ergebnisse zeigen, dass eine aktive Ausgrenzung deutscher Juden mit dem persönlichen Gerechte-Welt-Glauben nicht vereinbart zu sein scheint. Antisemitismus ist ebenso eine Facette der gruppenbezogenen Menschenfeindlichkeit wie dies die Fremdenfeindlichkeit ist. Für die Fremdenfeindlichkeit haben Gniewosz und Noack (2008) gezeigt, dass die subjektiv erlebte Gerechtigkeit des LehrerInnenhandelns mit einer stärkeren Toleranz gegenüber Fremden einhergeht. Es ist daher eine durchaus plausible Hypothese, dass die LehrerInnengerechtigkeit auch mit geringerem Antisemitismus einhergeht. Eine empirische Erhärtung dieser Annahme bleibt jedoch zukünftigen Untersuchungen vorbehalten.

Anders ist die Lage, wenn es um den Zusammenhang von LehrerInnengerechtigkeit mit der Lernzielorientierung geht. Hierfür konnte nur eine positive Beziehung zum Gerechte-Welt-Glauben belegt werden, aber eben nicht zur LehrerInnengerechtigkeit. Dies wirft die Frage auf, welches hier die vermittelnden psychologischen Prozesse sind. Es müssen gerechtigkeitsspezifische psychologische Prozesse sein, die mit dem Gerechte-Welt-Glauben in Verbindung stehen, aber unabhängig von der subjektiv erlebten Gerechtigkeit des LehrerInnenhandelns variieren. Lernzielorientierte SchülerInnen verfolgen in leistungsbezogenen Situationen in erster Linie das Ziel, ihre Kompetenzen zu erweitern, neue Fähigkeiten zu erlernen und die eigenen Leistungen zu verbessern. Sie beurteilen die eigenen Fähigkeiten auf der Grundlage objektiver Kriterien oder anhand des individuellen Lernfortschritts. Dementsprechend werden Leistungsrückmeldungen als nützliche Informationen über den eigenen Lernfortschritt interpretiert. Misserfolge werden als Teil des Lernprozesses angesehen und weisen darauf hin, dass eine andere Strategie oder zusätzliche Anstrengung zur Bewältigung einer Aufgabe notwendig sind. Beim Lernen steht also für solche SchülerInnen der Lern- und Verstehensprozess im Vordergrund und nicht so sehr das Ergebnis. Lerner (z.B. 1974) hat bereits früh gezeigt, dass eine mit dem Glauben an eine gerechte Welt einhergehende Bereitschaft die zum Belohnungsaufschub ist. Vielleicht ist es ja gerade diese aus dem Glauben an eine für einen persönlich im Großen und Ganzen gerechte Welt erwachsende Bereitschaft zum Belohnungsaufschub, die bei SchülerInnen die Lernzielorientierung stärkt. Die Überprüfung dieser und weiterer Hypothesen zu den psychologischen Prozessen, die die Bedeutung des Gerechte-Welt-Glaubens für die motivationale Orientierung der SchülerInnen im Allgemeinen und für die Lernzielorientierung im Besonderen erklären können, bleibt zukünftigen Untersuchungen vorbehalten.

2. Charakteristika gerechten LehrerInnenhandelns

Fühlen SchülerInnen sich durch ihre LehrerInnen gerecht behandelt, dann stärkt dies ihr Vertrauen auf gerechte Behandlung in der Schule und verstärkt zugleich – quasi als Kehrseite derselben Medaille – die Verpflichtung sich auch selbst gerecht zu verhalten. In der Folge fühlen sich die Schülerinnen in der Schule wohl, weisen eine gute Leistungsbilanz auf und zeichnen sich durch ein positives Sozialverhalten aus, alles Konsequenzen, die als höchst erwünscht gelten können. In Anbetracht dieser Befundlage sollten LehrerInnen ihr ohnehin vorhandenes Bemühen um Gerechtigkeit weiter verstärken (Kanders, 2000). Allerdings verweisen die immer wieder in breiten Teilen der Schülerschaft zu hörenden Klagen über unfaires Verhalten von LehrerInnen (z.B. Israelashvill, 1997) darauf, dass ihnen dies nur unzureichend gelingt. Der konsistent, immer wieder zu beobachtende Zusammenhang zwischen dem Glauben an eine persönliche gerechte Welt auf Seiten der SchülerInnen mit deren subjektiven Erleben des LehrerInnenhandelns als mehr oder weniger gerecht (siehe Peter & Dalbert, in diesem Band) belegt darüber hinaus, dass dieses Gerechtigkeitserleben zu einem signifikanten Anteil Produkt individueller Assimilationsprozesse ist. Oder anders gesagt, dieses Gerechtigkeitserleben – wie übrigens jedes andere Gerechtigkeitserleben auch

(Mikula, 2005) – ist höchst individuell und subjektiv und von daher eben mehr als das einfache Abbild des Handelns der LehrerInnen.

Es sollen hier dennoch einige Hinweise gewagt werden, wie LehrerInnen dazu beitragen können, dass mehr SchülerInnen ihr Handeln häufiger als gerecht erleben. Wir haben bereits an andere Stelle in diesem Band (siehe Peter, Donat, Umlauft & Dalbert, in diesem Band) die spärliche Forschung zu diesem Thema zusammengetragen. Dies soll hier nicht wiederholt werden. Zumal die wichtigste Erkenntnis hierbei ist, dass die Bedeutung der Notengebung für die subjektiv erlebte LehrerInnengerechtigkeit als relativ gering anzusetzen ist. Vielmehr scheint es bei diesem Gerechtigkeitserleben um andere Erfahrungen zu gehen. Dies können wir hier nur theoretisch erschließen. Eine empirische Erhärtung ist zukünftiger Forschung vorbehalten.

Ein Kernstück beim Bemühen um Gerechtigkeit im eigenen Handeln als LehrerIn scheint uns das Bemühen um interaktionale Gerechtigkeit zu sein. Bei der interaktionalen Gerechtigkeit geht es nämlich genau darum, um die Angemessenheit der Behandlung durch Autoritäten. Diese Dimension des Gerechtigkeitserlebens wurde relativ spät in der Gerechtigkeitsforschung als eigenständige Dimension betrachtet, da die Forschung zur Verfahrensgerechtigkeit lange davon ausging, dass es den Menschen vor allem darum geht, Mitsprache zu haben und gehört zu werden, um ein Ergebnis in ihrem Sinne zu beeinflussen. Der Durchbruch kam hier erst, als gezeigt wurde, dass Menschen ein Verfahren auch dann noch als gerechter wahrnahmen, wenn sie sich äußern konnten und gleichzeitig wussten, dass ihre Stellungnahme keinerlei Einfluss auf den Entscheider haben würde (Tyler, Rasinski & Spodick, 1985), oder sogar dann, wenn die Möglichkeit der Stellungnahme erst kam, nachdem die Entscheidung bereits getroffen worden war (Lind, Kanfer & Earley, 1990).

Interaktionale Gerechtigkeit umfasst zwei Facetten. Dies ist zum einen die interpersonale Gerechtigkeit. Dabei geht es darum, dass die LehrerInnen ihre SchülerInnen mit Würde, Höflichkeit und Respekt behandeln. Die zweite Facette ist die informationale Gerechtigkeit. Dabei geht es darum, dass den SchülerInnen bedeutsame Informationen zu schulrelevanten Entscheidungen und wichtigen Vorgängen mitgeteilt werden.

Wie wir heraus gearbeitet haben, geht es bei der Erfahrung, von den eigenen LehrerInnen gerecht behandelt worden zu sein, vor allem auch um die Erfahrung, als wichtiges Mitglied einer gerechten Gemeinschaft behandelt worden zu sein (siehe Umlauft, Dalbert & Schröpper, in diesem Band). Hierfür scheint uns interpersonale Gerechtigkeit unerlässlich zu sein. Oder anders gesagt, es ist kaum vorstellbar, dass ein würdeloser, respektloser und unhöflicher Umgang mit dem Eindruck, als wichtiges Mitglied einer gerechten Gemeinschaft behandelt worden zu sein, kompatibel ist. Jede LehrerIn hat also einen zentralen Schlüssel zum Gerechtigkeitserleben ihrer SchülerInnen in der Hand, ohne sich zunächst über Details der Entscheidungsfindung, wie sie von der prozeduralen Gerechtigkeit eingefordert werden, mit den SchülerInnen zu verständigen. LehrerInnen sollten ihre SchülerInnen mit Würde, Respekt und Höflichkeit behandeln, um das Erleben von LehrerInnengerechtigkeit auf der Seite der SchülerInnen zu stärken.

An dieser Stelle mögen nun einzelne LehrerInnen beklagen, dass sie selbst von ihren SchülerInnen nicht respektvoll und höflich behandelt werden und ihnen daher umgekehrt eine solche Behandlung ihrer SchülerInnen schwer fällt. Diesem vordergründig berechtigten Einwand muss man entgegen setzten, dass die Erziehungslast eben bei den LehrerInnen liegt und es daher in ihrer Verantwortung liegt, das angemessene Verhalten im Umgang miteinander zu initiieren und als Modell vorzuleben. Respektloses Verhalten ruft respektloses Verhalten als Antwort hervor. Einen solchen Teufelskreis zu durchbrechen liegt in der Verantwortung der LehrerInnen. Es kann hierbei für beide Seiten hilfreich sein, explizit Vereinbarungen über einen angemessenen Umgang miteinander zu treffen, Schul- oder Klassenregeln schriftlich festzuhalten.

Um die informationale Gerechtigkeit zu stärken sollte es darüber hinaus klar Wege geben, auf denen gewährleistet ist, dass alle SchülerInnen ebenso wie alle LehrerInnen und die Eltern über relevante Vorgänge und Entscheidungen an der Schule zeitnah unterrichtet werden. Auf diese Weise werden wichtige Schritte zur Gewährleistung der interaktionalen Gerechtigkeit gegangen, damit das Erleben der LehrerInnengerechtigkeit gestärkt und so eine zentrale Grundlage für die erfolgreiche soziale und emotionale Entwicklung sowie den erfolgreichen Kompetenzerwerb gelegt wird.

Wie eingangs dargelegt (siehe Peter, Donat, Umlauft & Dalbert, in diesem Band) ist eine zweite kardinale Dimension zur Beschreibung von Gerechtigkeit die prozedurale Gerechtigkeit. Diese meint die Angemessenheit des Verfahrens als Grundlage einer Entscheidungsfindung der LehrerInnen, egal worum es bei der Entscheidung geht, um eine Note, einen Tadel, eine Belobigung, die Zuweisung einer Pflichtaufgabe oder vieles mehr. Aufbauend auf der interaktionalen Gerechtigkeit bietet die prozedurale Gerechtigkeit eine Möglichkeit, die Gerechtigkeitserfahrungen der SchülerInnen zu untermauern.

Leventhal (1980) hat im Einzelnen beschrieben, was bei einem gerechten Verfahren zu beachten ist: Es muss vorurteilsfrei, ethisch und genau sein. Das bedeutet für die LehrerInnen, (a) dass sie alle SchülerInnen gleich behandeln müssen und keinen benachteiligen oder bevorzugen dürfen, (b) dass die Interessen aller SchülerInnen Eingang in das Verfahren finden müssen und alle SchülerInnen eine Möglichkeit bekommen gehört zu werden und/oder Einspruch gegen eine Entscheidung einzulegen und (c) dass die LehrerInnen ihr gesamtes professionelles Wissen in die Waagschale werfen, um eine Entscheidung auf höchstem professionellen Niveau zu erzielen.

Es kann hilfreich sein, wenn LehreInnen und SchülerInnen gemeinsam einen Weg vereinbaren, wie in bestimmten Situationen SchülerInnen Gehör finden oder Einspruch einlegen können. In manchen Situationen kann es für die LehrerInnen schwierig sein, alle SchülerInnen gleich behandeln zu müssen und zwar dann, wenn es beispielsweise darum geht Anstrengung in die Leistungsbewertung einfließen zu lassen. Die Forschung weist deutlich in die Richtung, dass SchülerInnen bei der Leistungsbewertung eine Gleichbehandlung als gerechter bewerten als eine Ungleichbehandlung aufgrund der Berücksichtigung von Anstrengung (zum Überblick, z. B. Dalbert, 2011). Bevor hier also LehrerInnen aus guter Absicht von einer Gleichbehandlung abweichen – z. B. weil sie die Anstrengung einzelner SchülerInnen honorieren wollen –, sollten sie sich zunächst Gedanken machen, wie sie dem Eindruck der ungerechten Ungleichbehandlung entgegen treten wollen. Hier kann es gut und richtig sein, mit den SchülerInnen über diese Problemlage zu reden.

Als die eher wenig bedeutsame Dimension des Gerechtigkeitserlebens erweist sich zumeist die distributive oder Verteilungsgerechtigkeit. Das in der Schule am häufigsten verteilte Gut sind die Zensuren, und bei denen geht es ja eben nicht um faktische Gleichheit, dass also alle die gleiche Zensur bekämen, sondern eben um ein gerechtes Verfahren der Zensurenbestimmung. Andere zu verteilende schulische Güter wie die Zuweisung von Lebenschancen in Form von in den meisten Bundesländern verbindlichen Schullaufbahnempfehlungen sind bisher noch gar nicht in den Blick der Gerechtigkeitsforschung gerückt worden. Es steht zu vermuten, dass je nach subjektivem Verständnis von Schullaufbahnzuweisungen ganz andere Gerechtigkeitsprobleme in den Fokus rücken.

3. Ausblick

Wie jedes gute Forschungskompendium verweist auch das vorliegende Buch auf zahlreiche Forschungslücken, die es durch die zukünftige Forschung zu schließen gilt. Unser Hauptanliegen war es jedoch nicht, ein Forschungsprogramm am Schnittpunkt von Gerechtigkeitspsychologie und Schulforschung zu entwerfen. Vielmehr wollten wir auf empirischer Grundlage aufzeigen, dass die Gerechtigkeit des LehrerInnenhandelns zentral für den Schulerfolg der SchülerInnen ist und warum dies so ist. Wenn uns das gelungen ist, dann haben wir unser Ziel erreicht und so hoffentlich einen Baustein für eine bessere Schule gebrannt: Wenn sich SchülerInnen durch ihre LehrerInnen gerecht behandelt fühlen, dann begünstigt dies ihre Persönlichkeitsentwicklung und ihren Schulerfolg. Zu dem Eindruck gerechter Behandlung können die LehrerInnen vor allem durch einen respektvollen Umgang mit ihren SchülerInnen beitragen.

Literatur

Gniewosz, B. & Noack, P. (2008). Classroom climate indicators and attitudes towards foreigners. *Journal of Adolescence, 31*, 609-624.

Gouveia-Pereira, M., Vala, J., Palmonari, A. & Rubini, M. (2004). School experience, relational justice and legitimization of institutional authorities. *European Journal of Psychology of Education, 18*, 309-336.

Israelashvill, M. (1997). Situational determinants of school students' feeling of injustice. *Elementary school guidance and counseling, 31*, 283-292.

Kanders, M. (2000). *Das Bild der Schule aus der Sicht der Schüler und Lehrer II* [The image of school from the perspective of students and teachers II]. Dortmund, Germany: IFS-Verlag.

Lerner, M. J. (1974). The justice motive: "Equity" and "Parity" among children. *Journal of Personality and Social Psychology, 29*, 539-550.

Leventhal, G. S. (1980). What should be done with equity theory? New approaches to the study of fairness in social relationships. In K. Gergen, M. Greenberg & R. Willis (Eds.), *Social Exchange: Advances in Theory and Research* (pp. 27-55). New York: Plenum Press.

Lind, E. A., Kanfer, R. & Earley, P. C. (1990). Voice, control, and procedural justice: Instrumental and noninstrumental concerns in fairness judgments. *Journal of Personality and Social Psychology, 59*, 952-959.

Mikula, G. (2005). Some observations and critical thoughts about the present state of justice theory and research. In S. Gilliland, D. Steiner, D. Skarlicki & K. van den Bos (Eds.), *What motivates fairness in organizations* (pp. 197-209). Greenwich, CN: Information Age Publishing.

Tyler, T.R., Rasinski, K. & Spodick, N.J. (1985). The influence of voice upon satisfaction with leaders: Exploring the meaning of process control. *Journal of Personality and Social Psychology 48*, 72-81.